Zumutbare Beschäftigung
im Arbeitsförderungsrecht (§ 121 SGB III)

Europäische Hochschulschriften

Publications Universitaires Européennes
European University Studies

Reihe II
Rechtswissenschaft

Série II   Series II
Droit
Law

Bd./Vol. 2602

PETER LANG

Frankfurt am Main · Berlin · Bern · New York · Paris · Wien

Karsten Toparkus

Zumutbare Beschäftigung im Arbeitsförderungsrecht (§ 121 SGB III)

PETER LANG
Europäischer Verlag der Wissenschaften

Die Deutsche Bibliothek - CIP-Einheitsaufnahme

Toparkus, Karsten:

Zumutbare Beschäftigung im Arbeitsförderungsrecht (§ 121
SGB III) / Karsten Toparkus. - Frankfurt am Main ; Berlin ; Bern ;
New York ; Paris ; Wien : Lang, 1999
   (Europäische Hochschulschriften : Reihe 2, Rechts-
   wissenschaft ; Bd. 2602)
   Zugl.: Freiburg (Breisgau), Univ., Diss., 1998
   ISBN 3-631-34228-4

Gedruckt auf alterungsbeständigem,
säurefreiem Papier.

D 25
ISSN 0531-7312
ISBN 3-631-34228-4

© Peter Lang GmbH
Europäischer Verlag der Wissenschaften
Frankfurt am Main 1999
Alle Rechte vorbehalten.

Printed in Germany 1 2 3 4 5   7

Vorwort

Der im Sozialrecht tätige Jurist muß beinahe täglich mit tiefgreifenden Veränderungen und Neuerungen durch den Gesetzgeber rechnen. Umso außergewöhnlicher erscheint es, daß die Konkretisierung des arbeitsförderungsrechtlichen Begriffs der Zumutbarkeit einer Beschäftigung, deren Ablehnung zum zunächst zeitlich begrenzten und schließlich endgültigen Verlust arbeitsförderungsrechtlicher Leistungsansprüche führen kann, 15 Jahre lang im wesentlichen unverändert durch die Zumutbarkeits-Anordnung aus dem Jahr 1982 vorgenommen wurde.

Die mit der Arbeitsförderungsrechts-Reform der Jahre 1996/97 vorgenommene tiefgreifende Neugestaltung dieses Zumutbarkeitsbegriffs bot gleichermaßen Anlaß wie Anreiz, sich mit diesem für viele Menschen wichtigen Thema zu befassen. Reformen schaffen neue Gestaltungsmöglichkeiten, indem alte Strukturen aufgebrochen werden und neue an ihre Stelle treten. Dies geht zumindest anfänglich auf Kosten der Rechtssicherheit in den neu geregelten Gebieten. Ziel der vorliegenden Arbeit ist es, dem Rechtssuchenden bei der Beantwortung der auch für Juristen schwierigen Zumutbarkeitsfrage durch juristisch-methodische Konkretisierung gewonnene Orientierungshilfen anzubieten. Das bedeutet aber gleichzeitig auch, die Grenzen methodischer Konkretisierung aufzuzeigen und eigene Ansätze als Lösungsmöglichkeit anzubieten.

Naturgemäß stoßen solche Vorhaben stets auf Kritik, insbesondere weil auch politisch besonders sensible Fragen berührt werden. Arbeitslosigkeit kann schließlich jeden betreffen. Wenn aber durch diese Arbeit Diskussionen in Gang gebracht werden, bedeutet das zumindest, daß Juristen die ihnen obliegende Aufgabe der Rechtsfortbildung überhaupt wahrnehmen. Gerade das Sozialrecht wird viel zu sehr von Richtlinien und Verwaltungsvorschriften dominiert. Diese aber können lediglich das Ermessen der Verwaltung binden (wenn überhaupt Ermessen besteht). Der Richter hingegen, und das kann gar nicht oft genug in Erinnerung gerufen werden, ist nur an Recht und Gesetz gebunden.

Die vorliegende Arbeit wurde im WS 1998/99 von der Rechtswissenschaftlichen Fakultät der Albert-Ludwigs-Universität Freiburg i. Br. als Dissertation angenommen.

Mein besonderer Dank gilt Frau Prof. Dr. iur. Ursula Köbl, die als Erstgutachterin die Arbeit betreut hat. Sie hat mich von Anfang an zu dem Vorhaben ermuntert und die Erstellung der Arbeit stets mit Anregungen und konstruktiver Kritik begleitet.

Mein Dank gilt ferner Prof. Dr. iur. Dr. h.c. Manfred Löwisch, der dankenswerterweise die Last der Zweitkorrektur auf sich genommen hat.

Zuletzt möchte ich meiner Frau Anja danken, die mir während der letzten zwei Jahre mit fast unerschöpflicher Geduld Mut gemacht und mir während dieser Zeit viele meiner alltäglichen Aufgaben abgenommen hat.

Für Anregungen und Kritik bin ich gleichermaßen dankbar.

Freiburg, im Dezember 1998

K. Toparkus.

Literaturverzeichnis

A

Adamy, Wilhelm: Gewerkschaftliche Anforderungen an eine Reform des Arbeitsförderungsgesetzes, SozSich. 1996, 201.

Albrecht, Rüdiger Konradin: Zumutbarkeit als Verfassungsmaßstab: Der eigenständige Gehalt des Zumutbarkeitsgedankens in Abgrenzung zum Grundsatz der Verhältnismäßigkeit, Dissertation Tübingen, Berlin 1995 (Tübinger Schriften zum Staats- und Verwaltungsrecht, Bd. 30) [zitiert: *R. K. Albrecht*, Zumutbarkeit].

B

Beater, Axel: Generalklauseln und Fallgruppen, AcP 194 (1994), 82.

Becker, Friedrich u.a.: Gemeinschaftskommentar zum Kündigungsschutzgesetz und zu sonstigen kündigungsschutzrechtlichen Vorschriften, 4. Auflage, Neuwied, Kriftel, Berlin 1996 [zitiert: KR-*Bearbeiter*].

Birk, Ulrich-Arthur/ Brühl, Albrecht u.a.: Bundessozialhilfegesetz, Lehr- und Praxiskommentar (LPK-BSHG), 4. Auflage, Baden-Baden 1994 [zitiert: LPK-BSHG].

Bleckmann, Albert: Staatsrecht II — Die Grundrechte, 4. Auflage Köln, Berlin, Bonn, München 1997 [zitiert: *A. Bleckmann*, Staatsrecht].

Bley, Helmar: Die (Un)Zumutbarkeit als Sozialrechtsbegriff, FS Wannagat 1981, 19, siehe *Gitter, Wolfgang (Hrsg.)*.

Blüm, Norbert: Reform heißt Erhalten und Verändern, Bundesarbeitsblatt 7-8 1996, 5.

Bogs, Harald: Die Sozialversicherung im Staat der Gegenwart, Habilitation Hamburg, Berlin 1973, Veröffentlichungen des Deutschen Vereins für Versicherungswissenschaft Heft 75 [zitiert: *H. Bogs*, Die Sozialversicherung im Staat der Gegenwart].

Bonner Kommentar: Kommentar zum Bonner Grundgesetz seit 1950, Stand: 60. Lieferung (Mai 1990), Band 1, Heidelberg 1990 [zitiert: *Bearbeiter* in: BK].

Bydlinski, Franz: Juristische Methodenlehre und Rechtsbegriff, 2. Auflage Wien, New York 1991 [zitiert: *F. Bydlinski*, Juristische Methodenlehre und Rechtsbegriff].

C

Campe, Joachim Heinrich: Wörterbuch der Deutschen Sprache, 5. Teil, 1. Auflage Braunschweig 1811.

Clever, Peter: Sozialgesetzbuch III – Das neue Recht der Arbeitsförderung, ZfSH/SGB 1998, 3.

D

Däubler, Wolfgang/ Kittner, Michael/ Klebe, Thomas (Hrsg.): Betriebsverfassungsgesetz, Kommentar für die Praxis, 5. Auflage, Köln 1996 [zitiert: *Bearbeiter* in: Däubler/Kittner/Klebe, BetrVG].

Däubler, Wolfgang: Verfassungsrechtliche Probleme der AFG-Reform, SozSich. 1996, 411.

Deutscher Sozialgerichtsverband e.V./ Zacher, Hans: Sozialrechtsprechung, Verantwortung für den sozialen Rechtsstaat, Festschrift zum 25jährigen Bestehen des Bundessozialgerichts, Band 2, Köln, Berlin, Bonn, München 1979 [zitiert: *Bearbeiter*, FS 25 Jahre BSG].

Dieckmann, Albrecht: Die Unterhaltsansprüche geschiedener und getrenntlebender Ehegatten nach dem 1. EheRG vom 14.6.1976, FamRZ 1977, 81.

Draeger, Kurt/ Buchwitz, Heinz/ Schönefelder, Erwin: Gesetz über Arbeitsvermittlung und Arbeitslosenversicherung, 1. Auflage, Stuttgart 1961 (Band II der Bücherei für Arbeitsvermittlung und Arbeitslosenversicherung) [zitiert: *Draeger/Buchwitz/Schönefelder*, AVAVG].

Dreier, Horst (Hrsg.): Grundgesetz, Kommentar, 1. Auflage, Tübingen 1996 [zitiert: *Bearbeiter* in: Dreier, GG].

Drosdowski, Günter (Hrsg.): Duden „Etymologie": Herkunftswörterbuch der deutschen Sprache, 2. Auflage, Mannheim, Wien, Zürich 1989.

Duden „Etymologie": Siehe *Drosdowski, Günther.*

Duden „Bedeutungswörterbuch": Siehe *Müller, Wolfgang.*

E

Eichenhofer, Eberhard: Sozialrecht, 2. Auflage, Tübingen 1997 [zitiert: *E. Eichenhofer*, Sozialrecht].

Engisch, Karl: Einführung in das juristische Denken, herausgegeben und bearbeitet von *Würtenberger, Thomas* und *Otto, Dirk*, 9. Auflage, Stuttgart, Berlin, Köln 1997 [zitiert: *K. Engisch*, Einführung].

ders./Maurach, Reinhart: Festschrift für Edmund Mezger, 1. Auflage, München und Berlin 1954 [zitiert: FS Mezger].

Erman, Walter; Westermann, Harm Peter/ Küchenhoff, Klaus (Hrsg.): Handkommentar zum Bürgerlichen Gesetzbuch, 9. Auflage, Münster 1993 [zitiert: Erman-*Bearbeiter*].

F

Fabricius, Fritz/ Kraft, Alfons/ Kreutz, Peter/ Wiese, Günther: Betriebesverfassungsgesetz, Gemeinschaftskommentar, 5. Auflage, Neuwied, Kriftel, Berlin 1995 [zitiert: *Bearbeiter* in: GK-BetrVG].

Faude, Michael: Selbstverantwortung und Solidarverantwortung im Sozialrecht: Strukturen und Funktionen der sozialrechtlichen Relevanz des Selbstverschuldens des Leistungsberechtigten, Dissertation, Bonn 1983 [zitiert: *M. Faude*, Selbstverantwortung].

Frerich, Johannes/ Frey, Martin: Handbuch der Geschichte der Sozialpolitik in Deutschland, Band 1 bis 3, 1. Auflage, München 1993 [zitiert: *J. Frerich/ M. Frey*, Geschichte der Sozialpolitik, Bd.].

G

Gagel, Alexander: Arbeitsförderungsgesetz, Kommentar, Stand: 13. Ergänzungslieferung Januar 1998, Loseblatt, München [zitiert: *Bearbeiter* in: Gagel, AFG].

ders.: Vom Zumutbarkeitserlaß zur Zumutbarkeitsanordnung — Grundlinien des 5. Änderungsgesetzes zum AFG, BlSt Soz ArbR 1980, 115.

ders./Lauterbach, Klaus: Das Gesetz zur Reform der Arbeitsförderung, NJ 1997, 345.

Gitter, Wolfgang (Hrsg.): Im Dienste des Sozialrechts: Festschrift für Georg Wannagat zum 65. Geburtstag am 26. Juni 1981, Köln; Berlin; Bonn; München 1981 [zitiert: *Bearbeiter*, FS Wannagat 1981].

Graumann, Ralf/ Schafft, Marcus: Tarifvertragliche Öffnungsklauseln — ein sinnvolles Flexibilisierungsinstrument? NZA 1998, 176.

GK-BetrVG: Siehe *Fabricius, Fritz*.

GK-SGB VI: Siehe *Lueg, Heinz-Werner*.

Gusseck, Lutz: Die Zumutbarkeit — ein Beurteilungsmaßstab? (Die Stellung der Zumutbarkeit in gütlichen, schlichtenden und gerichtlichen Verfahren), Dissertation, Berlin 1972 (Schriften zur Rechtstheorie, Heft 29) [zitiert: *L. Gusseck*, Die Zumutbarkeit - ein Beurteilungsmaßstab?].

H

Hanau, Peter: Was kann das Arbeitsrecht leisten für den Erhalt und die Schaffung von Arbeitsplätzen? AuA 1998, 2.

Hege, Hans: Das Grundrecht der Berufsfreiheit im Sozialstaat, 1. Auflage, Berlin 1977, Schriften zum Öffentlichen Recht Bd. 326 [zitiert: *H. Hege*, Das Grundrecht der Berufsfreiheit im Sozialstaat].

Henkel, Heinrich: Zumutbarkeit und Unzumutbarkeit als regulatives Rechtsprinzip, FS Edmund Mezger, herausgegeben von *Karl Engisch* und *Reinhart Maurach*, 1. Auflage, München und Berlin 1954, S. 249 [zitiert: *H. Henkel*, FS Mezger].

Hennig, Werner/Kühl, Horst/Heuer, Ernst: Arbeitsförderungsgesetz, Stand Dezember 1990, Neuwied, Frankfurt 1990 [zitiert: *Hennig/Kühl/Heuer*, AFG].

Hesse, Konrad: Grundzüge des Verfassungsrechts der Bundesrepublik Deutschland, 20. Auflage, Heidelberg 1995 [zitiert: *K. Hesse*, Grundzüge des Verfassungsrechts].

Hoffmann, Edgar/ Stephan, Walter: Ehegesetz nebst Durchführungsverordnungen, Kommentar, 2. Auflage München 1968 [zitiert: *E. Hoffmann/S. Walter*, EheG].

Hoffmann, Gerd: Berufsfreiheit als Grundrecht der Arbeit, 1. Auflage, Baden-Baden 1981, Schriften der Vereinigung für Rechtssoziologie Bd. 7 [zitiert: *G. Hoffmann*, Berufsfreiheit als Grundrecht der Arbeit].

Hoppe, Werner, Was für Arbeit ist zumutbar?, SF 1979, 1

Ders.: Zum Begriff „zumutbare Beschäftigung" i. S. des § 103 Arbeitsförderungsgesetz, ZfS 1979, 39

Ders.: Die Zumutbarkeits-Anordnung der BA (§ 103 Abs. 1a AFG) — Jüngstes Anordnungsrecht seit fünf Monaten in Kraft —, AuB 1980, 99.

Hromadka, Wolfgang: Zukunft des Arbeitsrechts, NZA 1998, 1.

HStR: Siehe *Isensee, Josef*.

Hueck, Alfred/Hueck, Götz/v. Hoyningen-Huene, Gerrick/Linck, Rüdiger: Kündigungsschutzgesetz, Kommentar, 12. Auflage, München 1997 [zitiert: *G. Hueck/G. v. Hoyningen-Huene*, KSchG].

Hummel-Liljegren, Hermann: Zumutbare Arbeit, Das Grundrecht des Arbeitslosen, 1. Auflage, Berlin 1981 [zitiert: *H. Hummel-Liljegren*, Zumutbare Arbeit].

Ders.: Wie könnte ein Grundrecht auf Arbeit verwirklicht werden? BlSt Soz ArbR 1979, 226 (Teil A), 241 (Teil B).

I

IG Metall: 12 Thesen zu „Tarifautonomie und Flächentarifvertrag", NZA 1998, 88.

Isensee, Josef/Kirchhof, Paul (Hrsg.): Handbuch des Staatsrechts der Bundesrepublik Deutschland, Bd. 5: Allgemeine Grundrechtslehren, 1. Auflage 1992 [zitiert: *Bearbeiter*, Titel der Abhandlung, in: HStR V].

Ipsen, Jörn: Staatsrecht, 2. Grundrechte, 1. Auflage, Neuwied, Kriftel, Berlin 1997 (Juristische Lernbücher: 36) [zitiert: *J. Ipsen*, Staatsrecht].

J

Jarass, Hans D./Pieroth, Bodo, Grundgesetz für die Bundesrepublik Deutschland: Kommentar; 4. Auflage, München 1997 [zitiert: *Bearbeiter* in: Jarass/Pieroth, GG]

Jerke, Wenzel: Restriktion der „Bedürftigkeit" und Expansion der „Zumutbarkeit" in der Bedürftigkeitsprüfung der Arbeitslosenhilfe, SGb 1990, 283.

K

Kasseler Handbuch Arbeitsrecht siehe *Leinemann, Wolfgang*.

Kasseler Kommentar Sozialversicherungsrecht: siehe *Niesel, Klaus*.

Karasch, Jürgen: Die Sperrzeit im Wandel der Rechtsauffassungen vom AVAVG 1927 bis zum 1. SKWPG 1994, ZfS 1994, 138.

Ders.: Der Begriff der „Zumutbarkeit" im Wandel der Rechtsauffassungen vom AVAVG 1927 bis zum AFKG 1982, ZfS 1983, 65.

Kittner, Michael/Trittin, Wolfgang, KSchR, Kündigungsschutzrecht, Kommentar für die Praxis zum Kündigungsschutzgesetz und zu den anderen Kündigungsvorschriften, 3. Auflage, Köln 1997 [zitiert: *M. Kittner/W. Trittin*, KSchR].

Klees, Bernd: Beschäftigungskrise und zumutbare Beschäftigung — Arbeitsmarkt und Sozialstaat im Widerstreit (Teil I), BlSt Soz ArbR 1978, 369.

Köbl, Ursula: Allgemeine Rechtstheorie — Aspekte der Gesetzesbindung, Festschrift 25 Jahre Bundessozialgericht, S. 1005 ff., Köln, Berlin, Bonn, München 1979, herausgegeben vom *Deutschen Sozialgerichtsverband*, siehe dort [zitiert: *U. Köbl*, FS 25 Jahre BSG].

KR: Siehe *Becker, Friedrich*.

Krebs, Heinrich: AVAVG, Kommentar, 1. Auflage, München und Berlin 1957 [zitiert: *H. Krebs*, AVAVG].

Kriele, Martin: Theorie der Rechtsgewinnung, entwickelt am Problem der Verfassungsinterpretation, 2. Auflage, Berlin 1976 [zitiert: *M. Kriele*, Theorie der Rechtsgewinnung].

KSchR: Siehe *Kittner, Michael*.

Kunig, Philip: Das Grundrecht auf Freizügigkeit, JURA 1990, 306.

Kunze, Thomas: Zur Dogmatik des wichtigen Grundes im Sperrzeitrecht, VSSR 1997, 259.

L

Landkreistag Baden-Württemberg/Städtetag Baden-Württemberg (Hrsg.): Sozialhilferichtlinien: Richtlinien und Anhaltspunkte zur Anwendung des Bundessozialhilfegesetzes mit dem Text des Bundessozialhilfegesetzes und des Sozialgesetzbuches — Buch I und X —, 2. Auflage, Stuttgart, Stand 1.11.1991 [zitiert: Sozialhilferichtlinien].

Larenz, Karl: Methodenlehre der Rechtswissenschaft, in: Enzyklopädie der Rechts- und Staatswissenschaft, 6. Auflage, Berlin, Heidelberg, New York, London, Paris, Tokyo, Hongkong, Barcelona, Budapest 1991 [zitiert: *K. Larenz*, Juristische Methodenlehre].

ders./Canaris, Claus-Wilhelm: Methodenlehre der Rechtswissenschaft [*Studien-ausgabe*], 3. Auflage, Berlin, Heidelberg, New York, London, Paris, To-kyo, Hongkong, Barcelona, Budapest 1995 [zitiert: *K. Larenz/C.-W. Cana-ris*, Methodenlehre der Rechtswissenschaft].

Leinemann, Wolfgang (Hrsg.): Kasseler Handbuch zum Arbeitsrecht, 1. Aufla-ge, Neuwied, Kriftel, Berlin 1997 [zitiert: *Bearbeiter* in: Kasseler Hand-buch Arbeitsrecht].

Löwisch, Manfred: Kommentar zum Kündigungsschutzgesetz, 7. Auflage, Hei-delberg 1997 [zitiert: *M. Löwisch*, KSchG].

ders.: Arbeitsrecht, 4. Auflage, Düsseldorf 1996 [zitiert: *M. Löwisch*, Arbeits-recht].

ders.: Die Änderung von Arbeitsbedingungen auf individualrechtlichem Wege, insbesondere durch Änderungskündigung, NZA 1988, 633.

ders.: Das Beschäftigungsförderungsgesetz 1985, BB 1985, 1200.

ders.: Die besondere Verantwortung der „Arbeitnehmer" für die Vermeidung von Arbeitslosigkeit, NZA 1998, 729.

ders. unter Mitarbeit von *Kaiser, Dagmar*: Taschenkommentar zum Betriebs-verfassungsgesetz, 4. Auflage, Heidelberg 1996 [zitiert: *M. Löwisch*, BetrVG].

LPK-BSHG: Siehe *Birk, Ulrich-Arthur.*

Lucke, Doris: Soziologische Aspekte des Problems der „sozialen Gleichwertig-keit" von „ehelichen Lebensverhältnissen" und nachehelicher Erwerbstä-tigkeit in der Angemessenheitsklausel (§ 1574 BGB) des neuen Schei-dungsfolgenrechts (1. EheRG), FamRZ 1979, 373.

dies.: Die angemessene Erwerbstätigkeit im neuen Scheidungsrecht, zur sozio-logischen Interpretation unbestimmter Rechtsbegriffe, Dissertation Mün-chen, Baden-Baden 1982 [zitiert: *D. Lucke*, Die angemessene Erwerbstä-tigkeit im neuen Scheidungsrecht].

Lücke, Jörg: Die (Un-)Zumutbarkeit als allgemeine Grenze öffentlich-rechtlicher Pflichten des Bürgers, Dissertation Göttingen, Berlin 1973 (Schriften zum Öffentlichen Recht Bd. 227) [zitiert: *J. Lücke*, Zumutbarkeit als Grenze]

Lueg, Heinz-Werner/Maydell, Bernd Baron von/Ruland, Franz (Hrsg.): Gemeinschaftskommentar zum Sozialgesetzbuch — Gesetzliche Rentenversicherung, GK-SGB VI, Neuwied 1991, Stand: Oktober 1997 [zitiert: *Bearbeiter* in: GK-SGB VI].

M

Mahrenholz, Ernst Gottfried: Zur Funktionsfähigkeit des BVerfG, ZRP 1997, 129.

Maunz, Theodor/Zippelius, Reinhold: Deutsches Staatsrecht, 29. Auflage, München 1994 [zitiert: *Th. Maunz/R. Zippelius*, Deutsches Staatsrecht].

Maunz, Theodor/ Dürig, Günter/ Herzog, Roman/ Scholz, Rupert/ Lerche, Peter/ Papier, Hans-Jürgen/ Randelzhofer, Albrecht/ Schmidt-Assmann, Eberhard: Grundgesetz, Kommentar, 7. Auflage/33. Lieferung, München, Stand: November 1997, [zitiert: *Bearbeiter* in: Maunz/Dürig, GG].

Baron von Maydell, Bernd: Arbeitsförderungsgesetz und die dazugehörenden Nebengesetze in der sozialgerichtlichen Rechtsprechung, JbSozRdG, Bd. 1, 1979, 235.

Mertens, Franz-Josef: Hilfe zur Arbeit nach dem BSHG, NDV 1966, 42.

Mergler, Otto/Zink, Günther/Dahlinger, Erich/Zeitler, Helmut: Bundessozialhilfegesetz, Kommentar, 4. Auflage, 17. Lfg. Stand Juli 1995, Stuttgart, Berlin, Köln 1995 [zitiert: *O. Mergler/G. Zink/E. Dahlinger/G. Zeitler*, BSHG].

Mönks, Martin: Der Versicherungsfall der Arbeitslosigkeit: Zum Verhältnis von Arbeitslosigkeit und Verfügbarkeit im Arbeitsförderungsrecht und anderen Sozialrechtsgebieten, Dissertation Münster, Baden-Baden 1991 (Reihe Arbeits- und Sozialrecht, Bd. 18) [zitiert: *M. Mönks*, Arbeitslosigkeit].

Moritz, Heinz-Peter: Nochmals: Die Auslegung des Begriffs der „zumutbaren Beschäftigung" nach § 103 AFG, ZfS 1979, 225.

Ders.: Zwang zur Arbeitnehmer-Mobilität und Anspruch auf Arbeitslosengeld — oder: Arbeitnehmer- Mobilität und sozialer Rechtsstaat, BlSt Soz ArbR 1979, 201.

Müller, Wolfgang: Duden „Bedeutungswörterbuch", 2. Auflage, Mannheim, Wien, Zürich 1985.

Münch, Ingo v./ Kunig, Philip: Grundgesetz-Kommentar, Band 1, 4. Auflage, München 1992 [zitiert: *Bearbeiter* in: v. Münch/Kunig, GG].

Münchener Kommentar: Siehe *Rebmann, Kurt*.

Murswiek, Dietrich: Grundrechte als Teilhaberechte, soziale Grundrechte, in: HStR V, herausgegeben von *J. Isensee/P. Kirchhof*, siehe dort.

N

Niemeyer, Werner: Die Rentenreform 1999, NZS 1998, 103.

Niesel, Klaus (Hrsg.): AFG, Kommentar, 2. Auflage, München 1997 [zitiert: *Bearbeiter* in: Niesel, AFG].

Ders.: SGB III, Sozialgesetzbuch Arbeitsförderung, Kommentar, 1. Auflage, München 1998 [zitiert: *Bearbeiter* in: Niesel, SGB III].

Ders.: Kasseler Kommentar, Sozialversicherungsrecht, Band 1, München, Stand: November 1997 [zitiert: *Bearbeiter* in: KassKomm.].

O

Oetker, Hartmut: Die Beendigung der Mitgliedschaft in Arbeitgeberverbänden als tarifrechtliche Vorfrage, ZfA 1998, 41.

Otto, Kurt (Hrsg.); Fangmeyer, Wilhelm/Ueberall, Albert (Bearbeiter): Gesetz über Arbeitsvermittlung und Arbeitslosenversicherung, 5. Auflage, Essen, Stand 1.5.1965 (4. Ergänzungslieferung) [zitiert: *K. Otto*, AVAVG].

P

Palandt, Otto (Hrsg.): Bürgerliches Gesetzbuch, 57. Auflage, München 1998 [zitiert: *Bearbeiter* in: Palandt].

Paul, Hermann: Deutsches Wörterbuch, 9. Auflage Tübingen 1992.

Pawlowski, Hans-Martin: Methodenlehre für Juristen, Theorie der Norm und des Gesetzes, 2. Auflage, Heidelberg 1991 [zitiert: *H.-M. Pawlowski*, Methodenlehre für Juristen].

Peters-Lange, Susanne: Zumutbarkeit von Arbeit: Ein Plädoyer zur Rechtsfortentwicklung, Dissertation Köln 1990, Köln 1992 (Schriften zum Sozial- und Arbeitsrecht, Bd. 56) [zitiert: *S. Peters-Lange*, Zumutbarkeit von Arbeit].

Dies., Die Zumutbarkeit von Arbeit als normatives Risikoverteilungsprinzip – rechtliche und sozialpolitische Analyse der Zumutbarkeit –, WSI-Mitteilungen 1991, 205.

Dies., Begutachtungsprobleme in Verfahren um Berufs- oder Erwerbsunfähigkeitsrenten, NZS 1994, 207.

Pieroth, Bodo: Das Grundrecht der Freizügigkeit (Art. 11 GG), JuS 1985, 81.

Pieroth, Bodo/ Schlink, Bernhard: Grundrechte Staatsrecht II; 11. Auflage Heidelberg 1995 [zitiert: *B. Pieroth/B. Schlink*, Grundrechte Staatsrecht II].

Pitschas, Rainer: Mittelbare Wehrdienstverweigerung und Arbeitsförderungsrecht, NJW 1984, 889.

ders.: Berufsfreiheit und Berufslenkung, Dissertation, Berlin 1983, Schriften zum Öffentlichen Recht Bd. 452 [zitiert: *R. Pitschas*: Berufsfreiheit und Berufslenkung].

Preis, Ulrich: Die Verantwortung des Arbeitgebers und der Vorrang betrieblicher Maßnahmen vor Entlassungen (§ 2 I Nr. 2 SGB III), NZA 1998, 449.

R

Rebmann, Kurt/ Säcker, Franz Jürgen: Münchener Kommentar zum Bürgerlichen Gesetzbuch, Bd. 2, Schuldrecht Allgemeiner Teil, 3. Auflage, München 1994 [zitiert: MüKo-*Bearbeiter*].

Reichsarbeitsverwaltung (Hrsg.): Regierungs-Entwurf eines Gesetzes über Arbeitslosenversicherung nebst amtlicher Begründung, 1. Auflage, Berlin 1926 (34. Sonderheft zum Reichsarbeitsblatt) [zitiert: Regierungsentwurf zum AVAVG, 34. Sonderheft des RArbBl].

Reidegeld, Eckart: 15 Jahre Arbeitslosenversicherung und Arbeitsmarktpolitik bei Massenarbeitslosigkeit — Rückblick auf einen Leidensweg, ZfS 1990, 129.

S

Sachs, Michael (Hrsg.): Grundgesetz, Kommentar, 1. Auflage, München 1996 [zitiert: *Bearbeiter* in: Sachs, GG].

Sell, Stefan: Zur normativen Funktionalität der „Zumutbarkeit" von Arbeit in der Arbeitslosenversicherung, SF 1996, 84.

Singler, Ulrike: Die Bedeutung der tariflichen Einstufung für den Zumutbarkeitsbegriff der Berufsunfähigkeitsrente, Dissertation, Bayreuth 1997, „Schriften zur Rechtswissenschaft", Bd. 24 [zitiert: *U. Singler*, Die Bedeutung der tariflichen Einstufung für den Zumutbarkeitsbegriff der Berufsunfähigkeitsrente].

Sitte, Ralf: „Zeit- und situationsgerechter" Lohnersatz? Zur neuerlichen Reform der Arbeitslosenhilfe, ZSR 1996, 167.

Soergel, Hans Theodor/ Siebert, Wolfgang: Bürgerliches Gesetzbuch, Kommentar, Band 2.1 (Schuldrecht), 12. Auflage, Stuttgart, Berlin, Köln 1990; Band 7 (Familienrecht) 12. Auflage Stuttgart, Berlin, Köln 1988 [zitiert: Soergel-*Bearbeiter*].

Sozialhilferichtlinien: Siehe *Landkreistag Baden-Württemberg*.

Statistisches Bundesamt (Hrsg.): Statistisches Jahrbuch für die Bundesrepublik Deutschland, jeweils 1. Auflage, Stuttgart und Mainz 1970, 1973, 1974 [zitiert: *Statistisches Jahrbuch* (Jahr)].

Stein, Ekkehart: Staatsrecht, 15. Auflage, Tübingen 1995 [zitiert: *E. Stein*, Staatsrecht].

Steinke, Rudolf: Die Reform des Arbeitsförderungsgesetzes (AFG), SozSich. 1996, 161.

Stier-Somlo, Fritz: Gesetz über Arbeitsvermittlung und Arbeitslosenversicherung nach dem Stande vom 26. Juli 1930 nebst ergänzendem Anhang, Handkommentar, 2. Auflage 1930 [zitiert: *F. Stier-Somlo*, AVAVG].

Syrup, Friedrich/Neuloh, Otto: Hundert Jahre Staatliche Sozialpolitik, 1. Auflage, Stuttgart 1957 [zitiert: *F. Syrup/O. Neuloh*, Staatliche Sozialpolitik].

SCH

Schaub, Günter: Arbeitsrechts-Handbuch, Systematische Darstellung und Nachschlagewerk für die Praxis, 8. Auflage, München 1996 [zitiert: *G. Schaub,* Arbeitsrechts-Handbuch].

ders.: Tarifflucht im Spiegel der BAG-Rechtsprechung, AuA 1998, 44.

Schellhorn, Walter/Schellhorn, Helmut (Hrsg.): Das Bundessozialhilfegesetz. Ein Kommentar für Ausbildung, Praxis und Wissenschaft. Begründet von *Schellhorn, Walter/ Jirasek, Hans/ Seipp, Paul*, 15. Auflage, Neuwied, Kriftel, Berlin 1997 [zitiert: *W. Schellhorn/H. Jirasek/P. Seipp*, BSHG].

Schlegel, Helmut: Das Problem der Zumutbarkeit im Sozialrecht, SozSich. 1969, 291.

Schmidt-Bleibtreu, Bruno/Klein, Franz: Kommentar zum Grundgesetz, 8. Auflage, Neuwied, Kriftel, Berlin 1995 [zitiert: *Bearbeiter* in: Schmidt-Bleibtreu/Klein, Kommentar zum Grundgesetz].

Schoch, Dietrich: Sozialhilfe, 1. Auflage, Köln, Berlin, Bonn, München, 1995 [zitiert: *D. Schoch*, Sozialhilfe].

Schubert, E.: Die Rechtsnatur der Zumutbarkeit (§ 1246 RVO), Die Sozialversicherung 1962, 298.

Schulin, Bertram (Hrsg.): Handbuch des Sozialversicherungsrechts, Bd. 3: Rentenversicherungsrecht, 1. Auflage, München im Erscheinen, im Manuskript zugänglich [zitiert: *Bearbeiter* in: HS-RV].

Ders.: Die Freiheit des Berufs im Sozialrecht, SGb 1989, 94.

Schumacher, Klaus: Zum Begriff der angemessenen Erwerbstätigkeit im künftigen Unterhaltsrecht geschiedener Ehegatten, DRiZ 1976, 343.

Schwab, Dieter (Hrsg.): Handbuch des Scheidungsrechts, 3. Auflage, München 1995 [zitiert: *Bearbeiter* in: Schwab, Hdb. des Scheidungsrechts].

T

Tennstedt, Florian: Berufsunfähigkeit im Sozialrecht, 1. Auflage, Frankfurt/Main 1972.

Tiemann, Axel: Der Schutzbereich des Art. 2 II 2 GG, NVwZ 1987, 10.

Toparkus, Karsten: Die wichtigsten Neuerungen des reformierten AFG (SGB III): Vorstellung, Zweck, mögliche Folgeprobleme und Kritik der Hauptbestandteile der Reform des Arbeitsförderungsrechts, ZfSH/SGB 1997, 397.

U

Udke, Gerwin: Reform der Renten wegen Erwerbsminderung, AuA 1998, 120.

V

VDR, Grundsätze zur Berufs- und Erwerbsunfähigkeit in der gesetzlichen Rentenversicherung, DRV 1993, 493.

Vogel, Hans-Jochen: Gewaltenvermischung statt Gewaltenteilung? NJW 1996, 1505.

Vogel, Joachim: Juristische Methodik, 1. Auflage, Berlin, New York 1998 [zitiert: *J. Vogel*, Juristische Methodik].

W

Wannagat, Georg: Lehrbuch des Sozialversicherungsrechts, Band 1, 1. Auflage, Tübingen 1965 [zitiert: *G. Wannagat*, Sozialversicherungsrecht, Bd. 1].

Ders. (Hrsg.): Sozialgesetzbuch — Kommentar zum Recht des Sozialgesetzbuchs, Gesetzliche Rentenversicherung, Köln, Berlin, Bonn, München 1997; Stand: 11. Lieferung [zitiert: *Bearbeiter* in: Wannagat, SGB VI].

Weber, Ralph: Eigene Gedanken zur Konkretisierung von Generalklauseln und Fallgruppen, AcP 192 (1992), 516.

Weber, Rolf/Paul, Gottfried, Arbeitsförderungsgesetz - Kommentar, Grundwerk Neuwied 1970 [zitiert: *R. Weber/G. Paul*, AFG].

Z

Zacher, Hans F.: Sozialpolitik und Verfassung im ersten Jahrzehnt der Bundesrepublik Deutschland, 1. Auflage, Berlin 1980 [zitiert: *H. Zacher*, Sozialpolitik und Verfassung].

Zippelius, Reinhold: Juristische Methodenlehre — eine Einführung, 6. Auflage, München 1994 [zitiert: *R. Zippelius*, Juristische Methodenlehre].

ders.: Der Gleichheitssatz, VVDStRL Heft 47 (1989), Berlin, New York 1989 [zitiert: *R. Zippelius*, VVDStRL 47].

Verzeichnis der verwendeten Abkürzungen

*Die in der vorliegenden Arbeit verwendeten Abkürzungen beruhen auf der Grundlage des Buches von **Hildebert Kirchner**, „Abkürzungen für Juristen", 2. Auflage Berlin, New York 1993. Die hier aufgeschlüsselten Abkürzungen stellen lediglich Abweichungen von und Ergänzungen zu **Kirchners** Abkürzungsverzeichnis dar.*

AFRG	Arbeitsförderungsreformgesetz vom 24.3.1997 BGBl. I, S. 594
Alg	Arbeitslosengeld
Alhi	Arbeitslosenhilfe
BK	Bonner Kommentar zum Grundgesetz
ders.	derselbe
GK	Gemeinschaftskommentar
HBL	Hilfe in besonderen Lebenslagen
HLU	Hilfe zum Lebensunterhalt
HS-RV	Handbuch des Sozialversicherungsrechts, Bd. 3: Rentenversicherungsrecht (Hrsg.: *B. Schulin*)
KassKomm.	Kasseler Kommentar
KR-*Bearbeiter*	Gemeinschaftskommentar zum Kündigungsschutzgesetz (*F. Becker* u.a.)
LPK-BSHG	Lehr- und Praxiskommentar zum BSHG (*U.-A. Birk*)
MüKo	Münchener Kommentar zum BGB
RArbBl.	Reichsarbeitsblatt
RdErl.	Runderlaß
RegE	Regierungsentwurf

u. a.   unter anderem

ZumutbarkeitsAO   Anordnung des Verwaltungsrates der Bundesanstalt
                             für Arbeit über die Beurteilung der Zumutbarkeit einer
                             Beschäftigung (Zumutbarkeitsanordnung) vom 16.
                             März 1982 ANBA S. 523

Einleitung:

Ein der Arbeitslosenversicherung seit ihrer Schöpfung im Jahr 1927 inhärentes Problem ist die individuelle Beeinflußbarkeit der Ursachen von Arbeitslosigkeit durch den Versicherten selbst. So spricht *Zacher* in bezug auf die Arbeitslosigkeit von einem „Grenzfall eines versicherbaren Risikos"[1], da sie weder im engeren Sinne „zufällig" noch das Risiko langfristig taxierbar sei.[2] Das dementsprechend starke staatliche Interesse am Schutz der Versichertengemeinschaft vor Leistungsmißbrauch steht naturgemäß im Gegensatz zu dem Erfordernis, die (legitimen) Interessen der einzelnen Versicherten im Hinblick auf Art, Qualität, Ansehen, Entgelt, Ort, Zeit und überhaupt sämtliche Bedingungen der für sie in Betracht kommenden Beschäftigungen angemessen zu berücksichtigen.

Seit Jahrzehnten löst der Gesetzgeber diesen Interessenkonflikt, der inzwischen zurecht als „klassisch" bezeichnet werden darf, indem er den Arbeitslosen lediglich die Obliegenheit zur Aufnahme *„zumutbarer"* Beschäftigungen auferlegt, bei der Verletzung dieser Obliegenheit aber Leistungsausschlußtatbestände eingreifen läßt. Es versteht sich, daß die positivrechtliche Ausgestaltung der mit dieser Aufgabe betrauten Normen entsprechend dem Wandel der politischen, sozialen und ökonomischen Verhältnisse mehrfachen Änderungen unterlag und zu allen Zeiten in besonderem Maße der Kritik ausgesetzt war.[3] Mit der weitreichenden Neugestaltung des Arbeitsförderungsrechts (früher im AFG[4]) und seiner Einordnung als Drittes Buch in das Sozialgesetzbuch (SGB III) wurde abermals eine auffällige Neuregelung zur Frage der den Arbeitslosen *zumutbaren* Beschäftigungen getroffen (vgl. § 121 SGB III). Sowohl Gesetzgebungstechnik als auch Regelungsinhalte haben sich geändert und rechtfertigen eine erneute wissenschaftliche Betrachtung dieses auch für Juristen nur schwer faßbaren Begriffes.[5]

---

[1] *H. Zacher*, Sozialpolitik und Verfassung, S. 799 (Fn. 7).

[2] *H. Zacher*, a.a.O. (Fn. 1), S. 56.

[3] Vgl. u.a. *W. Hoppe* SF 1979, 1; *ders.* ZfS 1979, 39; *H.-P. Moritz* ZfS 1979, 225; *S. Sell* SF 1996, 84 m. w. N.

[4] Arbeitsförderungsgesetz (AFG) vom 25.6.1969 BGBl. I S. 582 ff. Nach mehr als 100 Änderungsgesetzen war das über 25 Jahre alte AFG unübersichtlich und schwer verständlich geworden, so daß eine Reform zuletzt dringlich geboten war, vgl. BT-Drucks. 13/4941, S. 140 f.; ferner *N. Blüm* BArbBl. 7-8 1996, 5 f.

[5] Zur alten Rechtslage ausführlich *S. Peters-Lange*, Zumutbarkeit von Arbeit; sowie *M. Mönks*, Arbeitslosigkeit, S. 88 ff.; *H. Hummel-Liljegren*, Zumutbare Arbeit.

Mit der vorliegenden Arbeit soll der durch das Arbeitsförderungs-Reformgesetz (AFRG)[6] reformierte Begriff der **Zumutbarkeit** als Korrektiv einer für Leistungsempfänger nach den Vorschriften des SGB III grundsätzlich bestehenden Obliegenheit zur Aufnahme einer Beschäftigung *konkretisiert* und *systematisiert* werden. Die Änderungen werden einer verfassungsrechtlichen Rechtmäßigkeitskontrolle unterzogen und es wird überprüft, ob einwirkendes Verfassungsrecht zur Übernahme einfachgesetzlich nicht oder nicht mehr vorgesehener Fallgruppen in die Auslegung des Zumutbarkeitsbegriffs führen könnte.

Die im Vergleich zur ZumutbarkeitsAO von 1982 geringere Regelungsdichte des § 121 SGB III und der daraus sich ergebende Freiraum *bedarf der Konkretisierung*. Die Neuregelung der Zumutbarkeit von Beschäftigungen im Zuge der Reform des Arbeitsförderungrechts macht die vorliegende Arbeit erst möglich und auch erforderlich. Die juristische Literatur darf den Exekutivorganen nicht 'das Feld überlassen', wenn es um so wichtige sozialversicherungsrechtliche Fragen geht. Leider ist gerade jetzt wieder die Tendenz zu beobachten, daß der Erlaß einer Richtlinie abgewartet wird, um erst dann mit der „Kanone der Verfassungswidrigkeit" darauf zu schießen.

Das aber ist der falsche Weg. Die vorliegende Arbeit soll ein Beitrag dazu sein, daß die Rechtsprechung und Lehre einen der schwierigsten Bereiche der Rechtsanwendung, die Konkretisierung unbestimmter Rechtsbegriffe, wieder mehr als ihre Aufgabe begreift und annimmt. Schließlich ist es Aufgabe der *Juristen*, die Konkretisierung unbestimmter Rechtsbegriffe rechtsverbindlich vorzunehmen. Um einen bekannten Grundsatz unserer Verfassung in Erinnerung zu rufen: „Der Richter ist nur an Gesetz und Recht gebunden."[7] Dazu gehören eben nicht allgemeine Verwaltungsvorschriften, Richtlinien und ähnliches.

Es gilt somit zunächst die Frage nach der Rechtsnatur des Gesetzesbegriffs der Zumutbarkeit zu klären, um dann zu untersuchen, mit welcher Methode eine Konkretisierung zu erfolgen hat.
Auch mit Hilfe eines Vergleichs mit anderen Rechtsbereichen sollen *Fallgruppen* herausgearbeitet werden, die eine konkretere Umschreibung der Zumutbarkeit im SGB III ermöglichen.

Anschließend wird die Zumutbarkeitsregelung in der gefundenen Gestalt auf ihre Verfassungsmäßigkeit zu überprüfen sein. Da die Kasuistik in § 121 SGB III nicht abschließend ist, wird auch untersucht werden, ob sich aus der Verfassung Gebote entnehmen lassen, die bei der Konkretisierung der Zumutbarkeit

---

[6] Vom 24.3.1997 BGBl. I S. 594.
[7] BVerfG 11.5.1988 E 78, 214 (227).

zu berücksichtigen sind. Hier werden auch die Auswirkungen der vom Gesetzgeber vorgenommenen Änderung der Ziele des SGB III (§§ 1-8) zu berücksichtigen sein.

Eine Arbeit mit solcher Themenstellung kann nicht ohne rechtspolitische Wertungen auskommen; jedoch wird versucht, „persönliche" Wertungen des Verfassers bei den jeweiligen Fallgruppen so gering wie möglich zu halten. Untersucht werden soll vielmehr, wie weit sich der Begriff der Zumutbarkeit im SGB III unter Rückgriff auf juristische Techniken, gestützt auf das vorhandene Normengefüge konkretisieren läßt und welcher Raum dann noch für einen „persönlichen Beurteilungsspielraum" des Rechtsanwenders bleibt.

Kapitel I: Historische Entwicklung der Arbeitslosenversicherung unter besonderer Berücksichtigung der Begrenzung einer bestehenden Arbeitsobliegenheit

Der Begriff der „zumutbaren Beschäftigung" in §§ 119, 121 SGB III ist vorläufiger Endpunkt einer über 100 Jahre währenden Diskussion über die Frage, auf welche Art und Weise individuell bestimmbare Komponenten des Risikos der Arbeitslosigkeit aus der Solidarverantwortung ausgegliedert werden können. Vorrangigster Zweck der Arbeitslosenversicherung war schließlich von Anfang an und ist noch heute die Absicherung gegen *konjunkturell* bedingte Arbeitslosigkeit.[8] Die Diskussion drehte sich schon immer auch um die Frage, welche Kriterien der Individualsphäre zuzurechnen sind.[9]

Eine Erläuterung des Begriffs der zumutbaren Beschäftigung kann daher nicht ohne den Blick auf seine Entstehung sowie die Funktionsweise der Mechanismen erfolgen, die vor Einführung der Zumutbarkeit in das Arbeitsförderungsrecht im Jahre 1969 diese Aufgaben übernommen hatten.

Diese Darstellung wiederum ist untrennbar verknüpft mit der Geschichte der Arbeitslosenversicherung insgesamt, so daß ein historischer Abriß vorangestellt wird.

I. Von der Idee zum Gesetz: Arbeitslosenversicherung in Kaiserreich und Weimarer Republik

1. Die Sozialgesetzgebung im 19. Jahrhundert

Alle großen Sozialgesetze außer der Arbeitslosenversicherung finden ihren Ursprung in der Bismarck'schen Sozialreform, die zurückging auf die Kaiserliche Botschaft, die Wilhelm I. am 17.11.1881 vor dem Deutschen Reichstag proklamierte:[10] Aus der Erkenntnis heraus, daß der Staat der aufbegehrenden Arbeiterschaft nicht alleine durch Verbote Herr werden konnte, wurde die Begründung einer Sozialversicherung in Aussicht gestellt, die die Risiken Unfall, Krankheit, Alter und Invalidität absichern sollte. Schon bald wurde diese Ankündigung umgesetzt, nämlich am 15.6.1883 mit dem Arbeiterkrankenversicherungsgesetz,[11] dem am 6.7.1884 das Unfallversicherungsgesetz[12] und am 22.6.1889 das

---

[8] So schon zum Regierungsentwurf des AVAVG 1927 *Draeger/Buchwitz/Schönefelder*, AVAVG, Einführung S. 39.

[9] Vgl. *J. Karasch* ZfS 1994, 138.

[10] Erste Kaiserliche Botschaft zur sozialen Frage, Verhandlungen des Reichstags, 5. Legislaturperiode, I. Session 1881/82, Bd. 1, 1, auszugsweise abgedruckt bei: *E. Eichenhofer*, Sozialrecht, S. 18 f.

[11] Arbeiterkrankenversicherungsgesetz vom 15.6.1883 RGBl. S. 73.

Gesetz betreffend die Invaliditäts- und Altersversicherung[13] folgten. Das Risiko der Arbeitslosigkeit spielte jedoch weder in der Kaiserlichen Botschaft noch in der sich anschließenden Sozialversicherungsgesetzgebung eine Rolle.

Zwar wurde die Notwendigkeit eines Schutzes der Arbeiter gegen die Arbeitslosigkeit seit dem Beginn der Diskussionen über die Sozialgesetzgebung nie ernsthaft bestritten.[14] Es wurde jedoch darum gestritten, ob ein solcher Schutz überhaupt Aufgabe des *Staates* sein sollte.[15] Außerdem galt eine staatliche Arbeitslosenversicherung lange Zeit als nicht finanzierbar, und die Trennung der in der Individualsphäre belegenen Ursachen der Arbeitslosigkeit von den gesamtwirtschaftlich begründeten schien lange unmöglich. Eine sozialversicherungsrechtliche Absicherung des Risikos der Arbeitslosigkeit wurde deshalb lange Zeit für mit dem Versicherungsprinzip unvereinbar und somit für undurchführbar angesehen.[16] So spricht auch *Zacher* noch in neuerer Zeit in bezug auf die Arbeitslosigkeit von einem „Grenzfall eines versicherbaren Risikos"[17], da sie weder im engeren Sinne „zufällig" noch das Risiko langfristig taxierbar sei.[18] Hauptproblem war also die Ausgrenzung von Komponenten aus dem Risiko der „Arbeitslosigkeit", die vom Versicherten individuell beherrschbar und vermeidbar sind.[19]

Diese Aufgabe wird im geltenden Recht von den in wechselseitiger Abhängigkeit stehenden Begriffen „Verfügbarkeit" und „Zumutbarkeit einer Beschäftigung" (als Teil der Leistungsvoraussetzungen) und „Sperre von Leistungen" (als mögliche Rechtsfolge bei einem Verstoß) übernommen.[20] Schon in den Anfängen der Arbeitslosenversicherung setzte sich die Erkenntnis durch, daß ohne Arbeitsvermittlung eine Arbeitslosenversicherung praktisch unmöglich ist.[21] Es dauerte allerdings bis zum Jahr 1927, bis die Arbeitslosigkeit durch eine Sozialversicherung abgesichert wurde, die in ihrer gesetzlichen Regelung (gemäß dieser Erkenntnis) beide Bereiche verband — 46 (!) Jahre nach der Verkündung der Kaiserlichen Botschaft 1881.

---

[12] Unfallversicherungsgesetz vom 6.7.1884 RGBl. S. 69.

[13] IAVG vom 22.6.1889 RGBl. S. 97.

[14] *Draeger/Buchwitz/Schönefelder*, AVAVG, Einführung S. 25.

[15] *R. Weber/G. Paul*, AFG, Einführung S. IV.

[16] *Draeger/Buchwitz/Schönefelder*, AVAVG, Einführung S. 29 f. mit zahlreichen Nachweisen.

[17] *H. Zacher*, Sozialpolitik und Verfassung, S. 799 (Fn. 7).

[18] *H. Zacher*, a.a.O. (Fn. 17), S. 56.

[19] Vgl. *J. Karasch* ZfS 1994, 138.

[20] *J. Karasch* ZfS 1994, 138 (139); vgl. auch *S. Sell* SF 1996, 84 (86).

[21] *W. Kaskel* in seiner Stellungnahme zum Regierungsentwurf eines Arbeitsnachweisgesetzes und Arbeitslosenversicherungsgesetzes 1919, zitiert bei *J. Karasch* ZfS 1983, 65 sowie ausführlich in *Draeger/Buchwitz/Schönefelder*, AVAVG, Einführung S. 38.

2. Von den ersten Ansätzen einer Arbeitslosenversicherung bis zum AVAVG von 1927

Bis zum Ende des Ersten Weltkriegs hatte es allenfalls regionale Ansätze für eine Arbeitslosen**versicherung** gegeben,[22] allerdings nahm die Vermittlungstätigkeit durch „öffentliche Arbeits**nachweise**" Anfang des 20. Jahrhunderts nach anfänglicher Ablehnung[23] durch die Gewerkschaften und Arbeitgeber zu.[24] Ursprünglich aus fürsorgerischen Erwägungen auf kommunaler Ebene ins Leben gerufen, erkannte man schon bald den Nutzen der Arbeitsnachweise für das Gemeinwohl; dennoch blieb es auch auf diesem Gebiet bis zum Ende des Ersten Weltkriegs seitens der Reichsregierung lediglich bei wohlwollenden Erklärungen.[25]

Nach dem Ersten Weltkrieg wurde zwar das Recht der Arbeitsnachweise vergleichsweise zügig gesetzlich geregelt,[26] eine gesetzliche Regelung der Arbeitslosenversicherung erfolgte jedoch erst im Jahr 1927 durch das Gesetz über Arbeitsvermittlung und Arbeitslosenversicherung (AVAVG).[27] Bereits unmittelbar nach Kriegsende wurde allerdings der Vorläufer der heutigen Arbeitslosenhilfe, die „Erwerbslosenfürsorge", ins Leben gerufen[28], die unter den Voraussetzungen der Arbeitsfähigkeit, Arbeitswilligkeit und Arbeitslosigkeit infolge von Krieg und Bedürftigkeit gezahlt wurde (§ 6 der VO über Erwerbslosenfürsorge). Erstmalig wurde damit bei Arbeitslosigkeit eine staatliche Fürsorgeleistung erbracht, deren Bezug anders als die Armenfürsorge, die wegen der damit verbundenen diskriminierenden Wirkung (zeitweiser Verlust des Wahlrechts sowie des Rechts auf Bekleidung öffentlicher Ämter)[29] unbeliebt und für die Betroffenen nur 'ultima ratio' war, keine Nachteile für die Empfänger mit sich brachte. Eingerichtet als Provisorium[30] wurde die Verordnung im Laufe ihres Bestehens 22mal geändert, bis sie im Jahr 1927 durch das AVAVG[31] abgelöst wurde. Ergänzt wurde sie 1926 durch eine besondere Maßnahme zum

---

[22] *S. Peters-Lange*, Zumutbarkeit von Arbeit, S. 89 f. m.w.N.

[23] *Draeger/Buchwitz/Schönefelder*, AVAVG, Einführung S. 4. Grund für die Ablehnung seitens der Gewerkschaften war das historisch bedingte allgemeine Mißtrauen gegen den Staat, auf der Seite der Arbeitgeber berief man sich auf die vermeintliche Unvermeidbarkeit staatlicher Eingriffe mit einer liberalen Wirtschaftsordnung.

[24] *R. Weber/G. Paul*, AFG, Einführung S. 3.

[25] *Draeger/Buchwitz/Schönefelder*, AVAVG, Einführung S. 6 f.

[26] Arbeitsnachweisgesetz vom 22.7.1922 RGBl. I S. 657, in Kraft getreten am 1.10.1922.

[27] AVAVG vom 16.7.1927 RGBl. I S. 187, in Kraft getreten am 1.10.1927.

[28] VO über Erwerbslosenfürsorge vom 13.11.1918 RGBl. S. 1305.

[29] *G. Wannagat*, Sozialversicherungsrecht, Bd. 1, S. 58; *J. Frerich/M. Frey*, Geschichte der Sozialpolitik, Bd. 1, S. 154 m.w.N.

[30] Formell war sie als Demobilmachungsverordnung ergangen.

[31] Vgl. oben Fn. 27.

Schutz von Langzeitarbeitslosen, das Gesetz über eine Krisenfürsorge,[32] das für die Fortdauer der Unterstützung Sorge trug, wenn nach einem Jahr die Erwerbslosenfürsorge eingestellt wurde. Gemäß dem AVAVG wurde Versicherten eine Arbeitslosenunterstützung von bis zu 26 Wochen gewährt (§ 99 AVAVG), danach schloß sich die Krisenfürsorge an. Gemäß dem Versicherungsprinzip erfolgte *keine Bedürftigkeitsprüfung*.[33] Träger der Arbeitslosenversicherung wurde die Reichsanstalt für Arbeitslosenvermittlung und Arbeitslosenversicherung in Berlin; finanziert wurden die Leistungen nach dem Beitragsprinzip hälftig von Arbeitnehmern und Arbeitgebern; die Finanzierung konnte im Bedarfsfalle mittels staatlicher Darlehen aufgestockt werden.[34] Bereits im AVAVG wurde die Nachrangigkeit von Arbeitslosenunterstützung als Entgeltersatzleistung (wie in § 4 SGB III, Vorrang der Vermittlung) in § 131 gesetzlich festgeschrieben.

§ 131 AVAVG war allerdings lediglich Programmsatz, genau wie die Aufstellung der nicht weiter erläuterten Voraussetzung der 'Arbeitswilligkeit' für einen Anspruch auf Arbeitslosenunterstützung in § 87 Nr. 1 AVAVG.[35] Praktisch umgesetzt wurden diese programmatischen Erklärungen durch die Vorschrift des § 90 AVAVG, der (wie der neue § 121 SGB III auch) dem Regel-Ausnahme-Prinzip folgte: Es bestand eine grundsätzliche Pflicht, der eigenen Arbeitsfähigkeit entsprechende Arbeiten anzunehmen (§ 90 Abs. 1 AVAVG). Lediglich bei Vorliegen eines 'berechtigten Grundes' konnte diese durchbrochen werden, so daß ausnahmsweise eine Arbeit abgelehnt werden durfte. § 90 Abs. 2 AVAVG definierte *abschließend* enumerativ, welche Gründe zur Arbeitsablehnung berechtigten ('Katalogprinzip').[36] Bei Arbeitsablehnung *ohne* berechtigten Grund drohte eine **Sperrzeit** von vier Wochen.

Die 'Verfügbarkeit' (dieser Begriff war dem AVAVG allerdings noch fremd) mußte also grundsätzlich ohne Einschränkung bestehen; die zur Ablehnung berechtigenden Tatbestände waren klar umrissen und unmittelbar dem Gesetz zu entnehmen. So war gemäß § 90 Abs. 2 Nr. 1 AVAVG zumindest der tarifliche oder (subsidiär) der ortsübliche Lohn zu zahlen (Schutz des sozialen Status); gemäß Nr. 3 konnte eine durch Aussperrung oder Streik freigewordene Arbeitsstelle abgelehnt werden, Nr. 4 sicherte einen Mindeststandard bei den Arbeitsbedingungen, und Nr. 5 die Versorgung der Angehörigen.

Die Regelung in § 90 Abs. 2 Nr. 2, Abs. 3 AVAVG mag auf den ersten Blick erstaunen, führte sie doch schon im Jahr 1927 (!) einen **temporären Berufs-**

---

[32] Vom 29.11.1926 RGBl. I S. 489.
[33] Vgl. *H. Hummel-Liljegren*, Zumutbare Arbeit, S. 101.
[34] *F. Syrup/O. Neuloh*, Staatliche Sozialpolitik, S. 340.
[35] *F. Stier-Somlo*, AVAVG, § 87 Anm. 2.B. (S. 193).
[36] Einer ähnlichen Technik bedient sich der moderne Gesetzgeber auch in § 121 Abs. 2-5 SGB III, jedoch ist die aufgenommene Kasuistik **nicht abschließend** („insbesondere").

schutz ein: Bis zum Ablauf von neun Wochen nach Beginn des Bezugs von Arbeitslosenunterstützung konnte eine Arbeitsstelle ohne die Folge einer Sperrzeit mit der Begründung abgelehnt werden, daß „die Arbeit dem Arbeitslosen nach seiner Vorbildung oder früheren Tätigkeit oder seinem körperlichen Zustand oder mit Rücksicht auf sein späteres Fortkommen nicht *zugemutet* werden konnte." Nach Ablauf von neun Wochen konnte eine Arbeitsstelle nur noch abgelehnt werden, wenn die Ausübung der Tätigkeit ihm „erhebliche Nachteile für sein späteres Fortkommen bringen würde" (Abs. 3).

Zweck dieser Vorschrift war, einen Ausgleich zu suchen zwischen „dem Anspruch des Arbeitslosen auf stärkere Berücksichtigung seiner persönlichen und beruflichen Verhältnisse und der volkswirtschaftlichen Notwendigkeit, brachliegende Arbeitskräfte möglichst schnell und möglichst restlos zu verwerten."[37]

Sie war insbesondere zugunsten der *Angestellten* in das Gesetz aufgenommen worden; das damals sehr stark ausgeprägte Standesdenken (als Beleg dafür kann die Trennung der Regelung der Rentenversicherung von Arbeitern und Angestellten in RVO und AVG im Jahre 1911 dienen)[38] ließ einen Angestellten 'das Gesicht verlieren', wenn dieser plötzlich gezwungen war, nicht seiner früheren Position entsprechende Tätigkeiten zu verrichten.[39]

Begründet wurde die Einfügung der in den Vorschriften über die Gewährung von Erwerbsfürsorge nicht enthaltenen Regelung damit, daß die Arbeitslosenunterstützung nicht steuerfinanziert war, sondern aus Beitragsmitteln bestritten wurde; ferner sei die Erwerbslosenfürsorge in einer „Zeit des wirtschaftlichen Tiefstandes" geschaffen worden.[40] Kriterium für die geänderten Anforderungen an die Arbeitslosen war also die *wirtschaftliche Lage*.

In der Begründung des Regierungsentwurfs fällt ferner auf, daß schon damals *Entgeltschutz und Berufsschutz im Zusammenhang* gesehen wurden:[41] So wurde die Annahme berufsfremder Arbeit besonders dann als Härte angesehen, wenn sie in einer sozial minderbewerteten (='klassischer' Beweggrund für den Berufsschutz) oder *minderentlohnten* Stellung zu verrichten war.[42]

Eine stetig steigende Arbeitslosigkeit (1930 im Durchschnitt 3½ Mio., von denen ca. 1,8 Mio. Leistungen der Arbeitslosenversicherung bezogen) und der Ausbruch der Weltwirtschaftskrise im Herbst 1929 ließen die Schulden der Reichsversicherungsanstalt (und des Deutschen Reichs) drückend werden (der

---

[37] Regierungsentswurf zum AVAVG, 34. Sonderheft zum RArbBl, S. 158; ebenso *F. Stier-Somlo*, AVAVG, § 90 Anm. 2 (S. 208 f.).

[38] Vgl. *J. Frerich/M. Frey*, Geschichte der Sozialpolitik, Bd. 1, S. 115 f.

[39] Vgl. *F. Wischer*, AVAVG, 1929, **zitiert bei:** *H. Hummel-Liljegren*, Zumutbare Arbeit, S. 99 f.

[40] Regierungsentswurf zum AVAVG, 34. Sonderheft zum RArbBl, S. 158.

[41] Die Abschaffung des Berufsschutzes im AFG/SGB III durch das AFRG wird damit gerechtfertigt, daß ein mittelbarer Berufsschutz durch den Entgeltschutz gemäß § 121 Abs. 3 verwirklicht würde, vgl. BT-Drucks. 13/4941, S. 145 f., 238 (zu § 103b Abs. 5 AFG n. F.).

[42] Regierungsentwurf zum AVAVG, 34. Sonderheft zum RArbBl., S. 158.

Gesamtaufwand der von der Arbeitslosigkeit verursachten Ausgaben betrug allein 1930 ca. 3 Milliarden Reichsmark!),[43] so daß sich die Anforderungen an die Arbeitslosen wieder verschärften:

Im Jahr 1931 wurde der Schutz der Vorbildung oder der früher ausgeübten Tätigkeit in § 90 Abs. 2 Nr. 2, Abs. 3 AVAVG durch die „Zweite Verordnung des Reichspräsidenten zur Sicherung von Wirtschaft und Finanzen"[44] ersatzlos aus dem Gesetz gestrichen. Lediglich der in die Zukunft gerichtete Berufsschutz (Ablehnungsmöglichkeit einer die Ausübung der bisher überwiegenden Tätigkeit in der Zukunft wesentlich erschwerenden Beschäftigung) blieb bestehen.

Das allgemein langsam sinkende Rechtsbewußtsein, das schließlich für den völligen Zusammenbruch des Rechtsstaates mitursächlich werden sollte, wird durch eine mit dieser Verordnung eingefügte weitere Vorschrift eindrucksvoll dokumentiert. In § 93c AVAVG wurde das Arbeitsamt zur Verhängung einer Sperrzeit von 6 Wochen ermächtigt, wenn „sich aus *bestimmten Tatsachen* ergibt, daß der Arbeitslose arbeitsunwillig oder durch eigenes Verschulden arbeitslos ist." Durch diese Regelung wurde das bis dato angewandte 'Katalogprinzip' durch eine Generalermächtigung unterlaufen, die wohl auch dem heute geltenden und aus dem Rechtsstaatsprinzp (Art. 20 GG) folgenden Bestimmtheitsgrundsatz widerspräche.[45]

II. NS- und Nachkriegszeit: Rückschritt und Wiederaufbau

1. Nationalsozialismus und Zusammenbruch

Es folgte die Ära des Nationalsozialismus, in der das „Führerprinzip" schon im Jahr 1933 auch in der Arbeitsverwaltung eingeführt wurde.[46] Die Arbeitsverwaltung wurde immer mehr zum Durchführungsorgan des Arbeitsdienstes, das Versicherungsprinzip wurde dieser neuen Fixierung geopfert: Ab 1939 erhielt jedermann Arbeitslosenunterstützung, der dem Arbeitsdienst zur Verfügung stand, unabhängig von Versicherungspflicht und Anwartschaftszeit.[47] Die Arbeitslosenunterstützung als beitragsfinanzierte Fürsorgeleistung *ohne Rechtsanspruch* hatte die Versicherungsleistung mit Rechtsanspruch (bei Erfüllung der gesetzlichen Voraussetzungen) abgelöst.[48]

---

[43] *Draeger/Buchwitz/Schönefelder*, AVAVG, Einführung S. 41.

[44] Vom 5.6.1931 RGBl. I S. 279.

[45] Zu den anzulegenden Maßstäben ausführlich BVerfG 11.5.1988 E 78, 214 (226 f.) m.w.N.

[46] Durch Erlaß des Reichsarbeitsministers vom 10.11.1933 (RArbBl. I S. 288),vgl. *K. Otto*, AVAVG, S. 1 f.; *R. Weber/G. Paul*, AFG, Seite IV f.

[47] Verordnung vom 5.9.1939 RGBl. I S. 1674.

[48] *Draeger/Buchwitz/Schönefelder*, AVAVG, Einführung S. 48 f.; *R. Weber/G. Paul*, AVAVG a.a.O. (Fn. 46).

2. Rechtszersplitterung der Nachkriegszeit und Entstehung des AVAVG 1957

Nach dem Zusammenbruch 1945 und der Gründung der Bundesrepublik Deutschland im Jahr 1949 übernahm zunächst das Bundesarbeitsministerium die Aufgaben der früheren Reichsversicherungsanstalt. Am 1.5.1952 wurde dann die 1933 faktisch abgeschaffte Selbstverwaltung in diesem Bereich wiederbegründet, indem diese Zuständigkeiten der **Bundesanstalt für Arbeitsvermittlung und Arbeitslosenversicherung,** einer Selbstverwaltungskörperschaft des öffentlichen Rechts mit Sitz in Nürnberg, übertragen wurden.[49]

In den Jahren nach 1945 war das AVAVG in der britischen Zone durch Militärregierungsverordnung, in der amerikanischen Zone durch Ländergesetze wiedereingeführt worden, wodurch zwar die Grundzüge des AVAVG von 1927 erhalten blieben, dennoch aber in Einzelfragen eine Rechtszersplitterung eintrat.[50] Diese wurde erst beseitigt durch die sog. „große Novelle", das Gesetz zur Ergänzung und Änderung des AVAVG vom 23.12.1956,[51] das zur Rechtsvereinheitlichung führte und in die Neufassung des AVAVG vom 3.4.1957[52] mit neuer Paragraphenfolge einmündete.

Wieder mußte man sich mit dem Problem auseinandersetzen, wie die individuell beeinflußbaren Gründe der Arbeitslosigkeit aus den Anspruchsvoraussetzungen für die Entgeltersatzleistungen nach dem AVAVG ausgegliedert werden konnten. Die Interessen des Arbeitslosen durften nicht völlig übergangen werden, jedoch war eine Manipulation des Risikos der Arbeitslosigkeit (etwa durch geschickte Einschränkung der Verfügbarkeit) auszuschließen.[53] Bezüglich der Anspruchsvoraussetzungen und Sperrzeitregelung wurden die Vorschriften des AVAVG von 1927 in die Neufassung weitgehend übernommen (vgl. §§ 74, 76, 78 AVAVG i.d.F. von 1957), lediglich die Wiedereinführung des in der 'Urfassung' vorhandenen zeitlich begrenzten Berufsschutzes, der 1931 gestrichen worden war (s.o.), wurde mit der Begründung abgelehnt, dieser bedeute eine wesentliche Einschränkung der Vermittlungsmöglichkeiten und stünde im Widerspruch zum in § 131 AVAVG (1927) niedergelegten Grundsatz des Vorrangs der Vermittlung von Arbeit vor dem Bezug von Entgeltersatzleistungen.[54] Das ist allerdings so nicht richtig; ein Berufsschutz würde diesen Grundsatz lediglich *einschränken*, insbesondere wenn er nur zeitlich beschränkt gewährt würde. Wiedereingeführt wurde die Ablehnungsmöglichkeit für Tätigkeiten, die

---

[49] Gesetz vom 29.11.1951 BGBl. I S. 919; Errichtungsgesetz vom 10.3.1952 BGBl. I S. 123; ausführlicher *K. Otto,* AVAVG, S. 2.

[50] *H. Krebs,* AVAVG, Einleitung S. 7 f.

[51] BGBl. I S. 1018.

[52] Neufassung des AVAVG vom 3.4.1957 BGBl. I S. 321, berichtigt S. 706.

[53] Vgl. BT-Drucks. II/1274, S. 120 (zu § 88 AVAVG 1956).

[54] BT-Drucks. II/1274, S. 122 (zu § 90 AVAVG 1956).

die Ausübung der bisher überwiegenden Tätigkeit für die Zukunft wesentlich erschweren würden.

An die Stelle der Voraussetzungen „Arbeitsfähigkeit" und „Arbeitswilligkeit" (§ 87 Nr. 1 AVAVG von 1927) für die Arbeitslosenunterstützung trat nun die **Verfügbarkeit** (§§ 74 Abs. 1, 76 AVAVG). Die Arbeits*fähigkeit* wurde nun speziell arbeitsförderungsrechtlich und ohne Bezug auf den Begriff der Invalidität in § 1254 RVO definiert, was durch das Inkrafttreten des Sozialversicherungs-Anpassungsgesetzes notwendig geworden war. Einbezogen wurde damit auch die Frage der psychischen Leistungsfähigkeit, die unter § 1254 RVO keine Rolle gespielt hatte.[55]

Die Arbeits*willigkeit*, bis dato ein rein programmatischer Begriff (s.o. Seite 7), wurde tatbestandlich fixiert, um die Abgrenzung des anspruchsberechtigten Personenkreises zu erleichtern. Gefordert wurde nun ausdrücklich die Bereitschaft des Arbeitslosen, ein Arbeitsverhältnis unter den üblichen Bedingungen des allgemeinen freien Arbeitsmarktes einzugehen.[56] Die Begrenzung und Ausdifferenzierung dieses Grundsatzes oblag jedoch nach wie vor der Sperrzeitregelung in § 78 AVAVG.

Diese entsprach in Inhalt und Systematik des Abs. 2 bis auf die bereits erwähnte Verkürzung beim Berufsschutz im wesentlichen der Fassung des AVAVG von 1927 (vgl. oben Seite 7).

III. Von der Vollbeschäftigung in die Massenarbeitslosigkeit

1. Das AFG von 1969

In der nun folgenden Phase der **Vollbeschäftigung** in den Jahren 1960 bis 1973[57] wurde vom Bundestag der Regierung eine erneute Reform des Arbeitsförderungsrechts aufgetragen, um das Gesetz an den technischen Fortschritt und die wirtschaftliche Entwicklung anzupassen.[58]

War zunächst lediglich eine Novelle des AVAVG geplant, zeichnete sich im Verlauf der Beratungen immer deutlicher ab, daß das Resultat eine *Neugestaltung* werden würde. Äußeres Zeichen dafür war die Umbenennung in Arbeitsförderungsgesetz (AFG), die mit der Erweiterung des Kreises der Aufgaben der BA einherging.[59]

---

[55] *H. Krebs*, AVAVG, § 76 Rz. 6.
[56] Vgl. BT-Drucks. II/1274, S. 119 f. (zu § 88 AVAVG 1956).
[57] So *H. Hummel-Liljegren*, Zumutbare Arbeit, S. 105.
[58] Antrag der CDU/CSU-Fraktion vom 26.1.1966 BT-Drucks. V/222.
[59] *R. Weber/G. Paul*, AFG, Seite XI; vgl auch BT-Drucks. vom 20.9.1967 V/2291, S. 53.

Neben grundsätzlichen Beratungen darüber, ob das Risiko der Arbeitslosigkeit weiterhin durch eine Sozialversicherung abzusichern sei, war das Hauptproblem wieder die *Risikoabgrenzung*. Versichert werden sollte nur Arbeitslosigkeit als Folge des 'normalen Wirtschaftsablaufes'; der individuellen Manipulierbarkeit des Risikos wurde wie bisher Rechnung getragen durch den Ausschluß sog. 'verschuldeter Arbeitslosigkeit' und die Verhängung von Sperrzeiten. Die schwere Vorhersehbarkeit und Berechenbarkeit des Risikos wurde durch die Einschränkung von Höhe und Dauer der Versicherungsleistung „Arbeitslosengeld" begrenzt.[60]

Am 22.9.1967 wurde zunächst ein Regierungsentwurf des AFG[61] vom Bundestag beschlossen und dem Bundesrat zugeleitet. Wieder war die in § 94 AFG (RegE) definierte Verfügbarkeit in § 90 AFG (RegE) Anspruchsvoraussetzung für den Bezug von Arbeitslosengeld, und wieder war die hierfür geforderte Arbeitsbereitschaft tatbestandlich zunächst unbegrenzt. Die Begrenzung dieser Verpflichtung fand sich im Regierungsentwurf, wie zuvor im AVAVG, allein in der *Sperrzeitregelung* (§ 115 AFG RegE), die eine Ausnahme von der Sperrzeitverhängung bei Weigerung der Annahme einer Arbeitsstelle nur bei Vorliegen eines in § 115 Abs. 2 AFG RegE enumerativ und abschließend definierten **berechtigten Grundes** vorsah.

Erst der Bundestagsausschuß für Arbeit sorgte dann in seinem Vermittlungsvorschlag vom 18.4.1969 für die Begrenzung der in der Verfügbarkeit aufgestellten Arbeitsobliegenheit auf **zumutbare Beschäftigungen** (§ 94 Abs. 1 Nr. 2 des Entwurfs, textgleich mit § 103 Abs. 1 Nr. 2 AFG). Die Leistung von Arbeitslosengeld sollte nicht mehr davon abhängen, ob der Arbeitslose bereit sei, schlechthin jede Arbeit anzunehmen, die er ausüben könnte, es müsse die Bereitschaft genügen, „zumutbare" Arbeit zu übernehmen.[62] Zur Begründung wurde angeführt, daß der Verwaltung und Rechtsprechung damit ermöglicht werde, die Auslegung der „Verfügbarkeit" den sich *wandelnden Wertvorstellungen in der Gesellschaft* anzupassen.

Mit Blick auf den im AVAVG von 1927 verankerten Berufsschutz wurde allerdings gleichzeitig darauf hingewiesen, daß diese Änderung nicht bedeute, daß „die Arbeitsbereitschaft auf den erlernten oder bisher ausgeübten Beruf und die diesen Berufen benachbarten Tätigkeiten beschränkt werden darf". Mit der Einführung des unbestimmten Rechtsbegriffs „zumutbare Beschäftigung" mußte auch der vorherige § 78 AVAVG reformiert werden. Um die notwendige Kongruenz zwischen § 103 und 119 AFG (Sperrzeitnorm) weiterhin zu gewährleisten, wurde der Katalog der „berechtigten Gründe" zur Arbeitsablehnung (§ 78

---

[60] *R. Weber/G. Paul*, AFG, Seite XXVII.
[61] BT-Drucks. V/2291.
[62] **Zu** BT-Drucks. V/4110, Seite 18 (zu § 94).

Abs. 2 AVAVG) durch den unbestimmten Rechtsbegriff „wichtiger Grund" ersetzt.[63]

Seither sind die in engem Zusammenhang stehenden Begriffe der **Verfügbarkeit** und der **Zumutbarkeit** einer Beschäftigung (als Begründung und Begrenzung der arbeitsförderungsrechtlichen Arbeitsobliegenheit) und die Einrichtung der **Sperrzeit** als Sanktion bei Ablehnung einer Arbeit, für die Ausgrenzung der individuell beherrschbaren und damit manipulierbaren Komponenten des komplexen Risikos der Arbeitslosigkeit maßgeblich.[64] Dem Zumutbarkeitsbegriff fällt seither die Aufgabe zu, die Pflichten des Arbeitslosen zu begrenzen und zu differenzieren.

Diese Gesetzessystematik hat sich bis heute nicht verändert, während die normative Ausgestaltung des die Verfügbarkeit begrenzenden Zumutbarkeitsbegriffes im Laufe der letzten Jahrzehnte verschiedene Ausprägungen erfahren hat.

2. Konkretisierung des Zumutbarkeitsbegriffs durch das HStruktG 1975

Schon nach wenigen Jahren zeigte sich, daß der ohne jeden Zusatz in die ursprüngliche Gesetzesfassung des AFG eingefügte Zumutbarkeitsbegriff zumindest einer Konturierung bedurfte. Die Ölkrise 1973/74 hatte die Zeit der Vollbeschäftigung beendet, so daß die Arbeitslosenversicherung erstmals wieder in größerem Umfang Leistungen erbringen mußte.[65]

Das führte zu einer ersten Konkretisierung des Begriffs der Zumutbarkeit einer Beschäftigung durch § 103 Abs. 1a AFG, der durch das HStruktG[66] eingefügt wurde. Zunächst wurden die gegenläufigen Interessen genannt, die bei der Beurteilung der Zumutbarkeit Berücksichtigung finden sollten, nämlich die des Arbeitslosen gegenüber denen der „Gesamtheit der Beitragszahler" (dieser Begriff fand hier zum ersten Mal Eingang in den Gesetzestext)[67]. Ferner sei die *Lage und Entwicklung des Arbeitsmarktes* zu berücksichtigen.

Für die Zumutbarkeit einer Beschäftigung einzuhaltende Mindest*grenzen* wurden nicht definiert, vielmehr wurden einige dem Arbeitslosen abzuverlangende Mindest*verpflichtungen* festgelegt. So war hinzunehmen, wenn die angesonne-

---

[63] BSG 10.12.1980 E 51, 70 (71 f.).

[64] *J. Karasch* ZfS 1994, 138 f.

[65] Waren im Januar 1970 noch 286.266 Personen arbeitslos gemeldet, so waren es im Januar 1973 356.352 Personen; eine Zahl die sich bis Januar 1974 mit einem Anstieg auf 620.494 Personen fast verdoppelte. Quelle: *Statistisches Jahrbuch* 1970, S. 125; *Statistisches Jahrbuch* 1973, S. 142, *Statistisches Jahrbuch* 1974, S. 145.

[66] Haushaltsstrukturgesetz vom 18.12.1975 BGBl. I S. 3113.

[67] So *J. Karasch* ZfS 1983, 65 (67).

ne Beschäftigung nicht der bisherigen beruflichen Tätigkeit des Arbeitslosen entsprach, der neue Beschäftigungsort vom Wohnort „nicht unangemessen weiter" als der alte entfernt war oder die Arbeitsbedingungen (insbesondere bezogen auf Zuschläge und betriebliche Vergünstigungen) schlechter waren als bei der vorher ausgeübten Beschäftigung.

Intention des Gesetzgebers bei Erlaß des Haushaltsstrukturgesetzes war es, durch Beschleunigung der Arbeitsvermittlung Gelder einzusparen.[68] In der amtlichen Begründung zu der Änderung beklagte man sich, daß es den Arbeitsämtern wegen der allgemeingehaltenen Formulierung des Zumutbarkeitsbegriffs oft schwer falle, „den unbegründeten Einwänden gegen ein Vermittlungsangebot zu begegnen".[69]

Die in diese Konkretisierung gesetzten Erwartungen wurden allerdings enttäuscht, die Arbeitslosigkeit stagnierte auf hohem Niveau.[70] Das führte zunächst zum Erlaß des 4. ÄndG-AFG,[71] durch dessen Vorschriften erreicht werden sollte, daß die Verfügbarkeit von Arbeitslosengeld- und - hilfeempfängern in regelmäßigen Abständen überprüft würde.[72] Die Zumutbarkeit wurde nicht neu geregelt.

3. Dienstblatt-Runderlaß 230/78: Konkretisierung des Zumutbarkeitsbegriffs durch die BA

Eine erneute gesetzgeberische Ergänzung des § 103 AFG sollte erst durch das 5. AFG-ÄndG[73] erfolgen. Zuvor aber sorgte der interne Dienstblatt-Runderlaß 230/78,[74] der den Zumutbarkeitsbegriff des § 103 AFG näher zu konkretisieren versuchte, für kontroverse Diskussionen.[75]

Während seine Befürworter eine überregionale Vereinheitlichung der Auslegung des Zumutbarkeitsbegriffes gestützt auf Art. 3 Abs. 1 GG sogar für *verfassungsrechtlich geboten* ansahen, bezweifelten seine Gegner die Vereinbarkeit insbesondere der Regelungen über das Wochenendpendeln und den Umzug von Arbeitslosen (3.2 und 3.3 des RdErl.) mit dem GG. Sie erblickten hierin einen

---

[68] Vgl. BT-Drucks. 7/4127, S. 47 f.; ferner *J. Karasch* ZfS 1983, 65 (67 f.).

[69] BT-Drucks. 7/4127, S. 52 (zu § 103).

[70] Im Jahr 1978 waren mit 992.948 nur unwesentlich weniger Personen arbeitslos gemeldet als 1977 mit 1.029.995. Quelle: *Statistisches Jahrbuch* 1979, S. 106.

[71] 4. Gesetz zur Änderung des AFG vom 12.12.1977 BGBl. I S. 2557.

[72] BT-Drucks. 8/857, S. 9 f. (zu § 139a); 8/1053, S. 1 f., 14 (zu § 139a).

[73] 5. AFG-ÄndG vom 23.7.1979 BGBl. I S. 1189.

[74] Dienstblatt der Bundesanstalt für Arbeit 1978, RdErl. 230/78, abgedruckt bei *H. Hummel-Liljegren*, Zumutbare Arbeit, S. 211 ff.; abgekürzt auch bei *B. Klees* BlStSozArbR 1978, 369 ff.

[75] Vgl. etwa *W. Hoppe* SF 1979, 1; *ders.* ZfS 1979, 39; dagegen *H.-P. Moritz* ZfS 1979, 225; *ders.* BlStSozArbR 1979, 201 (203 ff.); *B. v. Maydell*, JbSozRdG, Bd. 1, 1979, S. 235 (246); vgl. auch den Pressespiegel bei *H. Hummel-Liljegren*, Zumutbare Arbeit, S. 113.

Verstoß gegen den aus dem Rechtsstaatsprinzip abzuleitenden Grundsatz des Vorrangs des Gesetzes.[76]

Zum ersten Mal wurden zur Begrenzung der *beruflichen Mobilität* drei **Qualifikationsstufen** aufgestellt (Nr. 2.22 des RdErl.), die eine zeitlich abgestufte Ausweitung dieser Mobilität sicherstellen sollten.

Hinsichtlich der *räumlichen Mobilität* wurden Tagespendelzeiten von zwei bis drei Stunden für zumutbar gehalten (Nr. 3.111), nach über sechsmonatiger Arbeitslosigkeit unter bestimmten Voraussetzungen auch Wochenendpendeln (Nr. 3.2), sowie nach spätestens einjähriger Arbeitslosigkeit auch ein Umzug (Nr. 3.3).[77] Wochenendpendeln und Umzug sollten allerdings nur zumutbar sein, wenn kein „wichtiger Grund" wie die Ausübung öffentlicher Ehrenämter, Gefährdung der Versorgung der Familie, Bewirtschaftung einer Nebenerwerbslandwirtschaft ohne zumutbare Vermietungs- oder Veräußerungsmöglichkeit, etc. zugunsten des Arbeitslosen eingriff. Hinsichtlich der *sonstigen Arbeitsbedingungen* wurde der *Entgeltschutz* konkretisiert (unerheblich waren 10% Einkommensverlust in den ersten 6 Monaten der Arbeitslosigkeit, Nr. 4.1 RdErl. 230/78); Untergrenze des hinzunehmenden Entgeltverlustes war die Höhe der bezogenen Entgeltersatzleistungen (Alg/Alhi).

Nicht nur diese (von der Praxis begrüßten,[78] in der Literatur aber auf Kritik stoßenden[79]) Pauschalierungen, sondern bereits die Eingangsformulierung des RdErl. 230/78 führten zu Unmutsäußerungen in der Literatur.[80] Unter Nr. 1 heißt es:

> „Im Interesse einer alsbaldigen Beendigung seiner Arbeitslosigkeit schuldet der Leistungsempfänger der Versichertengemeinschaft eine weitgehende Anpassung seiner Vermittlungswünsche und -vorstellungen an die Bedürfnisse des Arbeitsmarktes. Die Grenze, bis zu der diese Anpassung zu fordern ist, wird durch die Zumutbarkeit bestimmt."

Dann erfolgte ein Hinweis auf das BSG-Urteil vom 22.6.1977,[81] dessen Inhalt mit der zitierten Passage allerdings verzerrt wiedergegeben wurde. Eine einseitig nur auf die Belange des Arbeitsmarktes abstellende Grundtendenz bei der

---

[76] *H.-P. Moritz* ZfS 1979, 225 (227); *ders.* BlStSozArbR 1979, 201 (204); Bedenken zur Vereinbarkeit mit Art. 6 GG nennt *A. Gagel* BlStSozArbR 1980, 115 (116).

[77] Kritisch dazu *W. Hoppe* SF 1979, 1 (9); er bezeichnet die Umzugsregelung als „im höchstem Grade unbefriedigend", bezweifelt aber ihre Bedeutung (geringe Anzahl der Fälle, daher „viel Lärm um nichts").

[78] Kritisch zu einer Überbewertung der Einzelfallbezogenheit und der daraus resultierenden Rechtsunsicherheit *W. Hoppe* AuB 1980, 99 (103).

[79] Etwa *B. v. Maydell*, JbSozRdG, Bd. 1, 1979, S. 235 (247 f.); anders insoweit jedoch *H. Hummel-Liljegren*, Zumutbare Arbeit, S. 119: „...übertrifft an Deutlichkeit und Klarheit alles, was vorher und seither zur Zumutbarkeit gesagt worden ist (und wird deshalb, obwohl er formell aufgegeben ist, auch weiterhin als Anhaltspunkt gelesen werden)."

[80] *A. Gagel* BlStSozArbR 1980, 115 f.; *H. Hummel-Liljegren*, Zumutbare Arbeit, S. 115.

[81] E 44, 71 (74 ff.).

Beurteilung der Zumutbarkeit kann dem Urteil nämlich nicht entnommen werden.[82] In dem Urteil heißt es lediglich:

> „Ein Berufsschutz bzw. Schutz des sozialen Status in dem Sinne, daß jedenfalls von einer bestimmten Grenze an ein beruflicher und sozialer „Abstieg" grundsätzlich nicht hinzunehmen ist, bzw. die Verweisbarkeit — etwa wie in der Rentenversicherung — auf berufsnahe und gleichwertige Tätigkeiten zu beschränken ist, kann dem AFG in dieser Allgemeinheit nicht entnommen werden. ... Die Zumutbarkeit einer Beschäftigung orientiert sich — in Konsequenz des in § 5 AFG verankerten Grundsatzes der Arbeitsvermittlung vor dem Leistungsbezug — vielmehr vor allem auch an den Verhältnissen des Arbeitsmarktes. ... Der sich daraus ergebende weitere und variable Rahmen der Verweisungstätigkeiten rechtfertigt sich grundsätzlich aus dem fundamentalen Unterschied zwischen einer nur vorübergehenden Beseitigung von Arbeitslosigkeit durch Arbeitsvermittlung und einer dauernden Verweisung auf eine andere berufliche Tätigkeit sowie dem entsprechend andersartigen Zweck der Arbeitslosenversicherung, ... lediglich den durch den Verlust der Arbeitsstelle eingetretenen zeitweiligen Verdienstausfall auszugleichen."[83]

4. Das Fünfte AFG-ÄndG als vorläufiger Höhepunkt gesetzgeberischer Konkretisierungsbemühungen

Auch als Folge der Kritik am RdErl. 230/78 erfolgte durch das 5. AFG-ÄndG[84] 1979 eine erneute *gesetzgeberische* Konkretisierung der Zumutbarkeit.[85] Die durch das HStruktG eingeführte Regelungstechnik[86] des § 103 Abs. 1a AFG wurde beibehalten; wieder war die Aufforderung zur Interessenabwägung vorangestellt. Ergänzend wurden aber nun in Satz 2 die wichtigsten dabei zu berücksichtigenden Gesichtspunkte genannt, wie etwa die **bisherige berufliche Tätigkeit** und **Qualifikation** und die **persönlichen Verhältnisse** des Arbeitslosen, die **Dauer der Arbeitslosigkeit** sowie die **Lage und Entwicklung des Arbeitsmarktes**. Satz 3 stellte klar, daß die Kumulation verschiedener, allein betrachtet zumutbarer Nachteile zur Unzumutbarkeit führen konnte.

Ergänzend zur Aufzählung der Gesichtspunkte, die allein nicht zur Unzumutbarkeit führten, wurde als Reaktion auf die Kritik an der Regelung im RdErl. 230/78 zur *räumlichen Mobilität* klargestellt, daß es nicht allein zur Unzumutbarkeit führte, wenn die Arbeitsstätte nicht täglich erreichbar war (vgl. § 103 Abs. 1a Nr. 2 AFG). Ausdrücklich klargestellt wurde nun auch die Zumutbarkeit des 'Abstiegs' vom Angestellten zum Arbeiter (Nr. 1), wie auch von Änderungen der Lage, Dauer und Verteilung der Arbeitszeit (Nr. 4). In der Begrün-

---

[82] So auch *A. Gagel* a.a.O. (Fn. 80): „...Inhalt verfälscht wiedergegeben..."; schwächer *H. Hummel-Liljegren*, Zumutbare Arbeit, S. 115: „...Verkürzung, die zur Verschärfung tendiert...".

[83] BSG 22.6.1977 E 44, 71 (75 f.)

[84] 5. AFG-ÄndG vom 23.7.1979 BGBl. I S. 1189.

[85] *J. Karasch* ZfS 1994, 138 (141).

[86] S.o. Seite 13 f..

dung hieß es, die Einfügungen seien im Interesse der „Rechtsklarheit und Rechtssicherheit" vorgenommen worden und folgten den Forderungen der Praxis.[87] Neben der verstärkten Berücksichtigung familiärer Belange des Arbeitslosen sollten insbesondere Umzüge auf Ausnahmefälle beschränkt werden (Beispiel: Einem verheirateten Arbeitnehmer war ein Umzug erst dann zumutbar, wenn ihm nach längerer Arbeitslosigkeit und der Absolvierung einer beruflichen Bildungsmaßnahme kein Dauerarbeitsplatz vermittelt werden konnte und dies auch für absehbare Zeit nicht zu erwarten war; aber auch nur dann, wenn der Ehegatte innerhalb kurzer Zeit ebenfalls eine Dauertätigkeit am neuen Beschäftigungsort aufnehmen konnte). Es sei immer noch richtiger „die Maschinen zu den Menschen zu bringen als die Menschen zu den Maschinen zu holen".[88]

Flankiert wurden diese Konkretisierungen von der Verpflichtung der Arbeitsverwaltung, bei Vermittlung einer gegenüber der bisher ausgeübten Tätigkeit ungünstigeren Arbeitsstelle die Vermittlungsbemühungen für eine der bisherigen Tätigkeit gleichwertigen Arbeit auch nach Beendigung der Arbeitslosigkeit fortzusetzen (§ 14 Abs. 3 a.E. AFG). Dies sollte die Bereitschaft der Arbeitslosen erhöhen, zumindest vorübergehend eine ungünstigere Arbeitsstelle anzunehmen.[89] § 103 Abs. 1a AFG erhielt (wie vorher auch) seine praktische Bedeutung mit der Sperrzeitregelung des § 119 Abs. 1 AFG: Gemäß Nr. 2 konnte eine angebotene unzumutbare Arbeitsstelle aus „wichtigem Grund" abgelehnt werden, da die Anforderungen an die Arbeitsbereitschaft des Arbeitnehmers bezüglich eines konkreten Arbeitsangebots nicht höher sein könnten, als zum Nachweis der allgemeinen Verfügbarkeit verlangt werde.[90]

5. Die Zumutbarkeits-Anordnung von 1979: Konsens, erkauft durch Mangel an Klarheit

§ 103 Abs. 1a Satz 5 AFG enthielt eine Anordnungsermächtigung für die BA. Von dieser machte sie durch die Zumutbarkeits-Anordnung vom 3.10.1979[91] Gebrauch. Sie war wieder weit allgemeiner gehalten als der RdErl. 230/78, der ausdrücklich aufgehoben wurde.[92] Nach allgemein gehaltenen Aufrufen an Arbeitgeber, Arbeitslose und Arbeitsverwaltung, durch Nutzung vorhandener Angebote sowie durch gemeinsame Anstrengungen zur Bekämpfung der Arbeitslosigkeit beizutragen (vgl. Präambel) beschränkten sich die folgenden Ausfüh-

---

[87] BT-Drucks. 8/2624, S. 26 (zu § 103 Abs. 1a).

[88] BT-Drucks. a.a.O. (Fn. 87).

[89] BT-Drucks. 8/2624, S. 20 (zu § 14 Abs. 3).

[90] Allg. Ansicht, vgl. BSG 10.12.1980 E 51, 70 f. m.w.N.; *H. Hummel-Liljegren*, Zumutbare Arbeit, S. 122; *K. Niesel* in: Niesel, AFG, § 119 Rn. 72.

[91] Bekanntgemacht am 19.11.1979 in ANBA 1979 S. 1387.

[92] Vgl. RdErl. 331/79.

rungen weitgehend auf die Wiederholung des Gesetzestextes mit anderen Worten und ermöglichten so eine individualisierte Betrachtungsweise bei der Beurteilung der Zumutbarkeit. Aus diesem Grund fand die ZumutbarkeitsAO von 1979 in der Literatur weitgehende Zustimmung.[93] Andererseits war eine solche Regelung für die Massenverwaltung wenig praktikabel,[94] so daß schon nach knapp zwei Jahren durch das AFKG 1982[95] eine erneute Aufforderung des Gesetzgebers an den Verwaltungsrat erging, die Zumutbarkeit per Anordnung zu regeln (vgl. § 103 Abs. 6 AFG i.d.F. von 1982). Dafür wurde dem Verwaltungsrat eine Frist bis zum 31.3.1982 eingeräumt, nach deren Ablauf eine Rechtsverordnung der Bundesregierung die Regelung vornehmen sollte.

6. Das AFKG und die Zumutbarkeits- Anordnung von 1982: Rechtlicher Ausgangspunkt für eine langjährige Befriedung des Zumutbarkeitsproblems

Das AFKG erging primär zum Zweck der Mißbrauchsbekämpfung; es sollte nicht nur rechtswidrigen Leistungsbezug beschränken, sondern auch „nach geltendem Recht zwar zulässige, aber arbeitsmarktpolitisch nicht gerechtfertigte, oft sogar schädliche Inanspruchnahme" von Leistungen für die Zukunft verhindern.[96]

Der Gesetzgeber beschränkte sich diesmal nicht darauf, den Begriff der zumutbaren Beschäftigung in § 103 AFG erneut nur zu verdeutlichen und zu ergänzen. Neben der Verdoppelung der Sperrzeiten in § 119 AFG (die Regelsperrzeit betrug nun acht Wochen) wurden die Pflichten der Arbeitslosen im Rahmen der Verfügbarkeit ausgedehnt. Verfügbarkeitsvoraussetzung war von nun an auch die Bereitschaft, eine zumutbare Maßnahme der Ausbildung, Fortbildung und Umschulung zu absolvieren. Die zuvor im Gesetz enthaltene umfangreiche Kasuistik zur Konkretisierung des Zumutbarkeitsbegriffes entfiel ersatzlos; man beließ lediglich den für die Auslegung des Zumutbarkeitsbegriffes „entscheidenden Grundsatz" im Gesetz und überließ der BA mittels Anordnungsbefugnis die detaillierte Konkretisierung.[97] Diese machte mittels der Zumutbarkeits-Anordnung (ZumutbarkeitsAO)[98] von der Ermächtigung Gebrauch,

[93] *A. Gagel* BlStSozArbR 1980, 115 (117 ff.); *E. Reidegeld* ZfS 1990, 129 (132); kritisch aber *W. Hoppe* AuB 1980, 99 (103), noch weitergehend *H. Hummel-Liljegren*, Zumutbare Arbeit, S. 126 f.

[94] *J. Karasch* ZfS 1994, 138 (142).

[95] Arbeitsförderungskonsolidierungsgesetz vom 22.12.1981 BGBl. I S. 1497.

[96] BT-Drucks. 9/846, S. 31.

[97] Vgl. BT-Drucks. 9/846, S. 43 (zu § 103 Abs. 2).

[98] Anordnung des Verwaltungsrates der Bundesanstalt für Arbeit über die Beurteilung der Zumutbarkeit einer Beschäftigung (Zumutbarkeits-Anordnung) vom 16.3.1982 ANBA S. 523.

die sehr detailliert die Grenzen der zu erwartenden Arbeitsbereitschaft bestimmte.

Die ZumutbarkeitsAO war als Satzung ein Gesetz im materiellen Sinne mit unmittelbarer Rechtswirkung gegenüber den Versicherten.[99] Sie regelte nun anstelle der knapperen gesetzlichen Vorgängerregelungen die verschiedenen Zumutbarkeitskriterien ausführlich. Geregelt waren die **räumliche Mobilität** (§§ 3, 4 ZumutbarkeitsAO), die Unzumutbarkeit bestimmter **Arbeitsbedingungen** wie etwa der Verstoß gegen Gesetze oder Tarif- bzw. Betriebsvereinbarungen. Hierunter fiel auch das tarifliche bzw. ortsübliche *Entgelt*, dessen Zahlung Bedingung für die Zumutbarkeit einer angebotenen Beschäftigung war; ferner wurde auch die Unzumutbarkeit von *Arbeit auf Abruf* festgeschrieben (§ 5 ZumutbarkeitsAO). Geregelt wurde auch der **Entgeltschutz**, der zeitlich abgestuft immer geringer wurde (§§ 10, 8 ZumutbarkeitsAO), bis die 'absolute' Grenze des § 6 ZumutbarkeitsAO erreicht war, der grundsätzlich ein Entgelt in Höhe des bisher bezogenen Arbeitslosengeldes vorschrieb. Hauptbestandteil der ZumutbarkeitsAO aber war der zeitlich abgestuft gewährte **Berufsschutz** (§ 12 ZumutbarkeitsAO), der die Zumutbarkeit unterwertiger Beschäftigung verhindern sollte und zu diesem Zweck die bisher ausgeübte Tätigkeit einem „Fünf-Stufen-Schema" zuordnete; auf niedrigere Qualifikationsstufen durfte erst nach Ablauf der ersten vier bis sechs Monate der Arbeitslosigkeit vermittelt werden. Diese Vorschrift war als *ausdrückliche Regelung* der BA aufgrund gesetzlicher Ermächtigung ein Novum; sie war andererseits jedoch nur die Weiterführung und Zusammenfassung der zum Berufsschutz im Rahmen der §§ 103, 119 AFG ergangenen Rechtsprechung des BSG.[100]

7. Die Zumutbarkeitsregelung nach der Reform des Arbeitsförderungsrechts durch das AFRG 1997: § 121 SGB III

Nachdem das AFG nach über 100 Änderungsgesetzen in 25 Jahren zum Flickwerk geworden war, entschloß man sich im Jahr 1996 zu einer tiefgreifenden Reform des Arbeitsförderungsrechts.[101] Die vielen, häufig mit Leistungseinschränkungen verbundenen Änderungen waren die Folge einer dauerhaften und tiefgreifenden Veränderung der arbeitsmarktlichen Rahmenbedingungen. So wurde das AFG im Jahre 1969 während einer Zeit der Vollbeschäftigung

---

[99] Vgl. *S. Peters-Lange* WSI-Mitt. 1991, 205 (211).

[100] Insbesondere BSG 22.6.1977 E 44, 71 („Diplom-Geologe"); vgl. aber auch BSG 30.5.1978 SozR 2200 § 119 Nr. 4; BSG 19.6.1979 SozR 2200 § 119 Nr. 9.

[101] Entwurf eines Gesetzes zur Reform der Arbeitsförderung (Arbeitsförderungs-Reformgesetz — AFRG), BT-Drucks. 13/4941 vom 18.6.1996; Arbeitsförderungsreformgesetz (AFRG) vom 24.3.1997 BGBl. I S. 594. § 121 SGB III trat bereits als gleichlautender § 103 b AFG zum 1.4.1997 in Kraft. Das gesamte SGB III ist zum 1.1.1998 in Kraft getreten.

(Arbeitslosenquote von 0,9 %, Beitragssatz von 1,3 %) in Erwartung fortdauernder **Arbeitskräfteknappheit** geschaffen;[102] mit einer andauernden Massenarbeitslosigkeit rechnete damals niemand. Das erklärt die weitreichende arbeitsmarktpolitische Zielsetzung des AFG, die in §§ 1, 2 AFG zum Ausdruck kommt.

Anläßlich der Reform sollte das Arbeitsförderungsrecht an die veränderten Rahmenbedingungen angepaßt und gleichzeitig als SGB III in das Sozialgesetzbuch eingeordnet werden.

Dieses Reformvorhaben erfaßte auch die seit dem Jahr 1982 im wesentlichen unverändert gebliebene Regelung der Zumutbarkeit von Beschäftigungen. Die Ausgestaltung des Zumutbarkeitsbegriffs, bis dahin der Bundesanstalt für Arbeit im Anordnungswege vorbehalten (§ 103 Abs. 1 Satz 1 Nr. 2a, Abs. 2), wird nun vom Gesetzgeber in § 121 SGB III selbst vorgenommen (näher dazu unten Kapitel III, I. 2. und 3.). Eine weitere Konkretisierung durch *Anordnung* der Bundesanstalt für Arbeit ist nicht vorgesehen; ihr bleibt allenfalls die Möglichkeit des Richtlinienerlasses. Man wolle, so die Regierungsbegründung, die nähere Ausgestaltung der Zumutbarkeit von Beschäftigungen ihrer besonderen Bedeutung entsprechend nun im Gesetz selbst regeln.[103]
Mit dieser regelungstechnischen Änderung ist auch eine deutliche Absenkung der Anforderungen an die Zumutbarkeit von Beschäftigungen[104] verbunden. Dies wiederum wird begründet mit der stärkeren Verantwortung des Arbeitslosen für seine berufliche Eingliederung und den seit 1982 veränderten Anforderungen auf dem Arbeitsmarkt.[105]
Übergeordneter Zweck der Verschärfung der Zumutbarkeitsregelung ist die Verbesserung der Feststellbarkeit und Bekämpfung von Leistungsmißbrauch.[106]

Insbesondere die Abschaffung des zuvor in § 12 ZumutbarkeitsAO geregelten „Fünf-Stufen-Schemas" und damit des zeitlich begrenzten Qualifikationsschutzes (vgl. § 121 Abs. 5 SGB III) brachte dem Gesetzgeber den Vorwurf ein, er verletze mit der Neuregelung Art. 12 Abs. 1 GG, namentlich das Grundrecht der negativen Berufsfreiheit.[107] Hierauf wird in Kapitel IV, I., näher einzugehen sein.

---

[102] BT-Drucks. 13/4941, S. 140.
[103] BT-Drucks. 13/4941, S. 238 (zu § 103 b AFG i.d.F. des AFRG).
[104] Dazu näher unten Kapitel III, I. 2.b und 3.
[105] BT-Drucks. 13/4941, S. 238 (zu § 103 b AFG i.d.F. des AFRG).
[106] BT-Drucks. 13/4941, S. 2 (B. 4).
[107] *W. Däubler* SozSich. 1996, 411 (422); ebenfalls *A. Gagel/K. Lauterbach* NJ 1997, 345 (348); *A. Gagel*, SGB III-Textausgabe, 2. Auflage, München (Beck) 1998, Einführung S. XXI: „… zusätzliche Disziplinierungsmöglichkeit ohne realen Hintergrund, die unter dem Gesichtspunkt des **Art. 12 GG** (Berufsfreiheit) äußerst bedenklich ist."

Insgesamt trifft die Neuregelung bei Teilen der Literatur auf deutliche Kritik. Von einem „regierungsamtlichen Instrument zur Aushebelung der Tarifbindung"[108] ist die Rede; befürchtet wird ferner ein „Verdrängungswettbewerb von oben nach unten".[109] Ob diese Kritik berechtigt ist, wird sich wohl erst nach einer näheren Konkretisierung der neuen Zumutbarkeitsregelung in der *Praxis* beurteilen lassen.[110]

Die Zumutbarkeitsregelung des § 121 SGB III wird trotz des Regierungswechsels vom 26./27. Oktober 1998 auf absehbare Zeit ihre derzeitige Gestalt behalten.[111]

---

[108] *R. Sitte* ZSR 1996, 167 (175).
[109] *R. Sitte* ZSR 1996, 167 (174 f.); *W. Adamy* SozSich. 1996, 201 (204).
[110] Zum Problemkreis der „untertariflichen Bezahlung" siehe Kapitel III, I. 3. b); ebenfalls Kapitel III, II. 3.b) ee).
[111] So die mündliche Erklärung des jetzigen Bundeskanzlers *Gerhard Schröder* vom 22. Oktober 1998. Der Koalitionsvertrag zwischen der SPD und Bündnis 90/Die Grünen enthält zum Problemkreis „Zumutbarkeit" keine näheren Aussagen.

Kapitel II: Einordnung des Begriffs der „Zumutbarkeit"

I. „Zumutbarkeit" als im SGB III verwandter Gesetzesbegriff — ein unbestimmter Rechtsbegriff?

Daß der Behandlung dieser Frage ein nicht unbedeutender Raum eingeräumt wird, mag auf den ersten Blick erstaunen und zu der Bemerkung Anlaß geben, „natürlich" sei die Zumutbarkeit als Gesetzesbegriff ein unbestimmter Rechtsbegriff.[112]

Genau hierüber besteht aber seit Jahrzehnten Streit. Eine nicht unbedeutende Literaturansicht[113] verneint dies gerade: Hiernach ist die „Zumutbarkeit" ein bloßes „regulatives Rechtsprinzip" ohne jeden normativen Gehalt und gerade kein unbestimmter Rechtsbegriff. Da dies allerdings, konsequent weitergedacht, dazu führen müßte, daß die vorgeschlagenen „herkömmlichen" Wege der Konkretisierung unbestimmter Rechtsbegriffe nicht ohne weiteres übernommen werden dürften[114], bedarf es einer eingehenderen Betrachtung dieses Problems.

---

[112] So auch die h.M., vgl. *A. Gagel* BlStSozArbR 1980, 115; *H. Steinmeyer* in: Gagel, AFG, § 103 Rn. 33; *J. Lücke,* Zumutbarkeit als Grenze, S. 48 ff.; *M. Mönks,* Arbeitslosigkeit, S. 90 m.w.N.; *R. K. Albrecht,* Zumutbarkeit, S. 36 („normativer Rechtsbegriff"); *M. Faude,* Selbstverantwortung, S. 298; *S. Sell* SF 1996, 84 (85); *W. Jerke* SGb 1990, 283; *B. Schulin* SGb 1989, 94 (103): „Generalklausel"; *H. Bley,* FS Wannagat 1981, 19 (21); *B. v. Maydell,* JbSozRdG, Bd. 1, 1979, 235 (247); *W. Hoppe* SF 1979, 1 (2); *H.-P. Moritz* ZfS 1979, 225; *ders.* BlStSozArbR 1979, 201 (202); ferner bereits *E. Schubert* SozVers. 1962, 298 und *H. Schlegel* SozSich. 1969, 291.
Zu BT-Drucks. V/4110, S. 18 (zu § 94): „...es muß genügen, daß er [der Arbeitnehmer] bereit ist, jede „zumutbare" Arbeit zu übernehmen... . Mit der Einfügung dieses **unbestimmten Rechtsbegriffs** wird es der Verwaltung ermöglicht, die Auslegung dieser Vorschrift den sich wandelnden Wertvorstellungen der Gesellschaft anzupassen..."

[113] *S. Peters-Lange,* Zumutbarkeit von Arbeit, S. 38; *H. Hummel-Liljegren,* Zumutbare Arbeit, S. 70 f., ursprünglich *H. Henkel,* FS Mezger, S. 249 (303 f.); vgl. auch *F. Fabricius* in: GK-BetrVG, §§ 112, 112a Rn. 85, der allerdings als Maßstab für die Zumutbarkeit nicht das „Allgemeine Rechtsbewußtsein", sondern die „im **Grundgesetz** verankerten Grundlagen der Gerechtigkeit" für maßgebend hält, was der hier vertretenen Ansicht nahekommt.

[114] Eben diese Widersprüchlichkeit ist allerdings ein Kritikpunkt an der vorgenannten Literaturansicht, vgl. *S. Peters-Lange,* Zumutbarkeit von Arbeit, S. 131, wo sich die Verfasserin stillschweigend der Methode der Fallgruppenbildung und Typisierung bedient. Ausdrücklich mit Bezug die von K. Larenz zur Konkretisierung unbestimmter Rechtsbegriffe beschriebene Methode *H. Hummel-Liljegren,* Zumutbare Arbeit, S. 156 f. Bei *S. Peters-Lange,* und *H. Hummel-Liljegren* vermisse ich Ausführungen, die diesen Widerspruch auflösen.

1. Definition des 'unbestimmten Rechtsbegriffs'

Auch unbestimmte Rechtsbegriffe bestehen aus Begriffs*kern* und Begriffs*hof*, wobei der Begriffs*kern* so weit reicht, wie „wir uns über Inhalt und Umfang des Begriffs im Klaren sind".[115] Da sie nach Inhalt und Umfang weitgehend ungewiß sind[116], zeichnen sich diese Begriffe durch einen weiten Begriffshof aus, der einen relativ engen Begriffskern umschließt.[117]

Unbestimmte Rechtsbegriffe gliedern sich in deskriptive und normative Begriffe, wobei für die „Zumutbarkeit", die nicht unmittelbar erfahrbar ist, nur der Bereich der normativen Rechtsbegriffe in Frage kommt.

Hier nun setzt der Begründungsansatz der Minderheitsmeinung an, die für ihre These, der Begriff der Zumutbarkeit berge keinerlei normativen Gehalt, vom Wortsinn des Begriffes ausgeht: Dieser erschöpfe sich in der Kennzeichnung eines Urteils, der Entscheidung über einen bestimmten Sachzusammenhang.[118] Daraus wird abgeleitet, daß keine allgemeingültige Definition möglich sei, so daß der Begriff der Zumutbarkeit auch keinerlei normativen Gehalt bergen könne.

2. Der arbeitsförderungsrechtliche Zumutbarkeitsbegriff — gänzlich ohne normativen Gehalt?

Daß eine allgemeingültige Definition des Begriffes „Zumutbarkeit" nicht möglich ist, muß aber nicht bedeuten, daß der Begriff bar jeglicher normativer Vorgaben, ja „*normnegierend*" und ein als reiner Funktionsbegriff aufzufassendes „regulatives Rechtsprinzip" sei.[119] Die Ermittlung einer normativen Bedeutung darf vielmehr nicht beim Wortsinn stehenbleiben, sondern muß auch die Erforschung des Willens des Gesetzgebers, den Gesetzeskontext sowie übergeordnete Normen und Rechtsgrundsätze beachten: An diese ist man bei der Konkretisierung und Anwendung des Zumutbarkeitsbegriffs gebunden; durch diese wird der Rahmen der Entscheidungsfreiheit bei der Interessenabwägung von vornherein eingeschränkt.[120]

Träfe die eben dargestellte Literaturmeinung zu, müßte man ebenso wie die Vertreter dieser Ansicht auch die Schlußfolgerung ziehen, daß der Begriff zur freien „Normschöpfung" durch den Rechtsanwender in der Form ermächtige,

---

[115] *K. Engisch,* Einführung, S. 139.
[116] *K. Engisch,* Einführung, S. 138.
[117] so auch *S. Peters-Lange,* Zumutbarkeit von Arbeit, S. 36.
[118] *S. Peters-Lange,* Zumutbarkeit von Arbeit, S. 37.
[119] *H. Henkel,* FS Mezger, S. 249 (303), *S. Peters-Lange,* a.a.O. (Fn. 113).
[120] Insbesondere mit Hinweis auf die Grundrechte auch *M. Mönks,* Arbeitslosigkeit, S. 96.

daß er „die Grenzen zweifelhafter Handlungs- und Duldungspflichten selbständig bestimmen" könne.[121]

Das aber halte ich für zu weitgehend: So verstanden würde der Zumutbarkeitsbegriff zum Freibrief willkürlicher Billigkeitsentscheidungen, was gegen den aus Art. 20 III GG abzuleitenden Bestimmtheitsgrundsatz[122] und die Wesentlichkeitstheorie[123] verstoßen würde.

Richtig ist, daß sich der Zumutbarkeitsbegriff als solcher wegen seiner vielseitigen Einsetzbarkeit in *verschiedenen* Rechtsgebieten einer abstrakten Definition verschließt:[124] Er ist nur aus dem jeweiligen Regelungszusammenhang heraus auszulegen. Richtig ist ferner, daß man nicht durch Auslegung des Begriffes seine Bedeutung so verdichten kann, daß man jeden zweifelhaften Einzelfall lösen könnte.

Wenn man die Interessenabwägung vornimmt, zu der dieser Begriff auffordert, kann man dabei aber nicht frei vorgehen: Vielmehr sind der Regelungskontext sowie vom Gesetzgeber und von der höchstrichterlichen Rechtsprechung vorgegebene Kriterien zu berücksichtigen.[125]

Der Begriff der Zumutbarkeit begrenzt grundsätzlich bestehende Pflichten und Obliegenheiten (beispielsweise im SGB III die grundsätzlich bestehende Obliegenheit zu arbeiten) und fordert durch seine Unbestimmtheit zur Interessenabwägung auf. Er verbietet aber eine „freischwebende" Interessenabwägung nach dem Gutdünken des Rechtsanwenders, sondern fordert stattdessen die Berücksichtigung des Willens des Gesetzgebers (aus dem sich meist einiges ableiten läßt) sowie der Maßstäbe, die sich aus Normkontext und übergeordneten Normen (insbesondere der Verfassung) ergeben.[126] So formuliert auch das *BVerfG*:[127]

> „Offene ... Tatbestände führen für die höchstrichterliche Rechtsprechung zu der Notwendigkeit, solche Offenheiten konkretisierend zu schließen, indem unter Berücksichtigung der Besonderheiten der zu beurteilenden Sachverhalte und der Bedeutung der Grundrechte Grundsätze entwickelt werden, welche die Entscheidung des Einzelfalles normativ zu leiten imstande sind. Das, was das Gesetz offenläßt, ist durch Richterrecht zu füllen. Diese Aufgabe ist *nicht* gleichbedeutend mit einer ein-

---

[121] *H. Henkel,* FS Mezger, S. 249 (303 f.); *S. Peters-Lange,* Zumutbarkeit von Arbeit, S. 38.

[122] Die grundsätzlich die Anwendung unbestimmter Rechtsbegriffe billigende Rechtsprechung des BVerfG (z. B. BVerfG 31.11.1955 E 4, 352 (357 f.); BVerfG 22.6.1960 E 11, 234 (237)) wäre auf einen als völlig wertfreie Abwägungsermächtigung verstandenen Zumutbarkeitsbegriff schwerlich anwendbar.

[123] Vgl. dazu BVerfG 6.6.1989 E 80, 124 (132); 8.8.1978 E 49, 89 (126).

[124] *M. Mönks,* Arbeitslosigkeit, S. 91; *R. K. Albrecht,* Zumutbarkeit, S. 45 f.

[125] Ebenso *R. K. Albrecht,* Zumutbarkeit, S. 36.

[126] *A. Gagel* in: Gagel, AFG, § 1 Rn. 88 ff.; vgl. auch *B. v. Maydell,* JbSozRdG, Bd. 1, 1979, 235 (247 f.); ebenso *H. Hummel-Liljegren,* Zumutbare Arbeit, S. 119.

[127] BVerfG 25.1.1984 E 66, 116 (138), zur richterlichen Konkretisierung der offenen Haftungstatbestände der §§ 1004, 826 BGB.

zelfallbezogenen Güter- und Interessenabwägung. Eine solche mag zwar im besonderen Maße Einzelfallgerechtigkeit verwirklichen. Sie kann aber die Rechtsfindung nicht normativ leiten, wie es Aufgabe der Gesetze und des ergänzenden Richterrechts ist; ebensowenig vermag sie dem rechtsstaatlichen Gebot der Berechenbarkeit des Rechts, der Rechtsklarheit und Rechtssicherheit gerecht zu werden."

Bei der Begrenzung gegenläufiger Interessen durch den Zumutbarkeitsbegriff können ferner die Regeln **praktischer Konkordanz**[128] herangezogen werden: Es besteht eine grundsätzliche Pflicht oder Obliegenheit (etwa wie die zu arbeiten), die durch den Begriff „Zumutbarkeit" begrenzt wird: Dieser ist Einfallstor für berücksichtigenswerte gegenläufige Interessen des grundsätzlich Pflichtigen. Dabei darf die Durchsetzung der grundsätzlich bestehenden Pflicht (wie bei der praktischen Konkordanz)[129] nicht dazu führen, daß berücksichtigenswerte Interessen des Pflichtigen völlig übergangen werden, z.B. dadurch, daß ein Familienleben durch die angesonnene Arbeit gänzlich unmöglich wird.[130]

Der Begriff enthält einen normativen Mindestgehalt, der bei seiner Anwendung zu berücksichtigen ist. Daß dieser nicht ausreicht, um eine abstrakte Definition der „Zumutbarkeit" für alle Anwendungsfälle zu formulieren, ist dabei kein Widerspruch. Es ergibt sich vielmehr aus der vielseitigen Einsetzbarkeit der normativen unbestimmten Rechtsbegriffe: Ihr normatives Volumen muß von Fall zu Fall durch Wertungen konkretisiert werden.[131]

Wichtig ist festzuhalten, daß der Begriff der Zumutbarkeit nicht zum *willkürlichen* Statuieren von Handlungs- und Duldungspflichten im konkreten Fall ermächtigt, sondern normative Vorgaben enthält, an die sich der Rechtsanwender bei Vornahme der Interessenabwägung zu halten hat.[132]

Da die Argumentation, der Begriff der Zumutbarkeit berge keinerlei normativen Gehalt, fehlgeht,[133] ist der h.M. der Vorzug zu geben, nach der die Zumutbarkeit (jedenfalls als *Gesetzesbegriff*) ein unbestimmter Rechtsbegriff ist.

Eine weitere Konkretisierung (und hier scheint dann wieder Konsens zu bestehen) kann dann unter Rückgriff auf die u.a. von Larenz für die Konkretisierung

---

[128] Grundlegend dazu K. *Hesse*, Grundzüge des Verfassungsrechts, Rn. 60 ff., insbesondere Rn. 72, sowie Rn. 317.

[129] Vgl. dazu BVerfG 16.5.1995 E 93, 1 (21).

[130] Zum Ausgleich gegenläufiger Interessen durch *praktische Konkordanz* vgl. BVerfG 7.3.1990 E 81, 278 (292); BVerfG 16.5.1995 E 93, 1 (21).

[131] K. *Engisch*, Einführung, S. 142; K. *Larenz*, Juristische Methodenlehre, S. 223.

[132] Für einen „materiellrechtlichen Mindestgehalt" als Grenze der Konkretisierungsbefugnis des Rechtsanwenders auch M. *Mönks*, Arbeitslosigkeit, S. 102.

[133] So i. Erg. auch J. *Lücke*, Zumutbarkeit als Grenze, S. 49 f.

unbestimmter Rechtsbegriffe vorgeschlagene Technik der Fallgruppenbildung und Typisierung[134] erfolgen, wozu diese Arbeit ein Beitrag sein soll.

II. Problematik unbestimmter Rechtsbegriffe und die Möglichkeiten ihrer Konkretisierung

1. Problem und Lösungsansatz

Wie festgestellt wurde, läßt die „Zumutbarkeit" (hier insbesondere die Zumutbarkeit von Arbeit) als normativer unbestimmter Rechtsbegriff auch nach Ausschöpfung ihres normativen Gehalts einen ungewissen Raum, der *wertausfüllungsbedürftig*[135] ist, oder, mit anderen Worten, Raum für eine Interessenabwägung läßt.[136]

Zu prüfen ist nun, woran sich diese Interessenabwägung orientieren soll: Im Streit, ob der Maßstab „objektiv" oder „subjektiv" sein soll, liegt lediglich eine begriffliche Verschleierung des eigentlichen Problems[137]: Will man dem rein subjektiv-personenbezogenen Maßstab des Rechtsanwenders ganz überwiegendes Gewicht beimessen,[138] so führte dies (wie bereits oben im anderen Zusammenhang beschrieben) zu Rechtsunsicherheit und Willkür bei der Anwendung im jeweiligen Einzelfall.[139]

Im Abstellen auf die „Meinung der überwiegenden Mehrheit der sachverständigen Rechtsgenossen"[140], was zunächst den Anschein der Objektivität birgt, liegt aber, wenn für die Ermittlung keinerlei Maßstäbe aufgestellt werden, die Gefahr, daß hierunter ebenfalls die persönlichen Ansichten des Anwenders subsumiert werden. Dies gilt ebenso für Begriffe wie „objektive Wertvorstellungen

---

[134] *K. Larenz*, Juristische Methodenlehre, S. 292; ferner *K. Larenz/C.-W. Canaris*, Methodenlehre der Rechtswissenschaft, S. 113; *R. Zippelius*, Juristische Methodenlehre, S. 65 ff.; *H.-M. Pawlowski*, Methodenlehre für Juristen, S. 75 ff., insbesondere S. 77 f., der daneben auch für die Aufstellung sog. „Typenreihen" eintritt, S. 85; die Bedeutung des Präjudizienrechts herausstellend *F. Bydlinski*, Juristische Methodenlehre und Rechtsbegriff, S. 583 f.; aus neuerer Zeit schließlich *J. Vogel*, Juristische Methodik, S. 144 ff.

[135] *K. Engisch*, Einführung, S. 162.

[136] *S. Peters-Lange*, Zumutbarkeit von Arbeit, S. 39; *H. Hummel-Liljegren*, S. 72.

[137] So auch *H. Henkel*, FS Mezger, S. 249 (306).

[138] So allerdings *R. Weber*, AcP 192 (1992), 516 ff., insbes. 535 ff. *Weber* spricht sich in seinem Beitrag gegen die Methode der Fallgruppenbildung aus. Dagegen mit starken Argumenten *A. Beater*, AcP 194 (1994), 82 ff.

[139] Vgl. oben S. 24 f.

[140] *H. Hummel-Liljegren*, Zumutbare Arbeit, S. 73.

der Allgemeinheit"[141]: Diese greifbar und „operationabel" zu machen, birgt große Schwierigkeiten.[142]

Man sollte die eigene Wertung nur als Bestandteil des Erkenntnismaterials sehen; keinesfalls darf man der Versuchung erliegen, sie zum alleinigen Erkenntnismaßstab zu machen.[143]

Erforderlich ist somit eine *Verdichtung* des verbleibenden Freiraums, der nicht durch Auslegung allein zu füllen ist, sondern Wertung erfordert[144] unter Berücksichtigung objektiv nachprüfbarer Vorgaben. Einen solchen Maßstab findet man in der Methode der Fallvergleichung und der Typisierung.[145]

2. Die Methode der Typisierung

Ausgehend vom „typischen" Fall und etwa vom Gesetzgeber vorgegebenen Fallgruppen, muß durch Rückgriff auf gefestigte Rechtsprechung im Fallvergleich ein Gerüst aufgestellt werden, das einen Maßstab zur Lösung weiterer Zweifelsfälle ergibt. So kommt man vom allgemeinen Rechtsgedanken und typischen Fall über spezieller gelagerte Fälle auf daraus abgeleitete (spezielle) Rechtsgedanken, indem man von den Umständen ausgeht, die für die Beurteilung der als „typisch" beurteilten Fälle ausschlaggebend waren. Auf diese Weise bilden sich Fallgruppen, die zur Erhöhung der Rechtssicherheit beitragen. Bezogen auf unser Problem, die Frage der Zumutbarkeit einer Beschäftigung, bedeutet dies, daß diejenigen Fallgruppen herauszuarbeiten sind, in denen eine bestimmte Beschäftigung schon nach § 121 SGB III zweifelsfrei zumutbar ist oder für die § 121 SGB III zweifelsfrei die Unzumutbarkeit statuiert. Diese Fallgruppen bilden als *Ausgangs- und Leittypen* die Vergleichsbasis für die zweifelhaften Fälle, die innerhalb des 'Begriffshofs' der Zumutbarkeit liegen.[146] Diese Ausgangsfallgruppen sind zunächst durch Rückgriff auf die arbeitsförderungsrechtliche Rechtsprechung und Literatur klarer auszuformen und gegebenenfalls zu erweitern. Sodann ist durch rechtsgebietsübergreifende Untersu-

---

[141] *H. Hummel-Liljegren*, Zumutbare Arbeit, S. 72.

[142] *R. Zippelius*, Juristische Methodenlehre, S. 19. Gegen einen Rückgriff auf die „herrschende Moral" zur Normkonkretisierung *H.-M. Pawlowski*, Methodenlehre für Juristen, S. 97.

[143] *K. Engisch*, Einführung, S. 165.

[144] *K. Engisch*, Einführung, S. 162 f.

[145] *K. Larenz*, Juristische Methodenlehre, S. 291 ff.; auch vorgeschlagen von *H. Hummel-Liljegren*, S. 156 f.; instruktiv hierzu auch *R. Zippelius*, Juristische Methodenlehre, S. 65 ff; des weiteren wird verwiesen auf die Nachweise in Fn. 134. Selbst *R. Weber* muß im Rahmen seiner kritischen Ausführungen zugestehen, daß es sich bei der Methode der Fallgruppenbildung um die „inzwischen fast allgemein anerkannte Methode der Konkretisierung von Generalklauseln" handelt, vgl. AcP 192 (1992), 516 (530).

[146] *R. Zippelius*, Juristische Methodenlehre, S. 67.

chung des Begriffs „zumutbare Beschäftigung" nach gefestigten Wertungen in ebendiesen Rechtsgebieten zu forschen und deren Übertragbarkeit zu untersuchen. Hierbei bedarf es besonders kritischer Betrachtung.

Wichtig ist, die ermittelten Fallgruppen immer wieder an den „Ausgangskriterien" zu messen[147] (also in unserem Fall insbesondere an den vom Gesetzgeber in § 121 SGB III aufgestellten Fallgruppen); das so geschaffene Fallgeflecht darf keinen Anspruch erheben auf statische „Richtigkeit":[148] Sämtliche als Ausgangspunkt für weitergehende Konkretisierungen benutzte Fallgruppen wiederum sind zuvor anhand der ggf. geänderten Rahmenbedingungen daraufhin zu überprüfen, ob derartige Entscheidungen auch in der jeweils herrschenden äußeren Situation getroffen würden. Bei der Zumutbarkeit einer Beschäftigung i.S.d. § 121 SGB III sind als ständig sich verändernde Beeinflussungsfaktoren insbesondere zu erwähnen die Konjunkturlage[149] und die Arbeitslosenzahlen[150].

Bei § 121 SGB III ist weiterhin zu beachten, daß der Gesetzestext selbst sich geändert hat und mit ihm die Gesetzgebungstechnik:
Bisher begnügte der Gesetzgeber sich hinsichtlich der „Zumutbarkeit" mit der allgemein gehaltenen Anordnung einer Interessenabwägung in § 103 Abs. 2 AFG und überließ die weitere Ausgestaltung der BA im Anordnungswege. Nun ist der Erläuterung des „Zumutbarkeits-" Begriffs mit § 121 SGB III ein ganzer Paragraph vorbehalten (allerdings entfällt die ZumutbarkeitsAO), wobei sich der Gesetzgeber nun einer anderen Gesetzgebungstechnik bedient: Er verwendet die insbesondere von *Engisch* empfohlene **exemplifizierende Methode**[151] als Verbindung von Kasuistik und Generalklausel. Die Kasuistik in § 121 Abs. 2 bis 5 SGB III dient der Konturierung und Begrenzung des Zumutbarkeitsbegriffs. Die Aufzählung ist nicht abschließend, wie aus der Formulierung „...insbesondere..." hervorgeht. Es bedarf der Überprüfung, ob 'alte' Fallgruppen vor dem neuen Gesetzestext noch Bestand haben können, insbesondere wenn sie auf der Grundlage der ZumutbarkeitsAO und der dazu ergangenen Rechtsprechung dazu gebildet wurden, nun aber in die Kasuistik des § 121 SGB III keinen Eingang gefunden haben. Hierbei muß es entscheidend auf den Willen des Gesetzgebers ankommen.

---

[147] *K. Larenz*, Juristische Methodenlehre, S. 292 f.; *K. Larenz/C.-W. Canaris*, Methodenlehre der Rechtswissenschaft, S. 113 f.; *H.-M. Pawlowski*, Methodenlehre für Juristen, S. 79 f.

[148] *K. Larenz*, Juristische Methodenlehre, S. 293; *K. Larenz/C.-W. Canaris*, Methodenlehre der Rechtswissenschaft, S. 114 f.

[149] vgl. *S. Peters-Lange*, Zumutbarkeit von Arbeit, S. 133 f.

[150] *H. Hummel-Liljegren*, Zumutbare Arbeit, S. 157.

[151] *K. Engisch*, Einführung, S. 159; als „ideal" bezeichnet auch bei *H. Bley*, FS Wannagat 1981,19 (49).

Die Methode der Fallvergleichung und Typisierung verspricht so ein gewisses Maß an Objektivität, ohne daß sie zu einer statischen „Richtigkeit" bei der Konkretisierung der Zumutbarkeit führt oder den Anspruch erheben könnte, eine durch und durch „objektive" Methode zu sein. Es verbleibt auch bei Anwendung dieser Methode immer ein persönlicher Beurteilungsspielraum, wobei dieser aber so gering wie möglich zu halten ist,[152] um dem Eindruck entgegenzutreten, die Entscheidung über die Zumutbarkeit einer Arbeit liege im Einzelfall im persönlichen Belieben des jeweiligen Rechtsanwenders.

Gegen diese Methode wurde im Rahmen vereinzelter Kritik[153] eingewandt, ihre Anwendung führe nicht zur Ausbildung „echter Tatbestandsmerkmale" und ferner sei die Fallgruppenbildung notwendigerweise stets unvollständig. Der Grund hierfür liegt jedoch in der Natur der unbestimmten Rechtsbegriffe, von denen der Gesetzgeber insbesondere dann Gebrauch macht, wenn Sachverhalte wenig vorhersehbar und schwer abstrakt zu fassen sind. Selbst wenn die durch die Methode der Fallgruppenbildung und Typisierung herausgearbeitete Struktur unvollkommen sein mag, garantiert sie dennoch ein gewisses Maß an Rechtssicherheit und Berechenbarkeit.[154] Ist schließlich die aufgezeigte Alternative zur kritisierten Fallgruppenmethode lediglich die einer „subjektiven Wertungsentscheidung",[155] so erscheint die Kritik umso weniger überzeugend, wenn dann schließlich ausgeführt wird, die „Offenlegung der höchstpersönlichen Wertentscheidung durch den Richter" erlaube eine „gewisse Nachvollziehbarkeit dieser Wertentscheidung."

3. Möglichkeiten und Gefahren der Konkretisierung sowie die Rangfolge der Maßstabgeber

Rechtsprechung und Fallvergleich, u. U. auch über das engere Rechtsgebiet hinaus, bieten also die erforderliche methodische 'Anbindung' des Rechtsanwenders, um so die vom BVerfG[156] geforderte normative Leitung der Rechtsfindung bei der Konkretisierung unbestimmter Rechtsbegriffe möglich zu machen. Sie entbinden dabei den Rechtsanwender jedoch nicht von der kritischen Prüfung, ob die gefundenen Leitprinzipien noch mit der geltenden rechtlichen und tatsächlichen Situation in Einklang stehen. Hierin liegt am ehesten der „persönliche Beurteilungsspielraum", hierbei besteht aber gleichzeitig auch die größte Gefahr, *persönliche* Wertvorstellungen und Schwerpunktsetzungen unter

---

[152] *K. Larenz*, Juristische Methodenlehre, S. 293; *K. Larenz/C.-W. Canaris*, Methodenlehre der Rechtswissenschaft, S. 114.

[153] *R. Weber* AcP 192 (1992), 516 (565).

[154] Mit diesem Argument gegen *Webers* Kritik *A. Beater* AcP 194 (1994), 82 (87 f.).

[155] *R. Weber* AcP 192 (1992), 516 (563 f.).

[156] BVerfG 25.1.1984 E 66, 116 (138).

den Obersatz der „Meinung der überwiegenden Mehrheit der sachverständigen Rechtsgenossen"[157] zu subsumieren.

Der Vorrang der Wertungen der Rechtsprechung vor dem „allgemeinen Rechtsethos" oder den Wertungen der „überwiegenden Mehrheit der sachverständigen Rechtsgenossen" aber rechtfertigt sich aus dem Erfordernis des rechtsstaatlichen Gebots der Berechenbarkeit des Rechts, der Rechtsklarheit und Rechtssicherheit.[158] Gerade im Massenverwaltungsverfahren, und ein solches findet im Bereich der Arbeitslosenversicherung statt, gewinnen diese Faktoren vor dem Ziel, in besonderem Maße Einzelfallgerechtigkeit zu verwirklichen, deutlich an Gewicht.

Folgende „Rangfolge" ist somit bei der Bestimmung der maßgeblichen Wertungen einzuhalten: Vorrangig sind immer die Wertungen des Gesetzgebers, die sich allerdings der verfassungsrechtlichen Überprüfung stellen müssen. Zur Lückenfüllung sind ferner die Wertungen gefestigter Rechtsprechung zu berücksichtigen: Hierbei hat die originär zum arbeitsförderungsrechtlichen Zumutbarkeitsbegriff ergangene Rechtsprechung Vorrang vor den Wertungen anderer Rechtsgebiete. Je weiter man sich sowohl zeitlich vom „Hier und Jetzt" als auch in der Frage der „Rechtsverwandtschaft" vom Arbeitsförderungsrecht entfernt, desto kritischer muß nach der Übernehmbarkeit der gefundenen Ergebnisse gefragt werden.

Erst danach noch verbleibende Lücken sind unter Berücksichtigung der Wertmaßstäbe eines objektiven, sachverständigen Durchschnittsbetrachters zu füllen. Bei der Aufstellung dieser Wertmaßstäbe muß sich der Rechtsanwender jedoch kritisch überprüfen, ob er nicht bloß eigene Wertmaßstäbe verallgemeinert. Ferner dürfen solche Wertungen nicht im Gegensatz zu den Vorgaben des SGB III (vgl. hierzu insbesondere § 1 Abs. 2) oder den Wertmaßstäben der Verfassung stehen.

---

[157] Vgl. *H. Hummel-Liljegren*, Zumutbare Arbeit, S. 73.
[158] Vgl. BVerfG a.a.O. (Fn. 156).

Kapitel III: Konkretisierung der „Zumutbarkeit von Arbeit" (§ 121 SGB III):

I. Vom Gesetzgeber vorgegebener Rahmen

1. Der Wortsinn des Begriffs „Zumutbarkeit"

Der Versuch, die Bedeutung des Begriffs „Zumutbarkeit" auszuleuchten, geschieht allzuoft ohne eine nähere Differenzierung. Dabei findet der Begriff heute Verwendung in verschiedener Hinsicht:
Als „Allgemeinbegriff" im täglichen Sprachgebrauch, als „Rechtsbegriff" (insbesondere als *ungeschriebenes* Rechtsprinzip zur Pflichtenbegrenzung in außergewöhnlich gelagerten Fällen) und als Gesetzesbegriff.[159]

Die philologischen Untersuchungen[160] beziehen sich auf die Zumutbarkeit als **Allgemeinbegriff**. Sie gehen von der Bedeutung des Verbes „zumuten" aus:
Seinen Ursprung findet dieses im mittelhochdeutschen Begriff „muthen", dessen Bedeutung „ein Ansinnen an jemand stellen", „etwas von einem fordern", ursprünglich neutral war. Später dann entwickelte sich daraus das Verb „zuomuoten", dessen Bedeutung sich ab dem 17. Jahrhundert verengte auf: „Ein Ansinnen an jemanden richten, *Ungebührliches verlangen.*"[161]
Diese (negativ verengte) Wortbedeutung von „zumuten" hat sich bis heute erhalten; das heute noch gebräuchliche Wort wird definiert mit: „Von jemandem/sich selbst etwas verlangen, was er/man nicht oder nur schwer leisten oder ertragen kann."[162]

Aus dieser Wortbedeutung kann zweierlei gefolgert werden:
Zum einen, daß der Begriff des „Zumutens" eine Wertung enthält: Wenn jemandem etwas zugemutet wird, muß derjenige das Angesonnene als negativ empfinden.

---

[159] Für diese Unterscheidung auch *R. K. Albrecht*, Zumutbarkeit, S. 23 ff.; ähnlich *H. Bley*, FS Wannagat 1981, 19 (49).
[160] Eingehend *R. K. Albrecht*, Zumutbarkeit, S. 23 ff. m.w.N.; vgl. auch *J. Lücke*, Zumutbarkeit als Grenze, S. 40 f.; *S. Peters-Lange*, Zumutbarkeit von Arbeit, S. 36 f.; *L. Gusseck*, Die Zumutbarkeit — ein Beurteilungsmaßstab?, S. 14 f.
[161] *Duden „Etymologie"*: Herkunftswörterbuch der deutschen Sprache, unter „Mut"; *H. Paul*, Deutsches Wörterbuch, unter „zumuten"; bereits im Jahre 1811 *J. H. Campe*, Wörterbuch der deutschen Sprache, unter „zumuthen".
[162] *Duden „Bedeutungswörterbuch"*, unter „zumuten".

Dies resultiert zum anderen immer aus Umständen, die in der Person des Adressaten begründet sind (Dativ-Konstruktion: *Jemandem* etwas zumuten).

Die Umstände können objektiv nachprüfbar sein, etwa bei körperlichen Gebrechen desjenigen, an den das Verlangen gestellt wird, oder auch in seiner inneren (Geistes-)Haltung begründet liegen, was die Nachprüfbarkeit schwierig erscheinen läßt.

Der Begriff des „Zumutens" enthält also eine subjektbezogene Wertung, er ist untrennbar verbunden mit dem oder den Menschen, denen ein bestimmtes Verhalten angesonnen wird.

Gleiches gilt für das adjektivierte Verb mit der Endsilbe '-bar': Das Adjektiv „zumutbar" setzt ein bestimmtes Verhalten zu einer oder mehreren Person(en) durch den stets mit ihm verbundenen Dativ in Bezug.[163] In der Verwendung des Begriffes „zumutbar" liegt die Wertung, daß das verlangte Verhalten der Person angesonnen werden darf, d.h. daß gerade nichts „Ungebührliches" verlangt wird: „Zumutbarkeit" als substantiviertes Adjektiv ist damit die Negation der „Zumutung".

Es ist nun zu trennen zwischen der Frage nach dem *Vorliegen* bestimmter in der Person des Adressaten liegender Kriterien (strenge Subjektbezogenheit der Zumutbarkeit) und deren *Auswahl* und *Gewichtung*:[164] Die Bewertung als „Zumutung" hat aus Sicht dessen zu erfolgen, von dem ein bestimmtes Verhalten verlangt wird.[165] Damit ist allerdings noch nicht die Frage beantwortet, ob dieser auch den *Maßstab* für die Bewertung des angesonnenen Verhaltens als „Zumutung" oder eben aber als „zumutbar" nach eigenem Gutdünken bilden darf:

Über die Kriterien, die ein Verhalten als zumutbar erscheinen lassen, sagt der Wortlaut nichts aus, ebensowenig darüber, wer über Maßstab und Gewichtung der Gesichtspunkte entscheidet.

Aussagen hierüber lassen sich aber durch Rückgriff auf die eingangs erwähnten verschiedenen Arten der Verwendung der Begriffe „zumutbar" und „Zumutbarkeit" treffen. Aus dem Kontext ergibt sich auch die Gruppe der Adressaten (also diejenigen, denen etwas angesonnen wird), sowie die Art des Ansinnens. Auch über diese Punkte sagt die allgemeine Wortbedeutung der Begriffe „zumutbar" und „Zumutbarkeit" nichts aus.

---

[163] *L. Gusseck*, Die Zumutbarkeit — ein Beurteilungsmaßstab?, S. 15.
[164] *H. Hummel-Liljegren,* Zumutbare Arbeit, S. 72 f.; *R. K. Albrecht*, Zumutbarkeit, S. 43.
[165] *R. K. Albrecht*, Zumutbarkeit, S. 25.

2. Die Zumutbarkeit in der Verwendung als Gesetzesbegriff: Aussagen aus Kontext und Funktion

a) Die Verwendung der „Zumutbarkeit von Arbeit" als Gesetzesbegriff im SGB III, sowie die Rangfolge der Maßstabgeber

Es wurde bereits festgestellt, daß für den Begriff der Zumutbarkeit verschiedene Verwendungsmöglichkeiten bestehen (vgl. oben 1.). Die philologischen Untersuchungen bezogen sich insoweit auf die Worte „zumutbar" und „Zumutbarkeit" im allgemeinen Sprachgebrauch; sie lassen sich allerdings auf die Zumutbarkeit als Rechts- und Gesetzesbegriff übertragen.

Wer die jeweils maßgeblichen Kriterien für die im Rahmen der Zumutbarkeit vorzunehmende Wertung aufstellt, läßt sich u.U. mit Rückgriff auf die unterschiedlichen Verwendungsmöglichkeiten ableiten:

Bei der Zumutbarkeit im allgemeinen Sprachgebrauch wählt der Verwender des Begriffs nach eigenem Empfinden aufgrund persönlicher Präferenzen die Kriterien aus, die für ihn oder einen anderen, dem das Verhalten angesonnen wird, besagtes Verhalten als „zumutbar" oder „unzumutbar" erscheinen lassen.[166] Da aber selbst im allgemeinen Sprachgebrauch die Wertung als „zumutbar" eine gewisse Allgemeingültigkeit beansprucht, wird der Verwender im allgemeinen solche Kriterien heranziehen, die eine Gleichbewertung durch die Mehrheit seiner Rechtsgenossen erwarten lassen. Schon hier also ist eine gewisse Objektivierung des Maßstabs im Ansatz zu erkennen.

Umso mehr gilt das zuletzt Gesagte bei der Zumutbarkeit als Rechtsbegriff:

Bei der Verwendung als Rechtsbegriff hat die Bewertung der Zumutbarkeit aus Sicht eines objektiven Durchschnittsbetrachters zu erfolgen.[167] Die Gegenansicht,[168] die hierzu den Rechtsanwender ermächtigt sehen will, berücksichtigt nicht, daß die Verwendung der Zumutbarkeit als Rechtsbegriff Allgemeingültigkeit beansprucht.[169] Es kann daher nicht auf die Einschätzung des Betroffenen ankommen, genausowenig aber auf die subjektiven Kriterien des Rechtsanwenders. Dieser hat sich zu fragen, wie die Mehrheit der verständigen Rechtsgenossen entscheiden würde.[170]

---

[166] Gemäß *J. H. Campe*, Wörterbuch der Deutschen Sprache (unter „zumuthen"), liegt besagtem Begriff zugrunde, „daß das, worauf das Zumuthen gerichtet ist, beschwerlich sei, und **daß der andere es für unrecht oder für nachteilig für sich hält...".** Ebenso *R. K. Albrecht*, Zumutbarkeit, S. 42 f.

[167] *J. Lücke*, Zumutbarkeit als Grenze, S. 41 m.w.N.; *H. Hummel-Liljegren*, Zumutbare Arbeit, S. 73,161; *H. Schlegel* SozSich 1969, 291 (297); *R. K. Albrecht*, Zumutbarkeit, S. 43; *K. Engisch,* Einführung, S. 163 f.

[168] *H. Henkel*, FS Mezger, S. 249 (303 f.).

[169] *K. Larenz*, Juristische Methodenlehre, S. 291; *K. Larenz/C.-W. Canaris*, Methodenlehre der Rechtswissenschaft, S. 111 f.

[170] *H. Hummel-Liljegren,* Zumutbare Arbeit, S. 73.

Bei der Zumutbarkeit von Arbeit i.S.d. §§ 119 Abs. 4 Nr. 1, 121 SGB III handelt es sich nun um die Verwendung des Begriffes „zumutbar" als Gesetzesbegriff.

Bei der Verwendung der Zumutbarkeit als Gesetzesbegriff obliegt es zunächst dem Gesetzgeber selbst, Wertmaßstäbe für die Beurteilung eines Verhaltens als „zumutbar" aufzustellen; er kann auch den Verordnungsgeber ermächtigen, vorgegebene Konturen weiter auszudifferenzieren (wobei dann die Grenzen des Art. 80 Abs. 1 S. 2 GG zu beachten sind). Wollte man hier dem „objektiven Durchschnittsbetrachter" den Vorrang geben, wäre dies eine Durchbrechung des Prinzips des Vorrangs des Gesetzes als Ausprägung des Rechtsstaatsprinzips:[171] Der Rechtsanwender als Mitglied der Exekutive oder (als Richter) der Judikative würde sich mit Blick auf den (vermeintlichen) Willen der Mehrheit über den Gesetzgeber stellen. Auf den „objektiven Durchschnittsbetrachter" ist daher nur abzustellen, soweit Raum dazu vorhanden ist. Folgerichtig hat man sich bei der Auslegung und Lückenfüllung an den vom Gesetzgeber vorgegebenen Fällen zu orientieren, die insoweit den Wertmaßstab skizzieren.[172] Der Wille des Gesetzgebers, soweit er für den jeweils untersuchten Einzelfall erforscht oder aus vorgegebenen Fällen abgeleitet werden kann, ist bei der Auslegung des Zumutbarkeitsbegriffs noch vor der Sicht eines „objektiven Durchschnittsbetrachters" maßgeblich.

Folgendes ist als **Zwischenergebnis** festzuhalten: Bei der Wertung eines bestimmten Verhaltens als „zumutbar" ist immer von der Situation des Betroffenen auszugehen (strenge Subjektbezogenheit). Den Maßstab für die Zumutbarkeit eines Verhaltens gibt dagegen in erster Linie der Gesetzgeber vor, wobei subsidiär auf die Wertung eines „objektiven Durchschnittsbetrachters" abzustellen ist.

b) Ableitungen aus Kontext und Funktion des Zumutbarkeitsbegriffs bei der Verwendung in §§ 119 Abs. 4 Nr. 1, 121 SGB III

Durch die Verwendung des Zumutbarkeitsbegriffes in §§ 119 Abs. 4 Nr. 1, 121 SGB III läßt sich zunächst feststellen, welches Verhalten im hier untersuchten Zusammenhang mittels des Begriffes „zumutbar" einer Wertung unterzogen werden soll: Es geht um die Zumutbarkeit von Beschäftigung, genauer um die Bereitschaft, der Arbeitsfähigkeit entsprechende (vgl. § 121 Abs. 1 SGB III) Beschäftigungen aufzunehmen und auszuüben. Dies ergibt sich aus § 119 Abs. 4 Nr. 1 SGB III. Die *Adressaten* dieses Ansinnens sind „Arbeitslose" (§ 121 Abs. 1 S. 1 SGB III).

---

[171] *H. Jarass* in: Jarass/Pieroth, GG, Art. 20 Rn. 28; *F. Klein* in: Schmidt-Bleibtreu/Klein, Kommentar zum Grundgesetz, Art. 20 Rn. 13c.
[172] *R. K. Albrecht*, Zumutbarkeit, S. 36.

Um Anhaltspunkte für den bei der Kennzeichnung von Beschäftigungen als „zumutbar" oder „unzumutbar" im jeweils untersuchten Einzelfall (oder für eine Gruppe von Arbeitslosen, z. B. alleinerziehende Mütter mit einem Kind) anzulegenden Wertmaßstab zu erhalten, ist zunächst nötig, die Stellung im Gesetz und (daraus abgeleitet) die Funktion des Begriffs „zumutbar" zu untersuchen: Systematisch ist der Begriff der „zumutbaren Beschäftigung" eingebunden in die Voraussetzungen des Arbeitslosengeldbezuges in §§ 117 ff. SGB III (Zweiter Unterabschnitt), und zwar in den Ersten Titel „Regelvoraussetzungen". Diese Voraussetzungen sind zunächst einer eingehenderen Betrachtung zu unterziehen:

Als eine Voraussetzung für den Arbeitslosengeldbezug wird in § 118 SGB III zunächst der Begriff der Arbeitslosigkeit aufgestellt und seinerseits definiert. Reichte unter der Geltung des AFG dafür bloße Beschäftigungslosigkeit aus (§ 101 I 1 AFG), gliedern sich die Voraussetzungen der Arbeitslosigkeit im arbeitsförderungsrechtlichen Sinne nun in „Beschäftigungslosigkeit" und „Beschäftigungssuche" (§ 118 Abs. 1 Nr. 1 und 2 SGB III).

Untervoraussetzungen des neuen Merkmals der **Beschäftigungssuche** sind „Eigenbemühungen", um ein Ende der Beschäftigungslosigkeit zu erreichen, sowie die „Verfügbarkeit" des Beschäftigungslosen.
Das Merkmal der „**Eigenbemühungen**" in § 119 Abs. 1 Nr. 1 ist neu; bisher genügte die innere Tatsache der Bereitschaft, eine zumutbare Beschäftigung anzunehmen (§ 103 Abs. 1 Nr. 2 AFG), wobei die Stellensuche dem Arbeitsamt überlassen blieb, und der Beschäftigungslose die Bereitschaft im Regelfall nur erklären, aber nicht durch eigene Aktivitäten nachweisen mußte.[173] Nun ist erforderlich, daß der Beschäftigungslose „*alle* Möglichkeiten nutzt und nutzen will, um seine Beschäftigungslosigkeit zu beenden", um als arbeitslos im Rechtssinne zu gelten. Diese Eigenbemühungen sind gemäß § 119 Abs. 5 SGB III bei vorherigem Hinweis durch das Arbeitsamt vom Betreffenden nachzuweisen.
Durch diese Änderung wird verdeutlicht, daß sich die Rolle des Arbeitsamts entscheidend ändern soll: Die aktive Arbeitssuche des einzelnen soll in den Vordergrund treten, wobei das Arbeitsamt gemäß SGB III nur noch Hilfsinstrumente in Ergänzung eigener Initiative bereitstellen will.[174]

---

[173] *J. Brand* in *K. Niesel*, AFG, § 103 Rn. 29 f.
[174] BT-Drucks. 13/4941, S. 141 f.; *N. Blüm* BArbBl. 7-8 1996, 5 (6).

Innerhalb des SGB III wird das auch an anderer, herausgehobener Stelle deutlich. So heißt es in § 2 Abs. 3 SGB III:[175]

> „ Die Arbeitnehmer haben zur Vermeidung von Arbeitslosigkeit
> 1. jede zumutbare Möglichkeit bei der Suche und Aufnahme einer Beschäftigung zu nutzen
> 2. ein Beschäftigungsverhältnis, dessen Fortsetzung ihnen zumutbar ist, nicht zu beenden, bevor sie eine neue Beschäftigung haben und
> 3. jede zumutbare Beschäftigung anzunehmen."

Damit wird gesetzlich nachvollzogen, was in der Realität längst die Regel ist: Nur noch etwa ein Drittel der Stellenbesetzungen gehen unmittelbar auf Arbeitsamtsvermittlung zurück.[176] Kritikwürdig ist allerdings die sehr unbestimmte Fassung der Regelung in § 119 Abs. 1 Nr. 1 SGB III. Die Formulierung „alle Möglichkeiten nutzt" ist konturlos: Sind damit die „üblichen" Möglichkeiten gemeint wie z.B. Antwort auf Zeitungsannoncen und das Absenden von Bewerbungsunterlagen? Muß man eigene Annoncen aufgeben oder sich gar an einen privaten Vermittlungsdienst wenden?

Durch Rückgriff auf § 2 Abs. 3 Nr. 1 SGB III ergibt sich, daß lediglich alle *zumutbaren* Möglichkeiten der Beschäftigungssuche zu ergreifen sind. Hier begegnet uns erneut der Begriff „zumutbar", allerdings in einem etwas anderen Zusammenhang: Es geht um die „Suche und Aufnahme" einer Beschäftigung. Das Wort „zumutbar" ist in § 119 Abs. 1 S. 1 SGB III im Geiste zu ergänzen. Hier wird zum ersten Mal die Funktion deutlich, die dem Begriff der Zumutbarkeit im SGB III zukommt: Er dient der Begrenzung einer vom Gesetzgeber aufgestellten Verpflichtung. § 119 Abs. 5 stellt korrespondierend eine Nachweispflicht für die Eigenbemühungen nach Belehrung durch das Arbeitsamt auf.[177]

Zu prüfen ist, ob auch der hier untersuchte Begriff der „zumutbaren Beschäftigung" in § 119 Abs. 4 Nr. 1 SGB III der Begrenzung einer gesetzgeberisch aufgestellten Obliegenheit dient. Die Absätze 2 bis 4 des § 119 SGB III konkretisieren den Begriff der **Verfügbarkeit**, die gemäß § 119 Abs. 1 Nr. 2 SGB III

---

[175] Zur interessanten Problematik, welche Ausstrahlungswirkungen in das Arbeitsrecht insbesondere von der Vorschrift des § 2 **Abs. 3** SGB III ausgehen vgl. *M. Löwisch* NZA 1998, 729 f.; allgemein zu den Auswirkungen des § 2 SGB III auf das Arbeitsrecht *U. Preis* NZA 1998, 449 ff.

[176] So die Bundesregierung am 18.4.1995 in einer Antwort auf eine kleine Anfrage der SPD zur Langzeitarbeitslosigkeit, vgl. BT-Drucks. 13/1143, S. 4 (Frage 10).

[177] Bei der Frage der Eigenbemühungen ist der sehr unbestimmte Gesetzeswortlaut problematisch. Hier besteht noch Konkretisierungsbedarf; jedenfalls ist dem Arbeitslosen gegenüber die Art der Nachweisführung genau zu bezeichnen. Zu dieser Problematik vgl. schon *K. Toparkus* ZfSH/SGB 1997, 397 (406).

neben den Eigenbemühungen nun zweite Voraussetzung der Beschäftigungssuche ist. Während die Verfügbarkeit unter der Geltung des AFG noch eigenständige Voraussetzung *neben* der Arbeitslosigkeit für den Bezug von Arbeitslosengeld war (§ 100 Abs. 1 AFG), so daß bei Nichtverfügbarkeit lediglich der Arbeitslosengeldanspruch wegfiel, ist sie jetzt zur Untervoraussetzung der Arbeitslosigkeit geworden. Bei Entfallen der Verfügbarkeit ist nun die (verschärfte) Rechtsfolge, daß die Arbeitslosigkeit im Sinne des SGB III zu verneinen ist. Diese ist Voraussetzung nicht nur für Entgeltersatzleistungen wie Arbeitslosengeld und Arbeitslosenhilfe, sondern auch für aktive Arbeitsförderungsmaßnahmen wie z.B. Trainingsmaßnahmen gemäß §§ 48 ff. SGB III. In § 119 Abs. 2 SGB III wird die Verfügbarkeit wie bisher im wesentlichen auch in das Begriffspaar „arbeitsbereit" (vgl. § 103 Abs. 1 Nr. 2 AFG) und „arbeitsfähig" (vgl. § 103 Abs. 1 Nr. 1 und 3 AFG) aufgespalten. Dieses wird in Abs. 3 und 4 näher erläutert. Während in Abs. 3 der Begriff „arbeitsfähig" näher umschrieben wird, bleibt der Begriff „arbeitsbereit" unerläutert. Hauptvoraussetzung der „Arbeitsfähigkeit" ist gemäß § 119 Abs. 3 Nr. 1 SGB III, daß der Beschäftigungslose[178] „eine versicherungspflichtige Beschäftigung unter den üblichen Bedingungen des für ihn in Betracht kommenden Arbeitsmarktes aufnehmen und ausüben ... kann (tatsächliches Element) und darf (rechtliches Element)".

Dies sind zunächst nur tatsächliche Voraussetzungen, sie konkretisieren allerdings auch die an den Beschäftigungslosen gestellten Verhaltensanforderungen, um als „arbeitslos" im Rechtssinne zu gelten und so eine Voraussetzung des Anspruchs auf Arbeitslosengeld als staatliche Leistung zu erfüllen. Daß die geforderte Arbeits*bereitschaft* mittelbar dadurch konkretisiert wird, ergibt sich aus der Fassung des § 119 Abs. 4 SGB III: Durch die Eingangsformulierung „Arbeitsbereit und arbeitsfähig ist der Arbeitslose auch dann, wenn er bereit oder in der Lage ist ... nur ... zumutbare Beschäftigungen aufnehmen und auszuüben..." wird deutlich, daß die Merkmale der Arbeitsfähigkeit und Arbeitsbereitschaft aufeinander bezogen sind.

Aus den Formulierungen „auch dann" und „nur" läßt sich ferner ableiten, daß die Funktion des Abs. 4 darin besteht, die für die Arbeitsbereitschaft und Arbeitsfähigkeit zuvor aufgestellten Anforderungen zu begrenzen. Dies wird verdeutlicht in Abs. 4 Satz 2 der Vorschrift: Hier wird ausdrücklich gesagt, daß es in § 119 Abs. 4 Satz 1 Nr. 3 und 4 SGB III um *Einschränkungen* der Arbeitsbereitschaft und -fähigkeit geht; dies hat auch für die Nummern 1 und 2 zu gelten. Die Funktion der Zumutbarkeit im hier untersuchten Kontext ist also ebenfalls die Begrenzung einer vom Gesetzgeber aufgestellten Obliegenheit, nämlich der Aufnahme und Ausübung einer Beschäftigung.[179]

---

[178] Der Gesetzestext spricht hier von „Arbeitsloser"; da es hier jedoch gerade um die *Voraussetzungen* der Arbeitslosigkeit im Rechtssinne geht, ist der gewählte Begriff ungenau.

[179] *H. Bley,* FS Wannagat 1981, 19 (30): Unzumutbarkeit als Verweisbarkeitsgrenze.

Genauso wie im öffentlichen Recht die „Zumutbarkeit" ein entscheidendes Merkmal zur Begrenzung öffentlich-rechtlicher Pflichten ist,[180] werden im Sozialrecht durch sie sozialrechtliche Verpflichtungen und Obliegenheiten begrenzt.

Zwar ist Sozialrecht grundsätzlich Leistungsrecht, daß sich damit aber auch Verpflichtungen verbinden, folgt dem Sozialstaatsprinzip:

Dem Element der (begünstigenden) Partizipation steht das (belastende) Element der Solidarität gegenüber, das Verhaltensanforderungen an die Bürger als Subjekte der Sozialleistungsansprüche stellt.[181] So formuliert das *BVerfG*:[182] „Die Pflicht, einen Verlust, dessen Ersatz die Gemeinschaft zu tragen hat, selbst zu mildern, soweit das zumutbar ist, hat unser Sozialrecht vielfach geformt und kann geradezu als ein Ausfluß des Prinzips der Sozialstaatlichkeit bezeichnet werden." Der Gesetzgeber verwendet nun Begriffe wie die Zumutbarkeit, um diese Pflichten zu begrenzen und Härten zu vermeiden und schafft damit eine „einfachgesetzliche allgemeine Belastungsgrenze".[183]

Während § 121 SGB III lediglich der Erläuterung und Konkretisierung des Begriffs „zumutbare Beschäftigung" dient, gründet sich auf der Verwendung in § 119 Abs. 4 Nr. 1 seine eigentliche Funktion als pflichtbegrenzendes Korrektiv. Aus dieser Funktion läßt sich noch etwas ableiten: Die Pflicht zur Annahme einer Beschäftigung durch den Arbeitslosen ist der Grundsatz, die Klassifizierung als „unzumutbar" und damit die Möglichkeit zur Ablehnung, bildet die Ausnahme. Man braucht, da es sich um eine *Ausnahmevorschrift* handelt, *gewichtige* Gründe, um ihre Anwendung zu begründen. Der Ausnahmecharakter der Unzumutbarkeit wird weiter gestützt durch den **Wortlaut** des § 121 Abs. 1 SGB III, der nochmals betont, daß dem Arbeitslosen grundsätzlich jede Arbeit zumutbar ist, die er annehmen kann und darf,[184] und die Unzumutbarkeit durch das Anführen „allgemeiner oder personenbezogener" Gründe besonders zu rechtfertigen ist.

Eine bereits im Ausgangspunkt dermaßen deutliche Vorgabe bei der Gewichtung der verschiedenen Belange im Rahmen der Interessenabwägung enthielt das AFG in der ab 1982 geltenden Fassung nicht. Es bestimmte lediglich in § 103 Abs. 2:

> Bei der Beurteilung der Zumutbarkeit sind die Interessen des Arbeitslosen und die der Gesamtheit der Beitragszahler gegeneinander abzuwägen. Näheres bestimmt die Bundesanstalt für Arbeit durch Anordnung.

---

[180] *J. Lücke*, Zumutbarkeit als Grenze, S. 37 f.

[181] *H. Bley*, FS Wannagat 1981, 19 (20).

[182] 24.7.1963 E 17, 38 (56).

[183] *R. K. Albrecht*, Zumutbarkeit, S. 47.

[184] BT-Drucks. 13/4941, S. 238 (zu § 103 b Abs. 1).

Die Neuregelung ähnelt mit dem Regel-Ausnahme-Grundsatz in § 121 Abs. 1 SGB III und dem nachfolgenden Ausnahmekatalog eher § 78 AVAVG von 1957; allerdings mit dem Unterschied, daß in § 121 SGB III die „allgemeinen und personenbezogenen Gründe", die ausnahmsweise zur Unzumutbarkeit einer Beschäftigung führen, *nicht abschließend normiert* sind (vgl. den Begriff „insbesondere" in Abs. 2 und 3, ergänzt von „auch nicht" in Abs. 4). Anders als § 78 AVAVG läßt § 121 SGB III Raum für die Herausbildung von Fallgruppen, die nicht von dem normierten Ausnahmekatalog erfaßt sind.

c) Das Verhältnis des Zumutbarkeitsbegriffs zur Sperrzeitnorm des § 144 SGB III

Durchgesetzt wird die Verpflichtung zur Ausübung von als „zumutbar" bewerteten Beschäftigungen gegenüber dem Arbeitslosen durch die Sanktionsnorm des § 144 SGB III (vormals § 119 AFG). Durch die Androhung einer „**Sperrzeit**" wird ein Verhaltensdruck geschaffen, der auf die Annahme zumutbarer Beschäftigungen abzielt. Eine Sperrzeit bewirkt gemäß § 144 Abs. 1 Abs. 2 Satz 2 SGB III das *Ruhen* von arbeitsförderungsrechtlichen Leistungsansprüchen, insbesondere von Arbeitslosengeld oder -hilfe. Die Regelsperrzeit beträgt zwölf Wochen; sie kann gemäß § 144 Abs. 3 Satz 1 SGB III halbiert werden, wenn unter Berücksichtigung der sperrzeitbegründenden Tatsachen die 'volle' Sperrzeit eine *besondere Härte* bedeuten würde.

Hat der Arbeitslose Anlaß für das Entstehen von Sperrzeiten von insgesamt mindestens 24 Wochen (entspricht zwei 'Regelsperrzeiten') gegeben, so verliert er gemäß § 147 Abs. 1 Nr. 2 SGB III seinen Anspruch auf Arbeitslosengeld oder -hilfe.

Der mit der „Zumutbarkeit" in §§ 119 Abs. 4, 121 SGB III korrespondierende Begriff in § 144 SGB III ist der unbestimmte Rechtsbegriff[185] „**wichtiger Grund**". Die Klärung des Verhältnisses beider unbestimmter Rechtsbegriffe zueinander ist von einiger Bedeutung für die vorzunehmende „Konkretisierungsarbeit". Gerichte beschäftigen sich mit dem Problem der Zumutbarkeit einer angebotenen Beschäftigung nicht abstrakt, sondern häufig im Zusammenhang mit Klagen gegen die Festsetzung einer Sperrzeit, so daß sich der „Aufhänger" solcher Entscheidungen regelmäßig auf die Sperrzeitregelung in § 144 SGB III (ehemals § 119 AFG) verlagert, wo für die Zumutbarkeit relevante Abgrenzungsprobleme im Rahmen des unbestimmten Rechtsbegriffes „wichtiger Grund" behandelt werden.

---

[185] BSG 10.12.1980 E 51, 70 f.

Gibt ein Arbeitsloser, insbesondere durch Kündigung, eine Arbeit auf (§ 144 Abs. 1 Nr. 1 SGB III) oder bricht er eine berufliche Eingliederungsmaßnahme ab (§ 144 Abs. 1 Nr. 4 SGB III), begründet das grundsätzlich bereits eine Sperrzeitverhängung. Der nun Arbeitslose bedurfte für sein Handeln eines *wichtigen Grundes*, um dieser Sanktion zu entgehen.

Gleiches gilt gemäß § 144 Abs. 1 Nr. 2 und 3 SGB III für den Fall, daß ein Arbeitsloser eine ihm angebotene konkrete Beschäftigung oder berufliche Eingliederungsmaßnahme ablehnt. Allerdings stehen die §§ 119 Abs. 4, 121 SGB III in *funktionalem Zusammenhang* mit § 144 SGB III (vormals § 103 Abs. 2 AFG i.V.m. ZumutbarkeitsAO und § 119 AFG), so daß nur die Ablehnung *zumutbarer* Beschäftigungen eine Sperrzeit begründen kann.[186]

Bei dieser Feststellung bedarf es jedoch der Differenzierung. Unzumutbare Beschäftigungen i.S.d. §§ 119 Abs. 4, 121 SGB III sind nur für den zuletzt aufgezeigten Fall einer *zukunftsbezogenen* Arbeitsablehnung *immer* auch ein „wichtiger Grund" i.S.d. § 144 Abs. 1 SGB III.

Anders zu bewerten sind hingegen die Fälle der *Beendigung* einer Beschäftigung, für die der inzwischen Arbeitslose ebenfalls eines „wichtigen Grundes" bedarf, um eine Sperrzeit zu vermeiden. Die Tatsachen, die in diesen Fällen geeignet sein können, einen „wichtigen Grund" darzustellen, haben sämtlich *Vergangenheitsbezug*. Weil die Ausgangslage eine andere ist, lassen sich Grundsätze, die u. U. eine Ablehnung eines Arbeitsangebotes aus „wichtigem Grund" rechtfertigen würden, nicht schematisch auf die Auflösung eines Arbeitsverhältnisses übertragen.[187] Zusätzlich muß sich hierbei der „wichtige Grund" auch auf den Zeitpunkt der Auflösung des Arbeitsverhältnisses beziehen; der Arbeitslose muß einen wichtigen Grund dafür haben, daß er das Arbeitsverhältnis gerade zu dem bestimmten Zeitpunkt auflöst.[188]

Festzuhalten bleibt danach vor allem eines: Nicht jede Tatsache, die geeignet ist, im Einzelfall einen „wichtigen Grund" i.S.d. § 144 SGB III darzustellen, führt auch gleichzeitig ohne weiteres zur Unzumutbarkeit einer Beschäftigung gemäß §§ 119 Abs. 4, 121 SGB III. Der Übertragbarkeit in diese Richtung sind Grenzen gesetzt. Volle Deckungsgleichheit besteht nur bei Entscheidungen, die

---

[186] Vgl. BSG 12.12.1980 E 51, 70 (71 f.); *A. Gagel* BlStSozArbR 1980, 115 f.; *M. Mönks*, Arbeitslosigkeit, S. 96; *S. Sell* SF 1996, 84 (86).

[187] BSG 9.12.1982 SozR 4100 § 119 Nr. 21, S. 105; BSG 25.10.1988 SozR 4100 § 119 Nr. 33, S. 160. So hat beispielsweise das BSG als „wichtigen Grund" für die Beendigung eines Arbeitsverhältnisses angesehen, wenn ein älterer, langjährig bei demselben Arbeitgeber beschäftigter Arbeitnehmer künftig nur noch mit angelernten Arbeiten beschäftigt werden soll, vgl. BSG 13.8.1986 SozR 4100 § 119 Nr. 28.

[188] St. Rspr., vgl. BSG 13.8.1986 SozR 4100 § 119 Nr. 28, S. 127 m.w.N.

zur Frage des „wichtigen Grundes" bei der *Ablehnung*[189] einer Beschäftigung ergangen sind, nicht aber, wenn es sich um die *Aufgabe* einer Beschäftigung, etwa durch Kündigung, handelt.

3. Die Gesetzeskasuistik als Vergleichsbasis

Wie bereits ausgeführt, bedient sich der Gesetzgeber bei der Ausgestaltung und Erläuterung des unbestimmten Rechtsbegriffs „zumutbar" der **exemplifizierenden Methode**,[190] d. h. er gibt selbst Fallgruppen vor, die als Leittypen bei der Konkretisierung der Zumutbarkeit i.S.d. § 119 Abs. 4 Nr. 1 i.V.m. § 121 SGB III dienen. Soweit nämlich ein Gesetz ein Rechtsproblem entschieden und die Kriterien für seine Lösung festgelegt hat, sind Verwaltung und Rechtsprechung grundsätzlich an diese Kriterien gebunden.[191]

Diese gesetzgeberische Erläuterung und Konkretisierung des Begriffs der „zumutbaren Beschäftigung" ist Aufgabe des § 121 SGB III, der damit die „Eckpfeiler" für eine weitergehende inhaltliche Ausfüllung des Zumutbarkeitsbegriffs im SGB III vorgibt.

In Abs. 1 wird der Grundsatz aufgestellt, daß der Arbeitslose jede Arbeit annehmen und ausüben muß, die er ausüben kann und darf.[192]

Abweichungen von diesem Grundsatz können sich nur durch „allgemeine oder personenbezogene Gründe" ergeben. Hier wird der Ausnahmecharakter der Unzumutbarkeit einer Beschäftigung stark hervorgehoben (s.o. Seite 38).

§ 121 Abs. 2 SGB III nennt nun in einer nicht abschließenden Beispielsaufzählung die Kriterien, die „insbesondere" als allgemeine Gründe in diesem Sinne anzusehen sind.

Diese sind bei ihrem Vorliegen schon *jeder für sich alleine* geeignet, die Zumutbarkeit der in Frage stehenden Beschäftigung auszuschließen.

a) Verstoß gegen Arbeitsschutzbestimmungen

Genannt werden in Abs. 2 Verstöße gegen gesetzliche, tarifvertragliche oder in Betriebsvereinbarungen festgelegte Bestimmungen über Arbeitsbedingungen und Arbeitsschutzbestimmungen. Die Vorschrift ersetzt § 5 ZumutbarkeitsAO. In Abweichung zur Vorgängerregelung stehen nun beide Kriterien gleichberechtigt nebeneinander.

---

[189] BSG 10.12.1980 E 51, 70 f. mit umfangreichen Nachweisen; BSG 19.6.1979 SozR 4100 § 119 Nr. 9, S. 40.

[190] S. oben Seite 28

[191] *R. Zippelius*, Juristische Methodenlehre, S. 76.

[192] BT-Drucks. 13/4941, S. 238 (zu § 103b Abs. 1)

Arbeitsschutzbestimmungen[193] in diesem Sinne sind sämtliche Normen, durch die dem Arbeitgeber öffentlich-rechtliche Pflichten auferlegt werden, um arbeitsbedingte Gefahren zu beseitigen oder zu vermindern. Zu unterscheiden sind die Normen des Arbeitszeitschutzes und des technischen Arbeitsschutzes. Zu letzterem zählen Normen des *produktbezogenen Geräteschutzes* (vgl. etwa das Gerätesicherheitsgesetz und das Chemikaliengesetz) ebenso wie die Vorschriften des *betrieblichen Arbeitsschutzes*, wie z.B. das Arbeitssicherheitsgesetz, die ArbeitsstättenVO, RöntgenVO, StrahlenschutzVO, GefahrstoffVO.

Regelungen des *Arbeitszeitschutzes* finden sich u.a. im Arbeitszeitgesetz (ArbZG), im Jugendarbeitsschutzgesetz (JArbSchG) und im Mutterschutzgesetz (MuSchG), um die wichtigsten Regelungen zu nennen.[194] Sämtliche Vorschriften des Arbeitszeitschutzes bezwecken den unmittelbaren Schutz des einzelnen Arbeitnehmers. Das gilt auch für das LadenschlußG, das im Verhältnis zu *Kunden* bloß eine Ordnungsvorschrift darstellt.[195]

Aus § 121 Abs. 2 SGB III ergibt sich, daß auch der Verstoß gegen *untergesetzliches* Arbeitsschutzrecht die Unzumutbarkeit einer Beschäftigung begründet. Auf eine tarifrechtliche Besonderheit ist in diesem Zusammenhang hinzuweisen: Während tarifvertragliche Entgeltregelungen nur gelten, wenn neben dem Arbeitgeber auch der Arbeitnehmer tarifgebunden ist, stellt dies für tariflich geregelte *Arbeitsbedingungen* und *Arbeitsschutzvorschriften* gerade keine Wirksamkeitsvoraussetzung dar. Hier genügt es, daß der Arbeitgeber tarifgebunden ist (§ 3 Abs. 2 TVG).[196]

Das Recht des Arbeitslosen, bei Verstoß gegen Arbeitsschutzvorschriften durch den Arbeitgeber die Beschäftigung als unzumutbar abzulehnen, korrespondiert mit der Möglichkeit des Arbeitnehmers in einem bestehenden Arbeitsverhältnis, seine Arbeitsleistung bei Verstoß gegen Arbeitsschutzbestimmungen zurückzuhalten.[197] Das gilt nach h.M. allerdings nur, wenn die jeweils in Betracht kommende Norm des technischen Arbeitsschutzes geeignet ist, Gegenstand einer arbeitsvertraglichen Verpflichtung zu sein. Nur wenn eine Norm *unmittelbar den Schutz des einzelnen Arbeitnehmers bezweckt*, kann der Verstoß dagegen eine Verletzung der allgemeinen Fürsorgepflicht des Arbeitgebers darstellen und daher den Arbeitnehmer zur Arbeitsverweigerung berechtigen.

---

[193] Näher dazu *G. Schaub*, Arbeitsrechts-Handbuch, § 152; *M. Löwisch*, Arbeitsrecht, S. 332 ff.

[194] Ausführliche Aufzählung der relevanten Normen bei *G. Schaub*, Arbeitsrechts-Handbuch, § 155 III.

[195] Vgl. *H. Heinrichs* in: Palandt, § 134 BGB Rn. 8.

[196] Vgl. auch *H. Steinmeyer* in: Gagel, AFG, § 103b (n.F.) Rn. 62.

[197] Vgl. *G. Schaub*, Arbeitsrechts-Handbuch, § 152, 2.b.

Ebenso wie im Arbeitsrecht macht es keinen Sinn, den Arbeitslosen zur sanktionslosen Ablehnung von Beschäftigungen zu ermächtigen, wenn der Arbeitgeber lediglich gegen Vorschriften bloß ordnungsrechtlicher oder organisatorischer Natur verstößt.[198] Unter teleologischer Reduktion des § 121 Abs. 2 SGB III sind daher solche Arbeitsschutzvorschriften nicht geeignet, die Unzumutbarkeit einer Beschäftigung zu begründen.

b) Verstoß gegen Arbeitsbedingungen unter besonderer Berücksichtigung des Problems der „untertariflichen Bezahlung"

Einen Unzumutbarkeitsgrund stellt auch der Verstoß gegen durch Gesetz, Tarifvertrag oder Betriebsvereinbarung festgelegte Arbeitsbedingungen dar. Zweck dieser Vorschrift ist die Wahrung der *Einheit der Rechtsordnung.* Normen stellen Gebote an die betroffenen Rechtssubjekte dar. Der Gesetzgeber kann nicht einerseits Normen aufstellen oder zu deren Schaffung ermächtigen, und andererseits von Rechtssubjekten verlangen, Beschäftigungen anzunehmen, die genau gegen diese Gebote verstoßen. Fraglich ist nun insbesondere, ob auch tarifliche Arbeitsentgelte eine „Arbeitsbedingung" in diesem Sinne darstellen. Dagegen spricht, daß in der Vorgängerregelung des § 5 Abs. 1 ZumutbarkeitsAO das untertarifliche Arbeitsentgelt nicht als Unterfall der Bestimmungen über Arbeitsbedingungen geregelt wurde, sondern in Nr. 2 eine besondere Regelung erfahren hat, die in § 121 Abs. 2 SGB III fehlt.

Dafür spricht jedoch das eben Gesagte. Auch die Gesetzesbegründung spricht von der Unzumutbarkeit von Beschäftigungen, die gegen „geltendes Recht" verstoßen.[199] „Geltendes Recht" in diesem Sinne sind auch die tariflich festgelegten Arbeitslöhne. Deutlicher wird dies noch, wenn man die amtliche Begründung der Nachfolgevorschrift des § 16 AFG (also § 36 Abs. 1 SGB III) hinzuzieht, dessen Ausprägung § 5 Abs. 1 Nr. 2 ZumutbarkeitsAO war.[200] Hiernach umfaßt das an die BA gerichtete Verbot, bei der Vermittlung gesetzeswidriger Beschäftigungsverhältnisse mitzuwirken auch das Zustandekommen von Arbeitsverhältnissen zu tarifvertragswidrigen Bedingungen.[201] Da hiervon auch tariflich festgelegte Arbeitsentgelte erfaßt sind, kann bei der Beurteilung der Zumutbarkeit nichts anderes gelten: *Jede* Beschäftigung, deren Ausgestaltung gegen gesetzliche oder die genannten untergesetzlichen Rechtsnormen verstößt, kann als unzumutbar abgelehnt werden.

Hierbei ist allerdings zu beachten, daß die Voraussetzungen für die Bindung an den in Frage kommenden Tarifvertrag einzuhalten sind: Der Arbeitgeber muß im Arbeitgeberverband organisiert oder selbständige Tarifvertragspartei sein;

---

[198] *Vgl. G. Schaub* a.a.O. (Fn. 197).
[199] BT-Drucks. 13/4941, S. 239 (zu § 103b Abs. 2)
[200] So *H. Steinmeyer* in: Gagel, AFG, § 103 Rn. 402 f.
[201] BT-Drucks. 13/4941, S. 160 (zu § 36 Abs. 1)

der Arbeitnehmer hingegen muß Gewerkschaftsmitglied sein. Fehlt es an einer dieser Voraussetzungen, entfaltet der Tarifvertrag nur dann unmittelbare Rechtswirkungen zwischen den Betroffenen, sollte er für allgemeinverbindlich erklärt worden sein (vgl. §§ 3, 5 TVG).

Der Schutzumfang der *gesetzlich ausdrücklich genannten* Tatbestände fällt also hinter den der Vorgängerregelung zurück, die *generell* die Zahlung des tariflichen Arbeitsentgelts verlangte. Auch gibt es keine *ausdrückliche* Bestimmung mehr, die in dem Fall des Nichtbestehens einer tariflichen Regelung das *ortsübliche Arbeitsentgelt* zur Mindestvoraussetzung für die Zumutbarkeit einer Beschäftigung macht. Bemerkenswert ist hierbei, daß selbst im AVAVG von 1927[202] und 1957[203] in § 90 Abs. 2 Nr. 1 bzw. § 78 Abs. 2 Nr. 1 die Entrichtung des tariflichen oder zumindest ortsüblichen Lohnes verlangt wurde.

Die Kritik an der Regelung, sie sei ein „regierungsamtliches Instrument zur Aushebelung der Tarifbindung",[204] ist allerdings verfrüht, wenn man sich vergegenwärtigt, daß auch Abs. 2 *offen formuliert* ist („insbesondere"), also durchaus Spielraum für Konkretisierung über die katalogisierten Fälle hinaus läßt. Die Gesetzesbegründung[205] bezieht sich nur auf die noch *in das Gesetz aufgenommenen Fälle* des Verstoßes gegen „geltendes Recht"; dies bedeutet wegen des Gesetzeswortlauts aber nicht, daß man bei der Konkretisierung bei den durch Gesetzeskasuistik ausdrücklich geregelten Fällen stehenbleiben muß. Aus dem Gesetzes*wortlaut* oder der Gesetzesbegründung läßt sich unmittelbar allerdings keine Möglichkeit mehr auf eine Beschränkung auf ortsübliches oder tarifliches Entgelt (ohne daß der Tarifvertrag unmittelbar zwischen den Arbeitsvertragsparteien gilt) ableiten.

Auch wenn sich ergäbe, daß eine Beschränkung auf das ortsübliche oder tarifliche Entgelt *generell* nicht mehr möglich ist, kann der Kritik dennoch nicht gefolgt werden, wenn man bezüglich des gesetzlich geregelten Falles „Verstoß gegen Tarifrecht" (wie hier vertreten) die Zahlung des tariflichen Arbeitsentgelts unter die einzuhaltenden „Arbeitsbedingungen" faßt: Die Rechtssicherheit, die in dieser Frage durch Tarifverträge geschaffen wird, ist in erster Linie das Privileg der Tarifvertragsparteien. Arbeitnehmer, die keiner Gewerkschaft angehören, daran partizipieren zu lassen, ist daher nicht zwingend und schwächt die Tarifparteien jedenfalls nicht unmittelbar. Im Gegenteil: Erst wenn man der Gewerkschaft angehört, kann man nach der neuen Regelung verlangen, das tarifliche Arbeitsentgelt zu bekommen, was einen echten Anreiz für ein Engage-

---

[202] AVAVG vom 26.6.1927 RGBl. I S. 187.

[203] AVAVG vom 3.4.1957 BGBl. I S. 321.

[204] *R. Sitte* ZSR 1996, 167 (175).

[205] „Wie bisher sind einem Arbeitslosen Beschäftigungen, die gegen geltendes Recht verstoßen, nicht zumutbar.", BT-Drucks. 13/4941, S. 238 (zu § 103b AFG).

ment darstellt. Die zunehmenden Austritte aus Arbeitgeberverbänden und Gewerkschaften können dabei dem Gesetzgeber nicht angelastet werden; hier offenbart sich allenfalls ein *Versagen der Tarifparteien*.[206]

c) Entgeltschutz und der Abschied vom zeitlich gestuften Berufsschutz

Die Neufassung in § 121 Abs. 3 SGB III löst die Vorgängerregelung in §§ 6, 8 bis 10, 12 ZumutbarkeitsAO ab, die *Entgeltschutz* (vgl. §§ 6, 10 ZumutbarkeitsAO) mit zeitlich begrenztem *Qualifikationsschutz* kombinierte. Kernpunkt der bisherigen Regelung war ein „Fünf-Stufen-Schema", das vom BSG entwickelt[207] und dann in § 12 Abs. 2 ZumutbarkeitsAO übernommen wurde.[208] Zweck war die Sicherstellung eines zeitlich begrenzten Qualifikationsschutzes.[209] Hierzu wurde mit Blick auf die Ausbildung und bisherige Berufsausübung des nun Arbeitslosen (§ 12 Abs. 3 ZumutbarkeitsAO) eine Zuordnung zu einer der fünf Qualifikationsstufen vorgenommen. Eine Vermittlung unterhalb dieser Stufe durfte nur nach Ablauf der ersten Zeit der Arbeitslosigkeit[210] und nach einem Beratungsgespräch erfolgen. Aber selbst dann durfte bis zum Ablauf der nächsten vier Monate nur auf Beschäftigungen der nächstniedrigeren Stufe vermittelt werden. Dieser zeitlich abgestufte Abbau des Qualifikationsschutzes setzte sich fort, bis die unterste Stufe („alle übrigen Beschäftigungen") erreicht war.

Die Fassung in § 121 Abs. 3 SGB III enthält demgegenüber eine reine **Entgeltschutzregelung**, was damit gerechtfertigt wird, daß sich die Qualifikation meist im Entgelt niederschlage.[211]

Waren bisher in den ersten vier bis sechs Monaten (sog. 'erste Zeit der Arbeitslosigkeit', § 8 ZumutbarkeitsAO) Einkommensverluste von bis zu 20% zumutbar (§ 10 ZumutbarkeitsAO), so muß nach der Regelung des SGB III in den ersten drei Monaten eine Minderung um 20%, in den drei Folgemonaten um 30% hingenommen werden. Dauert die Arbeitslosigkeit länger als ein halbes Jahr, muß ein Entgelt hingenommen werden, das abzüglich der beschäftigungsbedingten Aufwendungen der Höhe des bezogenen Arbeitslosengeldes entspricht.

---

[206] Vgl. schon *K. Toparkus* ZfSH/SGB 1997, 397 (407 f.).

[207] *H. Steinmeyer* in: Gagel, AFG, § 103 Rn. 62 ff.; 310-315

[208] Die Stufen lauten: 1. Hochschule/Fachhochschule, 2. Aufstiegsfortbildung (z.B. Techniker), 3. Ausbildungsberuf ('Lehre'), 4. Anlernausbildung, 5. Ungelernte.

[209] *H. Steinmeyer* in: Gagel, AFG, § 103 Rn. 380-389; schon zur Rechtslage 1980/81 *H. Bley*, FS Wannagat 1981, 19 (32): „Grundsatz eines von vornherein begrenzten und mit zunehmender Dauer der Arbeitslosigkeit weiter schrumpfenden Berufsschutzes."

[210] Gemäß § 8 ZumutbarkeitsAO betrug die „erste Zeit" der Arbeitslosigkeit vier bis ausnahmsweise sechs Monate; der entsprechende Zeitraum in § 121 Abs. 3 SGB III beträgt nur noch drei Monate.

[211] BT-Drucks. 13/4941, S.145 f.; 238 (zu § 103 b Abs. 5 AFG n.F.)

Hierbei handelt es sich um die absolute Untergrenze dessen, was an Entgelteinbußen für den Arbeitslosen hinzunehmen ist.

Die Abschaffung des Berufsschutzes wird nochmals in § 121 Abs. 5 Alt. 3 betont;[212] ob sie mit der Verfassung vereinbar ist, wird noch zu untersuchen sein.

d) Räumliche Mobilität

§ 121 Abs. 4 regelt in Nachfolge der §§ 3, 4 ZumutbarkeitsAO die räumliche Mobilität. Die zumutbaren täglichen Pendelzeiten wurden mit der Neuregelung leicht erhöht, sie betragen nun statt zweieinhalb drei Stunden täglich bei über sechs Stunden Arbeitszeit. Ausführungen zur überregionalen Mobilität finden sich ergänzend in Abs. 5, der Unzumutbarkeit *allein* wegen vorübergehend erforderlicher getrennter Haushaltsführung ausschließt.

Mit alledem ist jedoch noch nicht gesagt, inwieweit die *Kumulation* mehrerer Gründe, die für sich allein genommen die Zumutbarkeit noch nicht ausschließen, schließlich doch zur Unzumutbarkeit führen kann.[213]

e) Die zeitliche Gestaltung von Beschäftigungen

Die zeitliche Gestaltung angebotener Beschäftigungen und der Verfügbarkeit des Arbeitslosen ist zwar ein Problem, das außerhalb des § 121 SGB III, nämlich in § 119 Abs. 4 Nr. 2 und 3 SGB III, geregelt wird. Es hängt aber inhaltlich eng mit der Frage der Zumutbarkeit einer Beschäftigung zusammen; für den Laien handelt es sich bei der „zeitlichen Mobilität" genauso wie bei der Frage der räumlichen Mobilität um Zumutbarkeitsprobleme. Der Vollständigkeit halber soll daher an dieser Stelle auch auf den Problemkreis „zeitliche Gestaltung" eingegangen werden. Im übrigen wäre eine Darstellung der neuen Zumutbarkeitsregelung ansonsten unvollständig, denn die Frage der Einschränkbarkeit der Verfügbarkeit auf Teilzeitbeschäftigungen wegen häuslicher Bindungen hatte vor der Einführung des SGB III nicht nur in § 103 Abs. 1 Satz 2, 3 Nr. 1 AFG, sondern auch in §§ 7, 11 der ZumutbarkeitsAO ihren Niederschlag gefunden.

§ 119 Abs. 3 Nr. 1 SGB III bestimmt als Voraussetzung für die Arbeitsfähigkeit und -bereitschaft des Arbeitslosen, daß er *unter den üblichen Bedingungen des*

---

[212] Vgl. BT-Drucks. 13/4941, S. 238 (zu § 103 b Abs. 5 AFG n.F.)

[213] Dazu ausdrücklich etwa der durch das 5. AFG-Änderungsgesetz vom 23.7.1979 BGBl. I, S. 1189 eingefügte § 103 Abs. 1a Satz 3 AFG: „Zu berücksichtigen ist ferner, daß Umstände, die allein betrachtet zumutbar wären, bei Vorliegen weiterer Umstände für den Arbeitslosen unzumutbar sein können." Zu dem Problem der Kumulation verschiedener Erschwernisse siehe unten III. 7.

für ihn in Betracht kommenden Arbeitsmarktes eine versicherungspflichtige, mindestens 15 Stunden wöchentlich umfassende Beschäftigung aufnehmen kann und darf. Hierdurch ergibt sich, daß Einschränkungen der Arbeitsbereitschaft und Arbeitsfähigkeit grundsätzlich unzulässig sind. Sie sind nur in dem Umfang zulässig, in dem in den nachfolgenden Absätzen Ausnahmetatbestände geschaffen wurden.[214] Gestützt wird dies durch eine nähere Betrachtung des § 119 Abs. 4 Nr. 2 SGB III. Hier heißt es, daß Einschränkungen der *Dauer, Lage* und *Verteilung* der Arbeitszeit unschädlich sind, wenn diese wegen der Betreuung und Erziehung eines aufsichtsbedürftigen Kindes[215] oder der Pflege eines pflegebedürftigen Angehörigen erforderlich sind. Im Umkehrschluß bedeutet dies, daß Einschränkungen der zeitlichen Verfügbarkeit in allen anderen Fällen als den gesetzlich geregelten grundsätzlich zum *Entfallen* der Verfügbarkeit und damit des Arbeitslosenstatus' als Leistungsvoraussetzung führen müssen.

Trotz der Privilegierung kinderbetreuender oder Angehörige pflegender Arbeitsloser in § 119 Abs. 4 Nr. 2 SGB III ist der Versicherte keineswegs vollkommen frei in der Einschränkung der zeitlichen Verfügbarkeit. Trotz Kindererziehung oder Angehörigenpflege muß der Arbeitslose weiterhin für versicherungspflichtige, mindestens 15 Wochenstunden umfassende Beschäftigungen zur Verfügung stehen.[216]

Ferner kann der versicherte Arbeitslose, will er seinen Leistungsanspruch erhalten, die Lage, Dauer und Verteilung der Arbeitszeit nicht nach völligem Gutdünken oder nur mit Blick auf die eigenen Bedürfnisse und Vorteile modifizieren. Ihn beschränkt das Erfordernis, daß die so eingeschränkte Verfügbarkeit dennoch den „üblichen Bedingungen des für ihn in Betracht kommenden Arbeitsmarktes" entsprechen muß (§ 119 Abs. 4 SGB III am Anfang). Die Gegenansicht,[217] die davon ausgeht, daß § 119 Abs. 4 Nr. 2 SGB III den Arbeitslosen auch von der Bindung an die üblichen Bedingungen des für ihn in Betracht kommenden Arbeitsmarktes befreit, verkennt sowohl den Wortlaut der Vorschrift, als auch den Willen des Gesetzgebers. Gegenüber dem bislang geltenden Rechtszustand (vgl. § 103 Abs. 1 Satz 2, 3 Nr. 1 AFG i.V.m. § 6 ZumutbarkeitsAO) sollte keine Veränderung eintreten.[218]

---

[214] BT-Drucks. 13/4941, S. 176 (zu § 119 Abs. 2 SGB III).

[215] Gemäß der nun nicht mehr gültigen ZumutbarkeitsAO (§ 7) sind aufsichtsbedürftig grundsätzlich nur Kinder unter 16 Jahren. Diese Grenze bietet weiterhin einen vernünftigen Anhaltspunkt. Anderes muß jedoch für behinderte Kinder gelten.

[216] Zum Problem eines möglichen Wertungswiderspruchs zum Sozialhilferecht siehe unten Seite 101.

[217] *J. Brand* in: Niesel, SGB III, § 119 Rn. 26 f., 55 ff.

[218] Vgl. BT-Drucks. 13/4941, S. 176 (zu § 119 Abs. 4 SGB III): „Wie im geltenden Recht darf der Arbeitslose unter bestimmten Voraussetzungen seine Arbeitsbereitschaft einschränken

Arbeitslose, die ihre Anwartschaft auf Arbeitslosengeld mit einer Teilzeitbeschäftigung erfüllt haben, dürfen ihre Arbeitsbereitschaft gemäß § 119 Abs. 4 Satz 1 Nr. 3, Satz 2 SGB III für längstens sechs Monate auf eine Teilzeitarbeit mit demselben Stundenumfang beschränken, ohne als nicht arbeitsbereit zu gelten. Sie müssen also bei einer zeitlichen Beschränkung ihrer Arbeitsbereitschaft nicht damit rechnen, ihren Arbeitslosenstatus zu verlieren.[219]

In sinnvoller Ergänzung dazu sieht das SGB III in § 150 ein *Teilarbeitslosengeld* für Arbeitnehmer vor, die ihr monatliches Einkommen durch mehrere Teilzeitarbeiten 'nebeneinander' erwirtschaften. Wenn sie eine dieser Teilzeitstellen verlieren, kann ihnen als Ausgleich für den Einkommensverlust bis zu sechs Monate Teilarbeitslosengeld geleistet werden.

Auf die Probleme „*Schichtarbeit*" oder „*Arbeit auf Abruf*" geht die gesetzliche Regelung trotz der Häufigkeit solcher Gestaltungen nicht besonders ein. Lösungen für die Frage, ob ein Arbeitnehmer jede solcher Beschäftigungen anzunehmen hat, um nicht die Gefahr einer Sperrzeitverhängung gemäß § 144 SGB III auf sich zu nehmen, sind daher unter Anwendung der vorhandenen, insoweit allgemein gehaltenen Vorschriften herauszuarbeiten.[220]

f) Zwischenergebnis

Damit ergibt sich zur Systematik der Regelung in § 121 SGB III folgendes: Gesetzlich ausdrücklich in § 121 Abs. 2 bis 4 SGB III geregelt sind Kriterien, die **Mindestgrenzen** für die Zumutbarkeit einer Beschäftigung bilden: Schon das Unterschreiten der Entgeltschutzgrenzen aus Abs. 3, das Überschreiten der Tagespendelzeiten in Abs. 4 und die Mißachtung einer der unter Abs. 2 fallenden Arbeitsbedingungen führt für sich genommen zur Unzumutbarkeit. *Nicht* ausdrücklich geregelt wurde demgegenüber insbesondere die Unzumutbarkeitsgrenze für die Kriterien des Berufsschutzes (zuvor § 12 ZumutbarkeitsAO) und der räumlichen Mobilität in den Ausprägungen „Wochenendpendeln" und „Umzug". § 121 Abs. 5 SGB III stellt zwar klar, daß nicht schon *allein* „vorübergehende getrennte Haushaltsführung" oder unterwertige Beschäftigung zur Unzumutbarkeit führt. Wann und ob Kumulierung dieser (oder anderer) Punkte zur Unzumutbarkeit einer angebotenen Beschäftigung führen können,

---

oder in seiner Arbeitsfähigkeit eingeschränkt sein, ohne daß hierdurch seine Verfügbarkeit entfiele."

[219] Diese Privilegierung von bislang teilzeitbeschäftigten Arbeitslosen führt die zuvor geltende Regelung des § 103 Abs. 6 AFG i.V.m. § 11 ZumutbarkeitsAO fort.

[220] Dazu unten III. 6.

geht aus dem Gesetzestext jedoch nicht hervor[221] — die gesetzliche Neuregelung bleibt in Regelungsdichte und Umfang deutlich hinter der ZumutbarkeitsAO zurück.

Wollte man aus der Neuregelung in § 121 SGB III ableiten, die nicht (mehr) geregelten Fälle würden in keinem Fall eine Unzumutbarkeit begründen, so stünde dem die Formulierung „insbesondere" entgegen. Durch die nicht abschließende Aufzählung der allgemeinen und personenbezogenen Gründe in § 121 SGB III bleibt ein Spielraum für die Konkretisierung der durch die lückenhafte Kasuistik nicht erfaßten Fälle, der durch Verwaltung und Rechtsprechung auszufüllen ist. Es besteht ein Erfordernis, auch in von der Kasuistik des § 121 SGB III nicht erfaßten Fällen eine einzelfallbezogene Interessenabwägung zwischen den Interessen des Arbeitslosen und der Gemeinschaft der Beitragszahler vorzunehmen, auch wenn dies nicht mehr (wie noch im § 103 Abs. 2 AFG i.d.F. bis zum 31.3.1997) ausdrücklich aus dem Gesetz hervorgeht. Die Regelungstechnik hat sich zwar geändert; ein solches Erfordernis folgt jedoch auch ohne ausdrückliche Aufforderung aus der oben bereits beschriebenen Funktion der Zumutbarkeit als pflichtbegrenzendem Korrektiv in Verbindung mit dem offenen Wortlaut des § 121 SGB III.

4. Konkrete verfassungsrechtliche Vorgaben ?

Bei der Zumutbarkeit als generalklauselartigem unbestimmtem Rechtsbegriff spielt die verfassungskonforme Auslegung eine sehr wichtige Rolle.[222] Generalklauseln sind „Einbruchstellen" für verfassungsrechtliche Wertungen im einfachen Recht.[223] Der weite Spielraum des Rechtsanwenders bei ihrer Auslegung und Konkretisierung ist dadurch begrenzt, daß diese *grundrechtskonform* zu erfolgen haben.[224] Zu prüfen ist daher, ob in Ergänzung der einfachgesetzlichen Kasuistik aus der Einwirkung von Verfassungsrecht konkrete Vorgaben für die Konkretisierung des Begriffs der „zumutbaren Beschäftigung" folgen.

Als insoweit erheblich kommen in Betracht das Recht auf freie Berufswahl aus Art. 12 GG evtl. in Verbindung mit dem Sozialstaatsprinzip (Art. 20 Abs. 1 GG), der Schutz von Ehe und Familie aus Art. 6 GG (insbesondere bei der räumlichen Mobilität), sowie die Gewissensfreiheit (Art. 4 Abs. 1 GG).

---

[221] Die Begründung zu § 103b Abs. 5 AFG n.F. (entspricht § 121 Abs. 5 SGB III), BT-Drucks. 13/4941, S. 238 spricht zwar pauschal von der Abschaffung des Berufsschutzes, jedoch wird das relativiert auf Seite 145. Ausführlicher vgl. unten S. 67.

[222] *B. Pieroth/B. Schlink*, Grundrechte Staatsrecht II, Rn. 193; *K. Hesse*, Grundzüge des Verfassungsrechts, Rn. 356; *M. Mönks*, Arbeitslosigkeit, S. 90, der die geringe Berücksichtigung der Grundrechte bei der Auslegung der Zumutbarkeit durch das BSG kritisiert.

[223] Vgl. zu den bürgerlich-rechtlichen Generalklauseln *B. Pieroth//B. Schlink*, Grundrechte Staatsrecht II, Rn. 194.

[224] BVerfG 14.5.1985 E 70, 35 (63); *B. Pieroth/B. Schlink*, Grundrechte Staatsrecht II, Rn. 87.

Wenn aber das *BVerfG* bestimmt, daß die Einwirkung von Verfassungsrecht lediglich bewirkt, daß von mehreren möglichen Auslegungsvarianten einer Norm die verfassungswidrigen auszuscheiden sind,[225] dann ergibt sich daraus, daß sich aus einwirkendem Verfassungsrecht keine Anhaltspunkte für *eine bestimmte* verfassungsrechtlich zwingend gebotene Konkretisierung eines unbestimmten Rechtsbegriffs ergeben. Im Ausnahmefall kann einwirkendes Verfassungsrecht die Reduktion auf eine einzige aller möglichen Auslegungsvarianten nur bewirken, wenn alle anderen möglichen Varianten als verfassungswidrig auszuscheiden sind. Selbst in diesem Fall sind jedoch zuvor die möglichen Deutungen der Norm durch Rückgriff auf Wortlaut, Entstehungsgeschichte und Gesamtzusammenhang der einschlägigen Regelungen sowie deren Sinn und Zweck zu ermitteln.[226] Die Einwirkung der Grundrechte fungiert also als nachträgliches Korrektiv, als Prüfungsmaßstab für bereits abgeleitete Wertungen.[227] So heißt es bei *Larenz/Canaris*:[228]

> „Die Forderung „*verfassungskonformer*" Auslegung verlangt, im Falle mehrerer, dem Wortsinn und Kontext nach möglicher Auslegungen derjenigen den Vorzug zu geben, bei der die Norm, an den Verfassungsprinzipien gemessen, Bestand haben kann. Bei der Konkretisierung der Verfassungsprinzipien hat der auslegende Richter den Konkretisierungsprimat des Gesetzgebers zu beachten. Läßt das Prinzip mehrere Konkretisierungen zu, dann ist er an die vom Gesetzgeber gewählte gebunden, sowie sie noch im Rahmen des dem Gesetzgeber eingeräumten Konkretisierungsspielraums liegt."

Konkrete Vorgaben für die Auslegung des Begriffs der „zumutbaren Beschäftigung" ließen sich allenfalls aus den Grundrechten ableiten, wenn man diese (evtl. im Zusammenspiel mit dem Sozialstaatsprinzip) als (sozialstaatliche) **Leistungsrechte** verstünde, aus denen sich unmittelbar konkrete, einklagbare subjektiv-öffentliche Rechte ergäben (sog. „originäre Teilhaberechte"[229]).[230] Dann wäre der Gesetzgeber verpflichtet, die tatsächlichen Rahmenbedingungen für die Verwirklichung der Freiheitsrechte zu schaffen: Der Begriff der „zumutbaren Beschäftigung" wäre daher von vornherein einzuschränken auf ein

---

[225] BVerfG 14.5.1985 E 70, 35 (63) mit Hinweis auf BVerfG 16.1.1979 E 54, 277 (293 ff.).

[226] BVerfG 30.3.1993 E 88, 145 (166).

[227] Vgl. auch *U. Köbl*, FS 25 Jahre BSG, Bd. 2, S. S. 1040 f.

[228] *K. Larenz/C.-W. Canaris*, Methodenlehre der Rechtswissenschaft, S. 165.

[229] Zum Begriff vgl. *K. Hesse*, Grundzüge des Verfassungsrechts, Rn. 289.

[230] Die Einführung eines klagbaren „Grundrechts auf zumutbare Arbeit" fordert etwa *H. Hummel-Liljegren*, Zumutbare Arbeit, S. 177 ff. (insbesondere S. 179); *ders.* BlStSozArbR 1979, 226 (Teil A), 241 (Teil B). Fehlerhafte Darstellung insoweit bei *M. Mönks*, S. 122 f., der behauptet, *H. Hummel-Liljegren* verstände Art. 12 GG in der geltenden Fassung bereits als ein solches klagbares subjektives Recht.

Maß, das (jedenfalls zunächst) die (fast) schrankenlose Verwirklichung der eigenen Berufsvorstellungen des Arbeitslosen ermöglichte.[231] Es handelt sich bei den vorgenannten Grundrechten nach geltendem Verfassungsrecht jedoch um **Freiheitsrechte**, deren Funktion in erster Linie in der Abwehr staatlicher Beeinträchtigungen besteht.[232] Die Umdeutung zu originären Teilhaberechten ist ein „Kunstgriff", um das Fehlen **sozialer Grundrechte** in der Verfassung auszugleichen.[233] Hier setzt auch die m.E. berechtigte Kritik an solchen Versuchen an: Wollte man aus der Verfassung einen Katalog konkreter Einzelansprüche herauslesen, widerspräche dies in eklatanter Weise dem Grundsatz der Gewaltenteilung, der sich ebenfalls aus Art. 20 GG ergibt: Ein Richter, der, weil nicht vom Volk gewählt, demokratisch nicht legitimiert ist, träte dann an die Stelle des Gesetzgebers. Der politische Willensbildungsprozeß wäre im wesentlichen ausgehebelt und die Entscheidungskompetenz in letzter Konsequenz vom Gesetzgeber auf den Richter verlagert.[234] Ferner würde damit den Gerichten und insbesondere dem BVerfG eine Konkretisierungslast aufgebürdet, die diese gar nicht bewältigen könnten. Die Umdeutung von Freiheitsrechten in originäre Teilhaberechte würde auch der bewußt vom Verfassungsgeber getroffenen Entscheidung gegen die Aufnahme sozialer Grundrechte in die Verfassung zuwiderlaufen.[235] Eine generelle Umdeutung von Freiheitsrechten in *originäre Teilhaberechte* ist daher abzulehnen.

Zwar hat das BVerfG die Möglichkeit von unmittelbar aus der Verfassung ableitbaren Teilhaberechten nicht für alle Fälle ausgeschlossen; falls man ihr Bestehen bejahen würde, müßten sie sich allerdings unter den „Vorbehalt des Möglichen"[236] stellen lassen, so daß ihre konkrete Ausgestaltung wiederum dem

---

[231] Ein solches Verständnis insbesondere des Art. 12 GG haben u.a. *H. Steinmeyer* in: Gagel AFG, § 103 Rn. 39 ff.; mit Einschränkungen *M. Mönks*, Arbeitslosigkeit, S. 117 ff m.w.N.; zum Sozialstaatsprinzip ähnlich *H.-P. Moritz* BlStSozArbR 1979, 201 (204): „...absoluter Vorrang des sozialstaatlich garantierten Individualinteresses...".

[232] BVerfG 15.1.1958 E 7, 198 (204 f.) („Lüth-Urteil"); BVerfG 31.10.1984 E 68, 193 (205); *H. Jarass* in: Jarass/Pieroth, GG, Vorb. vor Art. 1, Rn. 5, 5a.

[233] Vgl. *R. Herzog* in: Maunz/Dürig, GG, Art. 20 VIII, Rn. 50; ähnlich *K. Hesse*, Grundzüge des Verfassungsrechts, Rn. 289.

[234] *R. Herzog* in: Maunz/Dürig, GG, Art. 20 VIII, Rn. 50 f; *K. Hesse*, Grundzüge des Verfassungsrechts, Rn. 289; *D. Murswiek*, Grundrechte als Teilhaberechte, soziale Grundrechte, in: HStR V, § 112 Rn. 95 m.w.N.

[235] *R. Herzog*, in: Maunz/Dürig, GG, Art. 20 VIII, Rn. 50 mit Hinweis auf Rn. 22; *D. Murswiek*, Grundrechte als Teilhaberechte, soziale Grundrechte, in: HStR V, § 112 Rn. 44 ff.

[236] BVerfG 18.7.1972 E 33, 303 (333) („Numerus-clausus-Urteil"); insbesondere zum „Recht auf Arbeit" *D. Murswiek*, Grundrechte als Teilhaberechte, soziale Grundrechte, HStR V, § 112, Rn. 58 f., vgl. auch Rn. 94; *B. Pieroth/B. Schlink*, Grundrechte Staatsrecht II, Rn. 111 m.w.N.

Gesetzgeber obläge.[237] Im unmittelbaren Rückgriff auf die Verfassung sind also allenfalls *Mindestgarantien* herleitbar; die gesetzgeberische Möglichkeit zur Schwerpunktsetzung und Ausgestaltung (Gestaltungskompetenz des Gesetzgebers) wird durch das Grundgesetz jedoch gerade *nicht* präjudiziert. In einer neueren Entscheidung hat das BVerfG daher klargestellt, daß eine grundrechtliche Pflicht des Staates, dem einzelnen Bürger durch finanzielle Zuwendungen den erforderlichen tatsächlichen Rahmen für die Ausübung seiner Freiheitsrechte zu schaffen, aus den Freiheitsrechten gerade nicht abgeleitet werden kann.[238] Genau dies ergäbe sich aber, wollte man die Konkretisierung des Zumutbarkeitsbegriffs in §§ 119, 121 SGB III *von vornherein* durch einen leistungsrechtlich verstandenen Art. 12 GG einengen.

Die Konkretisierung verfassungsrechtlicher Verpflichtungen obliegt dementsprechend in erster Linie dem *Gesetzgeber*, der dafür einen weitreichenden Gestaltungsspielraum besitzt.[239]
Die *Rechtsprechung* muß hingegen zunächst den Sinngehalt einer Vorschrift durch *Auslegung* zu ermitteln suchen. Dabei hat sie nach „anerkannten Auslegungsgrundsätzen" vorzugehen:[240] Die Auslegung hat auf der Basis von Wortlaut, Entstehungsgeschichte und Gesamtzusammenhang der Regelungen sowie deren Sinn und Zweck zu erfolgen (s.o. Seite 50).
Die weitergehende *Konkretisierung* in Bereichen mit geringerer Regelungsdichte (etwa bei unbestimmten Rechtsbegriffen) ist sodann ebenfalls durch die *Rechtsprechung* vorzunehmen[241] (zur Methode vgl. oben Kapitel II, II.). Erst wenn man so an die Grenzen der Konkretisierung gestoßen ist, dürfen noch verbliebene strittige Fragen oder Unklarheiten unter unmittelbarem Rückgriff auf die Grundrechte entschieden werden. So führt *K. Hesse* zutreffend aus: „Die Gerichte dürfen die Entscheidungen und Abwägungen des Gesetzgebers nicht

---

[237] Gegen eine Präjudizierung der gesetzgeberischen Gestaltungskompetenz durch Herleitung individueller Rechte aus dem Sozialstaatsprinzip auch *H. Zacher*, Sozialpolitik und Verfassung, S. 732.
[238] BVerfG 6.10.1992 E 87, 181 (197); so auch *F. Klein* in: Schmidt-Bleibtreu/Klein, Kommentar zum Grundgesetz, Vorb. v. Art. 1, Rn. 8, 18a.
[239] BVerfG 29.5.1973 E 35, 79 (116 ff.): Den Grundrechtsträgern können aus Leistungsrechten nur Ansprüche auf diejenigen staatlichen Maßnahmen erwachsen, die unmittelbar zum Schutz seines grundrechtlich geschützten Freiheitsraumes unerläßlich sind. Wird dies beachtet, kann der Gesetzgeber ansonsten frei entscheiden. Ferner BVerfG 25.2.1975 E 39, 1 (44 f.) [Ungeborenes Leben, Schutzpflicht des Staates]; eingehend *D. Murswiek*, Grundrechte als Teilhaberechte, soziale Grundrechte, HStR V, § 112, Rn. 51.
[240] BVerfG 30.3.1993 E 88, 145 (166).
[241] Vgl. BVerfG 30.11.1988 E 79, 174 (195): „Die Anwendung unbestimmter Rechtsbegriffe ist grundsätzlich verfassungsrechtlich unbedenklich. Die Klärung von Zweifelsfragen darf insoweit den **Rechtsanwendungsorganen** überlassen werden."

im Durchgriff auf Grundrechte oder unter Berufung auf ihre eigenen Abwägungen korrigieren."[242]

Für Konkretisierungen in Form bereits getroffener Wertungen durch *Rechtsprechungsentscheidungen der höchsten Gerichte* muß zudem gelten, daß die Prinzipien der *Gleichbehandlung* und *Rechtssicherheit* der Staatsgewalt gebieten, einer gefestigten Auslegung weiter zu folgen, wenn nicht *vorrangige Gründe* eine Abweichung erforderlich machen.[243] Dem Streben nach **Gleichbehandlung** und **Rechtssicherheit** aber kommt insbesondere bei der Auslegung und Anwendung unbestimmter Rechtsbegriffe ein *erhebliches Gewicht* zu.[244]

Als **Zwischenergebnis** ist festzuhalten, daß sich für die Festlegung der entscheidenden Wertungsgesichtspunkte beim Begriff der „zumutbaren Beschäftigung" im SGB III *nicht von vornherein konkrete Vorgaben* unmittelbar aus der Verfassung ableiten lassen. Eine *konkrete* Ausgestaltung des Zumutbarkeitsbegriffs ergibt sich eben gerade nicht aus einem Rückgriff auf (vermeintliche) verfassungsrechtliche Gebote.

Die mit den Mitteln der Auslegung und Fallgruppenbildung gefundenen möglichen Wertungsgesichtspunkte müssen sich lediglich *nachträglich* am verfassungsrechtlichen Maßstab messen lassen, der insoweit als nachträglich-selektives Korrektiv fungiert. Nachträglich können die grundrechtlichen Wertentscheidungen auch ergänzend herangezogen werden bei der Beurteilung von Fallgruppen, für deren Bewertung sich mit Hilfe der beschriebenen Konkretisierungsmethoden keinerlei Anhaltspunkte finden lassen.[245] Zunächst aber ist mit der Konkretisierung des Begriffs der „zumutbaren Beschäftigung" auf der Basis des „einfachen" Rechts fortzufahren.

---

[242] *K. Hesse*, Grundzüge des Verfassungsrechts, Rn. 355.

[243] *R. Zippelius*, Juristische Methodenlehre, S. 74 f; ebenfalls *M. Kriele*, Theorie der Rechtsgewinnung, S. 164; die Bedeutung der Präjudizienbindung für die Konkretisierung unbestimmter Rechtsbegriffe betonend *F. Bydlinski*, Juristische Methodenlehre und Rechtsbegriff, S. 583 f. Vgl. auch BVerfG 10.11.1981 E 59, 36 (49) m.w.N.

[244] So BVerfG 30.11.1988 E 79, 174 (196).

[245] Nachträglich kann auch geprüft werden, ob eine **Fortbildung** der gefundenen Kriterien aufgrund grundrechtlicher Einwirkungen erforderlich ist; dies allerdings nur bis zur Grenze des eindeutig erkennbaren entgegengesetzten Willens des Gesetzgebers, vgl. BVerfG 14.5.1985 E 70, 35 (63).

II. Erweiterung und Ergänzung der bisher gefundenen Fallgruppen

Wie oben ausgeführt wurde, sind die Wertungsinhalte des Begriffs der „zumutbaren Beschäftigung" in § 121 SGB III nicht abschließend geregelt. Eine einfachgesetzliche Regelung haben erfahren der Entgeltschutz („soziale" Mobilität) und die räumliche Mobilität bezüglich des Tagespendelns; in Abs. 2 wurde der in jedem Fall einzuhaltende Mindestschutz bezüglich der Arbeitsbedingungen geregelt. Keine „absolute" Unzumutbarkeitsgrenze wurde dagegen für die Kriterien des Berufsschutzes (zuvor § 12 ZumutbarkeitsAO) und der räumlichen Mobilität in den Ausprägungen „Wochenendpendeln" und „Umzug" aufgestellt. § 121 Abs. 5 SGB III stellt zwar klar, daß nicht schon *allein* „vorübergehende getrennte Haushaltsführung" oder unterwertige Beschäftigung zur Unzumutbarkeit führt, aber wann und ob eine Kumulierung dieser (oder anderer) Punkte zur Unzumutbarkeit einer angebotenen Beschäftigung führen können, geht aus dem Gesetzestext damit noch nicht hervor.

Ebenfalls enthält der Gesetzestext des § 121 SGB III keine näheren Aussagen zu *besonderen zeitlichen Gestaltungsformen* von Beschäftigungen (Schichtarbeit oder Arbeit auf Abruf). In § 121 Abs. 5 SGB III heißt es lediglich, allein eine zeitliche Befristung führe nicht zur Unzumutbarkeit einer Beschäftigung.[246]

Anhaltspunkte dafür könnten sich aus der bisher zum Begriff der zumutbaren Beschäftigung im AFG ergangenen Rechtsprechung, aus dem Vergleich mit dem Gebrauch des Zumutbarkeitsbegriffs in anderen Rechtsgebieten (insbesondere auch innerhalb des Sozialrechts) und den verschiedenen Ausgestaltungen durch den Gesetz- und Verordnungsgeber ergeben.

1. Der Begriff der „zumutbaren Beschäftigung" in der Rechtsprechung des BSG zum Arbeitsförderungsrecht

Bei einer ersten Durchsicht der zum Begriff der „zumutbaren Beschäftigung" in § 103 AFG ergangenen höchstrichterlichen Rechtsprechung fällt die geringe Anzahl der zu diesem doch zentralen Punkt des Arbeitsförderungsrechts ergangenen Urteile auf. Die vorhandenen Entscheidungen sind im folgenden den einzelnen bisher herausgegliederten Teilbereichen der Zumutbarkeit zuzuordnen. Die aus der Rechtsprechung abgeleiteten Ergebnisse sind sodann vor dem Hintergrund des geänderten Regelungstextes sowie der veränderten Verhältnisse des Arbeitsmarktes darauf zu untersuchen, ob die in den einzelnen Urteilen getroffenen Entscheidungen auch heute noch Geltung beanspruchen können.

---

[246] Näher dazu unten III.6.

54

Manche Entscheidungen sind aufgrund der inzwischen stark angespannten Beschäftigungslage oder deutlicher Veränderungen anderer begründungserheblicher Modalitäten u.U. nicht mehr ohne weiteres auf die gegenwärtige Situation übertragbar. Auch Entscheidungen, die dem Willen des Gesetzgebers widersprechen, können nicht mehr der Konkretisierung des heute geltenden Zumutbarkeitsbegriffs dienen.

a) Räumliche Mobilität

aa) Die räumliche Mobilität unter besonderer Berücksichtigung Verheirateter

Wie bereits ausgeführt, wird gesetzlich in § 121 Abs. 4 SGB III lediglich die Frage der *täglichen Pendelzeiten* geregelt, während sich in der bislang gültigen ZumutbarkeitsAO in § 4 noch Aussagen zur „überregionalen Mobilität" (Wochenendpendeln, Umzug) finden.

Die neuesten Urteile zu diesen nicht mehr ausdrücklich geregelten Teilbestandteilen des Zumutbarkeitsbegriffs im Arbeitsförderungsrecht sind sämtlich aus dem Jahr 1988.[247] Überwiegend hat sich die Rechtsprechung mit den Auswirkungen beschäftigt, die das Bestehen einer Ehe, das Bestehen einer nichtehelichen Lebensgemeinschaft sowie einer sog. „Erziehungsgemeinschaft" auf die Zumutbarkeit eines Ortswechsels haben kann. So wird das **Bestehen einer Ehe** als wichtiger Grund i.S.d. § 119 AFG für eine Kündigung genannt, wenn der bisherige Arbeitsplatz nicht innerhalb der Tagespendelzeiten von der neuen Ehewohnung des Versicherten aus erreichbar ist und die Kündigung erfolgt, um die eheliche Lebensgemeinschaft herzustellen.[248] Begründet wird dies mit der Einwirkung der Grundrechte auf die Auslegung des Begriffs der Zumutbarkeit, namentlich mittels Rückgriff auf die staatliche Pflicht aus Art. 6 Abs. 1 GG, die Institution der Ehe positiv zu fördern und vor Beeinträchtigungen weitestgehend zu schützen.

Es stellt sich nun die Frage, ob und inwieweit diese zu § 119 AFG ergangene Entscheidung als Wertmaßstab bei der Konkretisierung der Zumutbarkeit gemäß § 121 SGB III übertragen werden kann. Zwischen § 119 AFG und dem zuvor in § 103 AFG und der ZumutbarkeitsAO geregelten Zumutbarkeitsbegriff besteht ein enger funktionaler Zusammenhang.[249] Das gilt auch noch für §§ 119, 121 und 144 SGB III: Die Sperrzeit nach § 144 SGB III ist die Sanktion, die

---

[247] BSG 7.9.1988 E 65, 52 (56); BSG 25.10.1988 SozR 4100 § 119 Nr. 33; BSG 29.11.1988 E 64, 202 ff.

[248] BSG 20.4.1977 E 43, 269 unter Aufgabe von BSG 21, 205; BSG 29.11.1988 E 64, 202 (204).

[249] Vgl. BSG 10.12.1980 E 51, 71; *A. Gagel* BlStSozArbR 1980, 115 f.; *S. Sell* SF 1996, 84 (86); zum Verhältnis von §§ 119 Abs. 4, 121 zu § 144 SGB III vgl. oben I.2.c.

dem Versicherten droht, wenn er nicht verfügbar i.S.d. § 119 SGB III ist. Die im Rahmen der Verfügbarkeit zu verlangende Arbeitsbereitschaft besteht allerdings nur bezüglich *zumutbarer* Arbeit. Wenn eine angebotene Beschäftigung nicht zumutbar ist, kann sie folglich aus „wichtigem Grund" i.S.d. § 144 Abs. 1 SGB III abgelehnt werden.[250] Wenn die Wertungen des § 121 SGB III aber im wesentlichen auf die Konkretisierung des Begriffes „wichtiger Grund" i.S.d. § 144 SGB III übertragbar sind, so muß dies grundsätzlich auch umgekehrt gelten. Eine Beschäftigung, deren Kündigung keine Sperrzeit nach § 144 SGB III nach sich ziehen würde, kann zumindest in der ersten Zeit der Arbeitslosigkeit nicht zumutbar sein.

Daraus kann jedoch nicht gefolgert werden, daß *zu jeder Zeit* der Arbeitslosigkeit ein Arbeitsplatz, der einem verheirateten Versicherten angeboten wird, aber nicht innerhalb der zumutbaren Tagespendelzeiten liegt, automatisch unzumutbar ist: Vielmehr muß berücksichtigt werden, daß sich sämtliche Entscheidungen zu § 119 AFG nur auf die Kündigung einer noch ausgeübten Arbeit beziehen, so daß die der Entscheidung zugrundeliegende Wertung nicht ohne weiteres auf § 121 SGB III übertragbar ist: Die *Zeitdauer* der Arbeitslosigkeit ist als zusätzlicher Wertungsmaßstab im Rahmen des § 121 SGB III heranzuziehen. Insbesondere bei längerer Dauer der Arbeitslosigkeit und intensiven erfolglosen Vermittlungsbemühungen des Arbeitsamtes ist diese zu § 119 AFG ergangene Entscheidung nicht auf einen vom Arbeitsamt einem arbeitslosen Versicherten angebotenen Arbeitsplatz übertragbar; lediglich in der ersten Zeit der Arbeitslosigkeit kann diese zu § 119 AFG ergangene Entscheidung auch auf die Bewertung der Zumutbarkeit einer angebotenen Beschäftigung übertragen werden. Von Beginn an wurde in der Arbeitslosenversicherung der Schutz der Interessen des Arbeitslosen mit zunehmender Zeit der Arbeitslosigkeit schwächer.[251] Wenn sich nämlich zeigt, daß ein Arbeitsloser regional nicht vermittelt werden kann, so darf man auch bei Bestehen einer Ehe oder sogar Familie nicht gänzlich die Augen davor verschließen und beginnen, die Arbeitslosigkeit desjenigen bloß noch zu verwalten. Die Stellensuche ist vielmehr auf Regionen auch außerhalb des Tagespendelbereichs auszudehnen, da von einem Arbeitslosen mit zunehmender Zeitdauer der Arbeitslosigkeit größere Flexibilität erwartet werden kann.[252]

Begründet wurde das „Kündigungsprivileg" durch das BSG damit, daß Ehe und Familie unter dem besonderen Schutz des Staates stünden (Art. 6 Abs. 1 GG), und die Eheleute von Rechts wegen zur Herstellung der ehelichen Lebensgemeinschaft verpflichtet seien (§ 1353 Abs. 1 Satz 2 BGB). Die Aufstellung ei-

---

[250] BSG 10.12.1980, E 51, 70 (71 f.) m.w.N.
[251] Vgl. etwa S. 7 f. zum AVAVG von 1927; ebenso zu §§ 103 Abs. 2, 119 AFG *A. Gagel* in: Gagel, AFG, § 119 Rn. 290 m.w.N.
[252] So etwa auch BT-Drucks. 8/2624, S. 26 (zu § 103 Abs. 1a AFG).

nes Zeitmaßstabes hielt das BSG nicht für durchführbar, da dann das Gericht eine Abwägung zwischen den Interessen der Versichertengemeinschaft und den höchstpersönlichen ehelichen Interessen vorzunehmen habe. Der möglicherweise damit vorzunehmende Eingriff in höchstpersönliche Rechte und Pflichten von Ehegatten erscheine „im Rahmen der nach § 119 Abs. 1 Satz 1 Nr. 1 AFG gebotenen Betrachtung nicht gerechtfertigt", so daß insoweit das Interesse der Versichertengemeinschaft zurücktreten müsse.

Hier nun stößt man an die Grenzen der Übertragbarkeit[253] der zu § 119 AFG (144 SGB III) aufgestellten Maßstäbe: Die Situation der Kündigung aufgrund von Heirat ist vergleichbar damit, daß einem verheirateten Arbeitslosen schon bei Beginn seiner Arbeitslosigkeit ein nicht von der Ehewohnung aus zumutbar erreichbarer Arbeitsplatz angeboten wird. Natürlich muß das *immer* unzumutbar sein, will man das in Art. 6 Abs. 1 GG aufgestellte Gebot ernst nehmen.

Anders verhält es sich aber bei der Beurteilung der Zumutbarkeit einer angebotenen Arbeit außerhalb der Region, in der die Ehewohnung belegen ist, nach *längerer Arbeitslosigkeit* des Versicherten. Hier ist ebenfalls die Erschwerung der ehelichen Lebensgemeinschaft zu rechtfertigen. Die Situation stellt sich jedoch anders dar; mit zunehmender Zeit der Arbeitslosigkeit steigen die Anforderungen an die Flexibilität des Arbeitnehmers.[254] Hier kann also irgendwann der Punkt erreicht sein, an dem die Berufung auf Art. 6 Abs. 1 GG und die verfassungskonforme Auslegung des Zumutbarkeitsbegriffs allein die Unzumutbarkeit eines Umzugs nicht mehr rechtfertigt.[255] Anhaltspunkte über den Zeitpunkt lassen sich allerdings der Rechtsprechung nicht entnehmen. Als Zwischenergebnis kann lediglich festgehalten werden, daß eine Beschäftigung außerhalb des Tagespendelbereichs *jedenfalls in der ersten Zeit der Arbeitslosigkeit* bei Verheirateten unzumutbar ist.

Folgende Differenzierung ist weiterhin zu beachten: Der vom BSG im Jahre 1988 entschiedene Fall[256] betraf eine Doppelverdienerehe; der im Jahr 1977 entschiedene Fall[257] traf hierzu zwar keine Aussage, jedoch darf auch hier das Vorliegen einer Doppelverdienerehe vermutet werden: Es ging um eine Frau, die zu ihrem Verlobten und späteren Mann zog, um ihm den Haushalt zu führen,

---

[253] Das BSG hat entschieden, daß die Grundsätze, die die Rspr. zur Ablehnung eines Arbeitsangebotes entwickelt hat, nicht schematisch auf die Fälle übertragen werden können, in denen der Arbeitslose sein Arbeitsverhältnis aufgelöst hat, BSG 9.12.1982 SozR 4100 § 119 Nr. 21, S. 105. Gleiches muß auch im umgekehrten Fall gelten.

[254] Vgl. etwa *A. Gagel* in: Gagel, AFG, § 119 Rn. 290 m.w.N.

[255] Der Gesetzgeber hat denn auch die Entscheidung des BSG aus dem Jahr 1977 zum Anlaß genommen, die Frage der Zumutbarkeit von Wochenendpendeln und Umzug gemäß § 103 AFG genauer klarzustellen, vgl. die Begründung zu den Ergänzungen des 5. AFG-ÄndG, BT-Drucks. 8/2624, S. 26.

[256] BSG 29.11.1988 E 64, 202.

[257] BSG 20.4.1977 E 43, 269.

und die dafür ihre frühere Arbeitsstelle in einem anderen Teil Deutschlands aufgab. Es war also nicht zu entscheiden, ob und ab welchem Zeitpunkt es einem ausschließlich als Hausfrau/Hausmann tätigen Ehepartner zumutbar sein könnte, zur Fortsetzung der ehelichen Lebensgemeinschaft mit dem arbeitslosen Ehepartner in den Tagespendelbereich einer neuen Arbeitsstelle umzuziehen. Beim stellenbedingten Umzug eines Doppelverdienerehepaares muß zusätzlich zum Eingriff in den Bereich der höchstpersönlichen Entscheidungen berücksichtigt werden, daß mit der Beendigung der Arbeitslosigkeit des einen Ehegatten die Arbeitslosigkeit (oder zumindest ein Arbeitslosigkeitsrisiko) des anderen Ehegatten verursacht wird. An das Ansinnen eines Umzugs an einen Ehegatten eines Doppelverdienerehepaares sind daher noch schärfere Maßstäbe anzulegen als bei einem verheirateten Alleinverdiener. Bei Doppelverdienern ist sehr genau zu prüfen, ob tatsächlich eine Entlastung der Arbeitslosenversicherung bewirkt werden kann.

Zu prüfen ist schließlich noch, ob der neugefaßte Gesetzestext des § 121 Abs. 5 SGB III gegen eine Übertragung dieser zur ZumutbarkeitsAO und dem AFG ergangenen Entscheidungen auf den Zumutbarkeitsbegriff des SGB III spricht. Mit Blick auf den Wortlaut des § 121 Abs. 5 SGB III muß allerdings lediglich eine weitere Präzisierung erfolgen. So können Dauerarbeitsplätze, die zeitweise (etwa im Rahmen von Schulungen oder am Anfang aufgrund eines Traineeprogrammes) Trennungen vom Ehepartner mit sich bringen, nicht unter Berufung auf Art. 6 Abs. 1 GG als unzumutbar abgelehnt werden. Hier geht der Wille des Gesetzgebers vor, den dieser in § 121 Abs. 5 SGB III formuliert hat, indem er Unzumutbarkeit einer Beschäftigung allein aus dem Grund, daß diese eine „vorübergehend getrennte Haushaltsführung erfordert", ausschließt. Dieser Vorrang endet erst an der Grenze der Verfassungswidrigkeit, die aber in solchen Fällen nicht erreicht wird. Solche zeitweisen Trennungen sind im heutigen Arbeitsleben allgemein üblich und daher von den Ehegatten hinzunehmen. Die untersuchte Rechtsprechung erfaßt ohnehin nur das Ansinnen eines **Umzugs**.

Fraglich ist aber, ob auch das **Wochenendpendeln** von der Regelung des § 121 Abs. 5 erfaßt wird: Zwar ist auch beim Wochenendpendeln die getrennte Haushaltsführung „vorübergehend", da sich die Eheleute am Wochenende regelmäßig in der gemeinsamen Wohnung aufhalten. Allerdings ergibt sich aus dem Gesamtzusammenhang der Regelung des § 121, daß *dauerhaftes* Wochenendpendeln von Abs. 5 nicht gemeint sein kann. Es würde nämlich wenig Sinn machen, Zumutbarkeitsgrenzen für das Tagespendeln aufzustellen, wenn Wochenendpendeln von Anfang an auch zumutbar wäre. Die Frage, wann Wochenendpendeln zumutbar ist, bleibt auch nach Auswertung der Rechtsprechung weiter offen, da sich keine Fälle mit diesem Thema unmittelbar befassen.

Die vorgenannte Überlegung hilft allerdings auch bei der Frage weiter, ab wann ein Umzug Ledigen und Verheirateten zugemutet werden kann. Wäre ein Umzug ledigen Versicherten von Anfang an zumutbar, würden die Tagespendelzeiten wiederum keinen Sinn machen. Daher gilt auch für ledige Versicherte, daß in der ersten Zeit der Arbeitslosigkeit (nach § 121 Abs. 3 Satz 2 SGB III sind das die ersten *drei* Monate) ein Umzug grundsätzlich unzumutbar ist. Dann aber muß für Verheiratete, die den besonderen Schutz des Art. 6 Abs. 1 GG beanspruchen können, ein *deutlich* weiterer Zeitrahmen gelten, so daß auch über die ersten drei Monate der Arbeitslosigkeit hinaus ein Umzug für Verheiratete grundsätzlich unzumutbar bleiben muß.[258]

bb) Nichteheliche Lebensgemeinschaft

Bietet Art. 6 Abs. 1 GG Ehepaaren und Familien gegenüber noch familiär ungebundenen Personen einen verstärkten Schutz vor einem Umzug, so kann dies grundsätzlich nicht für nichteheliche Lebensgemeinschaften gelten, und zwar unabhängig von der Dauer ihres Bestehens.[259] Der Schutz des Art. 6 Abs. 1 GG erstreckt sich ausdrücklich nur auf die Ehe, deren juristische Konsequenzen von den Partnern einer nichtehelichen Lebensgemeinschaft gerade nicht gewünscht werden. In dieser Härte gilt dies allerdings nach der Rechtsprechung nur dann, wenn keine betreuungsbedürftigen Kinder vorhanden sind.

cc) Erziehungsgemeinschaft

Anderes kann nämlich gelten für den Fall, daß aus der nichtehelichen Lebensgemeinschaft ein oder mehrere Kinder hervorgegangen sind und beide Partner eine sog. „**Erziehungsgemeinschaft**" begründet haben.
Hier ist genau zu trennen zwischen den möglichen verschiedenen Konstellationen. Die Frage, ob für die *Beendigung* eines Arbeitsverhältnisses kurz vor der Geburt eines gemeinsamen Kindes zur Herstellung einer nichtehelichen Lebens- und Erziehungsgemeinschaft ein **wichtiger Grund** i.S.d. § 144 Abs. 1 Satz 1 Nr. 1 SGB III (vormals § 119 Abs. 1 Satz 1 AFG) besteht,[260] ist nicht unmittelbar ein Zumutbarkeitsproblem im Rahmen der §§ 119, 121 SGB III. Ein solches liegt jedoch dann vor, wenn einem Elternteil einer solchen Erziehungsgemeinschaft ein Umzug seitens des Arbeitsamtes zur Aufnahme einer neuen Beschäf-

---

[258] Das gilt schon ohne das Hinzutreten weiterer zumutbarkeitsrelevanter Kriterien wie z.B. zeitliche Befristung einer Beschäftigung.
[259] Vgl. BVerfG 24.3.1981 NJW 1981, 1201; BSG 12.11.1981 E 52, 276; BSG 25.10.1988 SozR 4100 § 119 Nr. 33.
[260] Dazu etwa BSG 12.11.1981 E 52, 276 (278 f.); aus neuerer Zeit noch BSG 22.4.1997 - 11 BAr 3/97 - unveröffentlicht.

tigung angesonnen wird.[261] Hiervon ist wiederum der Fall zu unterscheiden, in dem ein Mitglied der betroffenen „Erziehungsgemeinschaft" kein Elternteil des Kindes ist, gleichwohl aber die Vater- oder Mutterrolle *tatsächlich* übernimmt. Im ersten Fall, in dem es um die Verhängung einer Sperrzeit gemäß § 119 Abs. 1 Satz 1 Nr. 1 AFG (§ 144 Abs. 1 Satz 1 Nr. 1 SGB III) ging, wurde für eine nichteheliche Lebensgemeinschaft *mit Kind* der Familienstatus i.S.d. Art. 6 Abs. 1 GG vom BSG abgelehnt. Vom BVerfG wurde diese Frage bislang nicht entschieden; in der verfassungsrechtlichen Literatur bestehen dazu kontroverse Meinungen.[262] Anerkannt ist jedoch, daß alleinerziehende Mütter oder Väter gemeinsam mit ihrem Kind eine Familie i.S.d. Art. 6 Abs. 1 GG bilden und somit den Schutz aus Art. 6 Abs. 1 beanspruchen können.[263] Das BSG geht mit der ablehnenden Literaturmeinung davon aus, daß auch nichteheliche Lebensgemeinschaften mit Kind *als Gesamtheit* keine Familie i.S.d. Art. 6 Abs. 1 GG darstellen.[264]

Den Eltern, und damit auch dem nichtehelichen Vater, wurde allerdings zugestanden, das „Elternrecht" aus Art. 6 Abs. 2 GG für sich zu beanspruchen, das aufgrund seiner Einwirkung auf § 119 AFG zur Annahme eines „wichtigen Grundes" führen könne. Anknüpfend an die ältere BVerfG-Rechtsprechung[265] wurde vom BSG differenziert: Bestände die „Erziehungsgemeinschaft" bereits, so könne auch der nichteheliche miterziehende Vater das Recht aus Art. 6 Abs. 2 GG für sich beanspruchen. Die *Wieder*herstellung einer bereits existierenden nichtehelichen Erziehungsgemeinschaft ist hiernach gleichzubehandeln wie ein Zuzug zur Herstellung der ehelichen Lebensgemeinschaft; d.h. für die Auflösung eines Arbeitsverhältnisses wäre ein wichtiger Grund im arbeitsförderungsrechtlichen Sinne gegeben.[266] Ebenso müßte folgerichtig bereits nach dieser älteren BSG-Rspr. die Umzugsfrage für solche nichtehelichen Paare mit Kind gleichbehandelt werden wie bei Ehepaaren (s.o.).

Da aber das Elternrecht eine bereits bestehende Erziehungsgemeinschaft voraussetze,[267] gleichzeitig aber weder das Recht noch die Pflicht für Vater und

---

[261] Dazu am Rande BSG 12.11.1981 E 52, 276 (278 f.).

[262] Dagegen *T. Maunz* in: Maunz/Dürig, GG, Art. 6 Rn. 16a, der in Fällen des nichtehelichen Zusammenlebens zweier Eltern zwei Familien annimmt, dieses Ergebnis aber selbst „seltsam" findet; hiergegen (Ergebnis von Maunz „grotesk") und für die Qualifizierung nichtehelicher Lebensgemeinschaften mit Kind als Familie i.S.d. Art. 6 Abs. 1 GG) *E. v. Münch* in: v. Münch/Kunig, GG, Art. 6 Rn. 8.

[263] BVerfG 8.6.1977 E 45, 104 (123) m.w.N; vgl. aus neuerer Zeit BVerfG 31.1.1989 E 79, 256 (267); *B. Pieroth* in: Jarass/Pieroth, GG, Art. 6 Rn. 4; vgl. auch die Literaturstellen der vorigen Fn.

[264] BSG 12.11.1981 E 52, 276 (278); bestätigt in BSG 25.10.1988 SozR 4100 § 119 Nr. 33, S. 163.

[265] Vgl. BVerfG 24.3.1981 NJW 1981, 1201 f.

[266] BSG 12.11.1981 E 52, 276 (278 f.).

[267] Mit dieser Differenzierung auch noch BVerfG 24.3.1981 NJW 1981, 1201 (1202).

Mutter begründe, eine solche Erziehungsgemeinschaft herzustellen, könne für eine Arbeitsaufgabe, die erst der faktischen Herstellung einer Erziehungsgemeinschaft dienen solle, nicht der Schutz des Art. 6 Abs. 2 GG beansprucht werden. Es liege also in diesen Fällen nicht regelmäßig ein wichtiger Grund im sperrzeitrechtlichen Sinne vor. Vielmehr bedürfe es des Hinzutretens „weiterer Umstände, die die Herstellung der Erziehungsgemeinschaft im Interesse des Kindeswohles zu dem beabsichtigten Zeitpunkt erfordern."

Diese Differenzierung bei der Zuerkennung des Elternrechts nach den tatsächlichen Gegebenheiten wurde nun vom BVerfG aufgegeben.[268] Nach neuerer Rechtsprechung sind *alle* Väter nichtehelicher Kinder in den Schutzbereich des Art. 6 Abs. 2 GG dann einzubeziehen, wenn sie „nach den einschlägigen gesetzlichen Vorschriften als Väter feststehen".[269] Damit wird auch das BSG auf seiner bisherigen Differenzierung nicht mehr beharren können. Ebenso geht die Einwendung des BSG, das Zusammenleben der Eltern mit dem Kind beruhe auf dem freien Belieben der Eltern und nicht auf einer Rechtspflicht (was wohl nur auf den nichtehelichen Vater bezogen war),[270] zumindest nach der **Reform des Kindschaftsrechts**[271] fehl. Hiernach wird nichtehelichen Paaren die gemeinsame Sorge für ihr Kind ermöglicht, vgl. §§ 1626a BGB n.F. Ferner wird in § 1684 BGB n.F. eine grundsätzliche Rechtspflicht beider Eltern zum *Umgang* mit dem Kind aufgestellt. Natürlich begründet dies keine Rechtspflicht zum *Zusammenleben*, jedoch erhöht sich durch die Neuregelung der Stellenwert des persönlichen Kontaktes mit beiden Elternteilen, auch wenn diese nicht (mehr) in einer Ehe zusammenleben.

Wenn eine Beschäftigung also aufgegeben wird, um den Zuzug zum anderen Elternteil eines nichtehelichen Kindes zur Begründung einer Erziehungsgemeinschaft zu ermöglichen, wird darin in Zukunft somit regelmäßig ein „wichtiger Grund" gesehen werden müssen, der der Verhängung einer Sperrzeit gemäß § 144 Abs. 1 Satz 1 Nr. 1 SGB III entgegensteht.

Bei der Frage, ob einem Mitglied einer aus den nicht verheirateten Eltern eines Kindes bestehenden nichtehelichen Lebensgemeinschaft ein Umzug i.S.d. §§ 119 Abs. 4 Nr. 1, 121 SGB III zumutbar ist, ist schon in der älteren Rechtsprechung des BSG eine Gleichsetzung zu Ehepartnern mit Kind erfolgt. In diesem Zusammenhang ist allerdings klarstellend darauf hinzuweisen, daß bis zur Geburt des Kindes lediglich eine nichteheliche Lebensgemeinschaft vorliegt, deren

---

[268] Offengelassen noch in BVerfG 7.5.1991 E 84, 168 (179); klar und deutlich jetzt in BVerfG 7.3.1995 E 92, 158 (177 f.).

[269] Vgl. dazu § 1592 BGB i.d.F. des Kindschaftsrechtsreformgesetzes vom 16.12.1997 BGBl. I S. 2942.

[270] Vgl. BSG 12.11.1981 E 52, 276 (279).

[271] Gesetz zur Reform des Kindschaftsrechts (Kindschaftsrechtreformgesetz - KindRG) vom 26.12.1997 BGBl. I S. 2942.

Bestehen grundsätzlich *keinen* zumutbarkeitserheblichen Wertungsgesichts-punkt darstellt.[272]

Die letzte anfänglich zur Erziehungsgemeinschaft aufgeworfene Frage, ob ein Partner einer nichtehelichen Lebensgemeinschaft, der die Elternrolle nicht rechtlich innehat, aber faktisch ausübt, einem Ehegatten in der Umzugsfrage gleichgestellt werden kann, läßt sich ebenfalls mit Rückgriff auf die neuere BVerfG-Rechtsprechung zu Art. 6 Abs. 2 GG klären. Hier wird für das Beste-hen eines grundrechtlich geschützten Elternrechts entscheidend darauf abge-stellt, ob die betreffende Person einen Elternteil im Rechtssinne darstellt (vgl. dazu §§ 1591 ff. BGB n.F.).[273] Da also die betreffende Person sich nicht auf den grundrechtlichen Schutz des Art. 6 GG stützen kann, ist sie bei der Frage der Zumutbarkeit eines Umzugs grundsätzlich wie ein(e) Ledige(r) zu behandeln. In diesen Fällen gilt der Satz, den das BSG ursprünglich für den Zuzug zur Be-gründung einer Erziehungsgemeinschaft der Eltern aufgestellt hat; es bedarf des Hinzutretens besonderer Umstände, die eine Fortführung des Zusammenlebens im Interesse des Kindeswohls rechtfertigen können.[274] Abgestellt werden könnte in diesen Fällen allenfalls auf § 1626 Abs. 3 BGB i.d.F. des KindRG[275], der allerdings nur den „Umgang" mit *nichtelterlichen* Bezugspersonen dem Kindeswohl zuordnet. Wie dieser ausgestaltet ist und ob damit im Einzelfall der tägliche Umgang gemeint sein kann, wird der Klärung im Einzelfall überlassen bleiben müssen.

Soweit nichteheliche Erziehungsgemeinschaften in der Frage der räumlichen Mobilität ehelichen Familien mit Kind gleichzustellen sind, gelten im übrigen bei der Übertragung dieser im Rahmen der Sperrzeitregelung des § 119 Abs. 1 Satz 1 Nr. 1 AFG entwickelten Wertung auf §§ 119 Abs. 4 Nr. 1, 121 SGB III die oben gemachten Ausführungen zum „Zeitfaktor".

---

[272] So auch nochmals das BSG in der Begründung der Ablehnung einer Nichtzulassungsbe-schwerde bezüglich einer Sperrzeitverhängung zur Begründung einer „Vorgeburtlichen Erzie-hungsgemeinschaft", 22.4.1997 - 11 BAr 3/97 - nicht veröffentlicht.

[273] BVerfG 7.3.1995 E 92, 158 (178).

[274] Abwandlung von BSG 12.11.1981 E 52, 276 (LS 2).

[275] Dieser lautet: „Zum Wohl des Kindes gehört in der Regel der Umgang mit beiden Eltern-teilen. Gleiches gilt für den Umgang mit anderen Personen, zu denen das Kind Bindungen besitzt, wenn ihre Aufrechterhaltung für seine Entwicklung förderlich ist."

dd) Anforderungen an die Begründung eines Umzugsverlangens durch das Arbeitsamt

Zur Frage der räumlichen Mobilität findet sich abgesehen von den Entscheidungen zum Thema „Partnerschaft/Ehe/Familie" nur noch eine Entscheidung, und zwar einen Umzug betreffend aus dem Raum Speyer an die Nord- oder Ostsee. Eine kinderlose geschiedene Erzieherin, die ihren Arbeitslosengeldanspruch bereits ausgeschöpft hatte und nun Arbeitslosenhilfe bezog, hätte bei einem Umzug in den Raum Nord- oder Ostsee dort freie Arbeitsstellen in Kinderheimen vorgefunden. Solche mit einem Umzug verbundenen Tätigkeiten erklärte die Entscheidung des BSG[276] aber jedenfalls solange für unzumutbar, wie das Arbeitsamt der Versicherten nicht die Aussichtslosigkeit weiterer regionaler Vermittlungsbemühungen dargelegt und die Notwendigkeit des Ortswechsels eröffnet habe. Um die Aussichtslosigkeit regionaler Vermittlung zu begründen, dürfte im übrigen auch im Computerzeitalter nichts anderes gelten als in den 70er Jahren. Hier entschied das BSG, daß es zur Beantwortung der Frage, ob geeignete Arbeitsplätze vorhanden seien, konkreter Vermittlungsbemühungen über einen angemessenen Zeitraum hinweg bedürfe; die bloß „karteimäßige" Überprüfung reiche nicht aus.[277] Diese Wertung ist deshalb auf heutige Verhältnisse übertragbar, weil immer noch viele Arbeitgeber dem Arbeitsamt offene Stellen gar nicht erst melden und eher auf Eigenbemühungen (etwa durch Zeitungsanzeigen) vertrauen.[278]

Zwischenergebnis: Ledigen Versicherten ist ein Umzug rein zeitlich betrachtet grundsätzlich frühestens nach Ablauf der sog. „ersten Zeit" der Arbeitslosigkeit, in Anlehnung an die zeitliche Abstufung in § 121 Abs. 3 Satz 2 SGB III also nach frühestens drei Monaten zumutbar. Für **verheiratete** Versicherte muß aufgrund des Schutzes des Art. 6 GG ein *deutlich weiterer* Zeitrahmen gelten.
Im Rückgriff auf die Rechtsprechung kann kein Zeitrahmen bestimmt werden. Da eine deutliche Privilegierung erforderlich ist, wird vorgeschlagen, den Zeitraum, in dem ein Umzug für Ledige unzumutbar ist, *zu verdoppeln*, also für Verheiratete einen Umzug für mindestens *sechs Monate* grundsätzlich als unzumutbar zu erachten.

Ferner sind vor dem Ansinnen eines Umzugs sämtliche regionalen Vermittlungsmöglichkeiten auszuschöpfen, was durch konkrete Vermittlungsbemühungen zu geschehen hat. Die Möglichkeit einer Aus- oder Weiterbildung ist vor

---

[276] BSG 7.9.1988 E 64, 52 (56).
[277] BSG 22.6.1977 E 44, 71 (78, 80) („Diplom-Geologe"); ebenso BSG 30.5.1978 SozR 4100 § 119 Nr. 4.
[278] So wird in BT-Drucks. 13/4941, S. 145, zugegeben, daß 60% der Arbeitslosen ihre neue Stelle ohne Vermittlung des Arbeitsamts selbst finden.

einem Umzug vorrangig zu berücksichtigen. Bei sog. „Doppelverdiener-ehepaaren" ist zusätzlich zu prüfen, ob der Umzug nicht, indem er die Arbeits-losigkeit des einen Ehegatten beendet, den anderen in die Arbeitslosigkeit zwingt, und somit keine 'Nettoentlastung' des Arbeitsmarktes bringt.

Nichteheliche Lebensgemeinschaften können sich nicht auf den besonderen Schutz des Art. 6 Abs. 1 GG berufen.

Bei **Erziehungsgemeinschaften** (nichteheliche Lebensgemeinschaft mit einem oder mehreren Kindern) ist zu differenzieren.

Haben die Erziehungspersonen die *formale Elternrolle* inne, sind sie also Eltern im bürgerlich-rechtlichen Sinne, sind sie genauso wie Verheiratete zu behan-deln. Ein Umzug ist ihnen genauso lange wie Verheirateten grundsätzlich nicht zumutbar; vorgeschlagen wird ein Zeitrahmen von ca. sechs Monaten.

Wird dagegen die Elternrolle von mindestens einer Erziehungsperson nur *fak-tisch ausgeübt*, ist ein Umzug nur in besonders gelagerten Ausnahmefällen un-zumutbar. Das weitere Zusammenleben der betroffenen Erziehungsperson mit dem Kind muß aufgrund des Kindeswohls *zwingend erforderlich* sein. Hierbei sind hohe Maßstäbe anzulegen.

b) Berufsschutz und Entgeltschutz

aa) Zeitlich abgestufter Qualifikationsschutz

Bei der bloßen Lektüre des Gesetzestextes des § 121 Abs. 5 SGB III mag man zunächst glauben, die erreichte Qualifikation oder der erworbene Beruf spiele bei der Beurteilung der Zumutbarkeit einer Beschäftigung in Zukunft überhaupt keine Rolle mehr. In der Begründung heißt es, der erreichte berufliche Status solle in Zukunft nicht mehr unmittelbar durch die Arbeitslosenversicherung ge-schützt werden, es genüge vielmehr, daß der berufliche Status sich regelmäßig mittelbar in der Höhe des zuvor erhaltenen Entgelts niederschlage.[279] Diese Re-duktion auf einen bloßen Entgeltschutz wird in der Literatur zwar teilweise scharf kritisiert,[280] Anhaltspunkte für diese Sichtweise finden sich jedoch be-reits in der älteren Rechtsprechung vor der Entwicklung des nun wieder abgelö-sten Fünf-Stufen-Schemas. Schon im Jahre 1977 formulierte das BSG,[281] das Entgelt sei „Beleg und Indiz für die qualitative Wertschätzung des Berufes" und damit für die Einstufung in eine Qualifikationsstufe.

Es bleibt zu fragen, ob die erreichte berufliche Qualifikation als *unmittelbares* Kriterium für die Beurteilung der Zumutbarkeit einer Beschäftigung in Zukunft

---

[279] Vgl. BT-Drucks. 13/4941, S. 145 f.

[280] Etwa *R. Steinke* SozSich 1996, 161 (165); *S. Sell* SF 1996, 84 (86).

[281] BSG 22.6.1977 E 44, 71 (79); BSG 30.5.1978 SozR 4100 § 119 Nr. 4, S. 23.

jeden Belang verloren hat. Um dies zu prüfen, muß auf die vor der Entwicklung des nun abgeschafften Fünf-Stufen-Schemas ergangene Rechtsprechung eingegangen werden. Das Stufen-Schema in der Form der ZumutbarkeitsAO nämlich wurde entwickelt, um den von der Rechtsprechung aufgestellten Anforderungen an den (zeitweisen) Qualifikationsschutz im Rahmen des Zumutbarkeitsbegriffs gerecht zu werden. Allerdings ist dann auch zu untersuchen, inwieweit besagte Rechtsprechung vor dem Hintergrund des geänderten Regelwerkes noch Anwendung finden kann oder sogar muß. Die Entscheidung, in der das Bedürfnis eines zeitlich abgestuften Qualifikationsschutzes zum ersten Mal grundsätzlich anerkannt wurde, stammt aus dem Jahr 1977 („Diplom-Geologe").[282] Um so erstaunlicher ist, daß der der Entscheidung zugrundeliegende Gesetzestext in § 103 Abs. 1a Satz 2 AFG[283] wie folgt lautete:

> Beschäftigungen sind nicht allein deshalb unzumutbar, weil
> 1. sie nicht der bisherigen beruflichen Tätigkeit des Arbeitslosen entsprechen
> 2. ....

§ 121 Abs. 5 SGB III lautet im Vergleich wie folgt:

> Eine Beschäftigung ist nicht schon deshalb unzumutbar, weil sie ... nicht zum Kreis der Beschäftigungen gehört, für die der Arbeitnehmer ausgebildet ist oder die er bisher ausgeübt hat.

Bei genauerer Betrachtung fällt allerdings auf, daß die Regelung aus dem Jahr 1975 weitaus enger formuliert ist; Unzumutbarkeit wird nur für den Fall ausgeschlossen, daß vorgebracht wird, die angebotene Stelle *entspräche* nicht der *bisher ausgeübten Tätigkeit*. Es bestand jedoch auch während der Geltung des Fünf-Stufen-Schemas Einigkeit darüber, daß jederzeit auf gleichwertige oder ähnliche Tätigkeiten verwiesen werden konnte. Im Gegensatz dazu wird aber nach dem neuen Gesetzeswortlaut klargestellt, daß nun nicht einmal mehr das Vorbringen, die Tätigkeit gehöre nicht derselben Qualifikations*stufe* an („Kreis der Beschäftigungen"), ausreichend ist, um allein die Unzumutbarkeit einer Arbeit zu begründen. Der neue Gesetzeswortlaut spricht also gegen die Übertragung der Rechtsprechung auf die Beurteilung der Zumutbarkeit nach dem SGB III.

Zu untersuchen ist ferner, wie damals der zeitlich abgestufte Qualifikationsschutz begründet wurde, und ob sich die Modalitäten, auf die sich die Begründung gestützt hat, geändert haben. Gestützt wurde die Annahme, daß ein zeitlich abgestufter Schutz der erreichten beruflichen und sozialen Stellung zu gewährleisten sei,[284] insbesondere auf die gebotene Kongruenz des Zumutbarkeitsbegriffs mit §§ 14 ff. AFG (Grundsätze der Arbeitsvermittlung) und die Ziele in §§ 1, 2 AFG, zu denen auch die Vermeidung *unterwertiger* Beschäftigung gehörte.

---

[282] BSG 22.6.1977 E 44, 71.
[283] AFG in der Fassung des HStruktG vom 18.12.1975 BGBl. I S. 3113.
[284] So BSG 22.6.1977 E 44, 71 (78).

Nach st. Rspr. des BSG[285] waren Stellenangebote des Arbeitsamts, die gegen die in §§ 14 ff. AFG niedergelegten Grundsätze der Arbeitsvermittlung verstießen, rechtswidrig und damit unbeachtlich. Aus § 14 Abs. 1 Satz 2 AFG folgte die Pflicht zur individuellen Arbeitsvermittlung, d.h. die persönlichen Verhältnisse des Arbeitslosen waren ebenso zu berücksichtigen wie das Interesse der Versichertengemeinschaft an einer möglichst schnellen Vermittlung in Arbeit. „Persönliche Verhältnisse" wiederum meinte die **beruflichen und sozialen Verhältnisse** des Arbeitslosen.[286]

Nach Ansicht des BSG[287] war ferner das „gesamtwirtschaftlich gesehen erstrangige" Ziels des Gesetzgebers zu berücksichtigen, eine bestmögliche Plazierung der Arbeitskräfte zu sichern und unterwertige Beschäftigung zu verhindern (§§ 1, 2 Nr. 1 AFG). Daher sei zunächst zu versuchen, den Versicherten in eine dem bisher ausgeübten oder erlernten Beruf entsprechende, berufsnahe oder gleichwertige Tätigkeit zu vermitteln, bevor dann wiederum auf der nächstunteren Qualifikationsstufe ausreichende und angemessene Vermittlungsversuche zu unternehmen seien.

Diese Rechtsprechung ist jedoch tatäschlich so nicht mehr auf die vorhandene Rechtslage übertragbar. Zum einen verpflichtet § 35 Abs. 2 SGB III als Nachfolgevorschrift des § 14 Abs. 1 AFG die Arbeitsämter nicht mehr, *sämtliche* persönlichen Verhältnisse des Versicherten zu berücksichtigen. Er nennt vielmehr nur noch „Neigung, Eignung und Leistungsfähigkeit" der Arbeitsuchenden. Ferner kommt die Verhinderung unterwertiger Beschäftigung als im SGB III ausdrücklich formuliertes Ziel nicht mehr vor. Es ist hier lediglich noch die Rede von der Übereinstimmung der gewährten Leistungen mit der „beschäftigungspolitischen Zielsetzung der Sozial-, Wirtschafts- und Finanzpolitik der Bundesregierung". Ferner dürfe die Erhaltung und Schaffung von Arbeitsplätzen nicht gefährdet werden (§ 1 Abs. 2 SGB III); das würde sie jedoch selbst dann nicht, wenn diese Arbeitsplätze mit grundsätzlich überqualifizierten Arbeitnehmern besetzt werden sollten.

Die Rechtsprechung, die einen zeitlich begrenzten Qualifikationsschutz zugunsten der Arbeitnehmer vorschrieb, ist somit sowohl was den Gesetzeswortlaut des § 121 Abs. 5 betrifft als auch in Anbetracht der vor dem Hintergrund der Neuregelung so nicht mehr haltbaren ursprünglichen Herleitung auf heutige Verhältnisse nicht übertragbar.

Dennoch muß auch vor dem geltenden Gesetzeswortlaut weiterhin ein Berufsschutz in begrenztem Umfang gewährleistet sein. Denn nach wie vor ist die *Neigung* des Arbeitslosen zu berücksichtigen, § 35 Abs. 2 SGB III. Daher hat

---

[285] BSG 10.12.1980 E 51, 70 f. m.w.N.
[286] BSG 22.6.1977 E 44, 71 (77).
[287] BSG 22.6.1977 E 44, 71 (77).

sich das Arbeitsamt nach wie vor um die Vermittlung entsprechend dem Berufswunsch des Arbeitslosen zu bemühen, und zwar „eine angemessene Zeit nach Beginn der Arbeitslosigkeit".[288] Von Anfang an kann der Berufswunsch nur ausnahmsweise und nur dann keine Berücksichtigung finden, wenn andere Belange, die ebenfalls bei Anwendung dieser Vorschrift zu berücksichtigen sind, größeres Gewicht haben sollten.[289] Hergeleitet wurde dieser Anspruch auf Berücksichtigung eines „sachgerechten Vermittlungswunsches" von der höchstrichterlichen Rechtsprechung neben dem Rückgriff auf den Wortlaut des § 14 AFG (Nachfolgevorschrift: § 35 Abs. 2 SGB III) auch aus der unmittelbaren Berufung auf Art. 12 Abs. 1 GG (Freiheit der Berufswahl). Zwar sind nun in § 35 Abs. 2 SGB III nicht mehr die „persönlichen Verhältnisse und Interessen" des Arbeitslosen zu berücksichtigen, deren Unterfall nach der Rechtsprechung ein Berufswunsch (Neigung)[290] ist. Stattdessen aber folgt nun *unmittelbar* aus § 35 Abs. 2 SGB III, daß die Neigung des Arbeitslosen weiterhin bei der Vermittlung Berücksichtigung zu finden hat. Aus der Gesetzesbegründung geht hervor, daß materielle Änderungen durch die Neufassung der Beratungs- und Vermittlungsvorschriften in diesem Bereich gerade nicht gewollt sind.[291] Für das Pendant des § 35 Abs. 2 Satz 2 SGB III im Rahmen der Berufsberatungsvorschriften (§ 31 Abs. 1 SGB III) hat der Gesetzgeber vielmehr ausdrücklich den Wunsch geäußert, „Neigung, Eignung und Leistungsfähigkeit ... in einem *umfassenden* Sinn zu verstehen." Deshalb seien auch *persönliche Lebensumstände* und *soziale Bezüge* in die Beratung einzubeziehen.[292]

Die Fortgeltung dieser Rechtsprechung wird auch an anderer Stelle (und hier m.E. entscheidend) von der Gesetzesbegründung zum AFRG gestützt. Hier heißt es wörtlich:[293]

> „Zwar werden die Arbeitsämter auch künftig ihre Vermittlungsbemühungen in erster Linie auf diejenigen Beschäftigungen auszurichten haben und ausrichten, die den beruflichen Kenntnissen und Fähigkeiten des Arbeitslosen und seinen persönlichen Vorstellungen möglichst weitgehend entsprechen. Gelingt es jedoch weder dem Arbeitslosen noch dem Arbeitsamt, die Arbeitslosigkeit durch eine solche Beschäftigung zu beenden, muß der Arbeitslose im Interesse der Versichertengemeinschaft vor einer übermäßigen Inanspruchnahme von Versicherungsleistungen auch bereit sein, Beschäftigungen anzunehmen, die der Qualifikation und den Vorstellungen des Arbeitslosen nicht entsprechen, wenn das Entgelt aus einer solchen Beschäftigung in einem angemessenen Verhältnis zu dem Entgelt steht, das die Grundlage des Arbeitslosengeldanspruchs bildet."

---

[288] BSG 19.6.1979 SozR 4100 § 119 Nr. 21, S. 41.

[289] Vgl. BSG 19.6.1979 SozR 4100 § 119 Nr. 9, S. 41.

[290] So die Definition von „Berufswunsch" durch das BSG 19.6.1979 SozR 4100 § 119 Nr. 21, S. 41.

[291] Vgl. BT-Drucks. 13/4941, S. 160 (zu § 35 Abs. 2).

[292] BT-Drucks. 13/4941, S. 159 (zu § 31).

[293] BT-Drucks. 13/4941, S. 145.

Bevor aber gesagt werden kann, daß dem Arbeitsamt eine Vermittlung entsprechend dem Berufswunsch/der Qualifikation des Arbeitslosen *nicht gelingt*, sind (wie oben dargestellt) auch heute noch regelmäßig **konkrete Vermittlungsbemühungen** des Arbeitsamtes nötig. Der Abschied vom Berufsschutz ist daher nicht so umfassend, wie die Lektüre des § 121 Abs. 5 zunächst vermuten läßt. Der Wortlaut dieser Vorschrift ist dahingehend zu ergänzen, daß für eine angemessene Zeit[294] eine qualifikationsentsprechende Vermittlung zu versuchen ist, und nicht von vornherein ein geäußerter Berufswunsch völlig außer acht gelassen werden kann, da nicht davon auszugehen ist, daß die Arbeitgeber von sich aus sämtliche freie Stellen dem Arbeitsamt melden. Falls konkrete Vermittlungsversuche nicht erfolgen, ist davon auszugehen, daß das statistische Material des Arbeitsamtes unvollständig ist.[295] Eine ohne Rücksicht hierauf angebotene nicht qualifikationsentsprechende Beschäftigung ist unzumutbar; sie kann aus wichtigem Grund abgelehnt werden.[296]

Für einen solchen „Rest von Berufsschutz" lassen sich nicht nur die vorgenannten Argumente heranziehen; diese Annahme wird auch durch den Gesetzestext selbst gestützt. Bei der Frage nach der Höhe des Bemessungsentgelts in den Fällen, in denen in den letzten drei Jahren keine 39 Wochen mit Entgeltanspruch für den jetzt Arbeitslosen vorliegen, knüpft das Gesetz selbst an das tarifliche Entgelt für diejenige Beschäftigung an, „auf die das Arbeitsamt seine Vermittlungsbemühungen für den Arbeitslosen *in erster Linie zu erstrecken hat*", vgl. § 133 Abs. 4 SGB III.

Es schließen sich allerdings sofort zwei Fragen an: Gilt das Gesagte ausnahmslos für alle denkbaren Fälle oder gibt es Ausnahmen? Und wie lange dauert die „Schonfrist" des Arbeitslosen im Regelfall an?

Ausnahmsweise kann bereits von Anfang an eine nicht dem Berufswunsch/der Qualifikation entsprechende Vermittlung in den Fällen vorgenommen werden, in denen das Arbeitsamt *nachweisen kann*, daß dem Berufswunsch bzw. der Qualifikation entsprechende Stellen für den Arbeitslosen nicht zur Verfügung stehen, etwa wenn man sich kurz zuvor aufgrund eines parallel gelagerten Falles bei sämtlichen in Frage kommenden Firmen nach offenen Stellen erkundigt hat. Dann nämlich greift die Begründung nicht ein, die statistischen Unterlagen des Arbeitsamtes seien unvollständig; sämtliche offenen Stellen, die aufgrund von Berufswunsch/Qualifikation in Frage kommen könnten, sind dem Arbeits-

---

[294] Angemessen in diesem Sinne ist der Zeitraum, den das Arbeitsamt regelmäßig zur Vornahme verschiedener Vermittlungsversuche durch Anfragen bei in Frage kommenden Arbeitgebern benötigt. Das werden m.E. im Regelfall **sechs Wochen bis drei Monate** (je nach Art der in Frage kommenden Beschäftigung) sein.

[295] Vgl. BSG 22.6.1977 E 44, 71 (78, 80), BSG 30.5.1978 SozR 4100 § 119 Nr. 4, S. 22.

[296] So ebenfalls *H. Steinmeyer* in: Gagel, AFG, § 103b (n.F.) Rn. 35 f. mit Hinweis auf Art. 12 GG sowie Rn. 100 bis 102.

amt dann bekannt. Falls aber eine wunschgemäße/qualifikationsentsprechende Vermittlung nicht möglich sein sollte, griffe von Anfang an die vom Gesetzgeber vorgenommene Typisierung ein, die die jeweilige Qualifikation und Wertigkeit der bisherigen Tätigkeit *allein* anhand des Entgeltes mißt und den bisher zeitlich abgestuft gewährten unmittelbaren Berufsschutz nur noch mittelbar durch den Entgeltschutz verwirklichen will.

Es bleibt zu klären, wie lange das Arbeitsamt die Vermittlungsversuche auf den gewünschten Beruf regelmäßig zu konzentrieren hat. Hierzu liefert die Rechtsprechung keine konkreten Vorgaben, sie stellt auf den Einzelfall ab.[297] Bei der Bestimmung des Zeitrahmens muß berücksichtigt werden, daß es dem Gesetzgeber mit der Reform des Arbeitsförderungsrechts darum ging, die Eigenverantwortung der Arbeitslosen stärker zu betonen und zu verhindern, daß sich Arbeitslose hinter allzu hohen Zumutbarkeitskriterien auf Kosten der Versichertengemeinschaft verschanzen können.[298] Obergrenze dürfte daher im Regelfall die neu definierte (vgl. § 121 Abs. 3 SGB III) „erste Zeit" der Arbeitslosigkeit sein, die nun noch *drei Monate* beträgt. Eine abschließende Definition des Zeitrahmens wird jedoch letztendlich der Rechtsprechung vorbehalten bleiben.

Soweit in der Literatur mit Berufung auf das vorgenannte „Diplom-Geologen"-Urteil des BSG[299] für den Regelfall eine „Erweiterung der in Betracht zu ziehenden Berufsfelder" frühestens nach **sechs Monaten** andauernder Vermittlungsbemühungen durch das Arbeitsamt verlangt wird,[300] widerspricht das der *ratio legis*. Mit der Novellierung des Arbeitsförderungsrechts war gerade die Einschränkung des Berufsschutzes beabsichtigt.[301] Das wird auch durch die Abschaffung der vormals in §§ 1, 2 AFG statuierten Ziele „Vollbeschäftigung" und „Vermeidung unterwertiger Beschäftigung" deutlich, auf die das vorgenannte Urteil neben den §§ 14 ff. AFG gestützt war.[302] Ferner ist seit dem Erlaß des Urteils im Jahr 1977 eine grundlegende und dauerhafte Verschlechterung der Situation auf dem Arbeitsmarkt eingetreten. Auch das ist zu berücksichtigen. Desweiteren wurde der von vorgenannter Literaturansicht in Bezug genommene Sechsmonatszeitraum nicht verallgemeinernd, sondern bezogen auf die Besonderheiten des Falles genannt.

---

[297] BSG 22.6.1977 E 44, 71 (78).

[298] BT-Drucks. 13/4941, S. 145.

[299] BSG 22.6.1977 E 44, 71 (80).

[300] So *H. Steinmeyer* in: Gagel, AFG, § 103b (n.F.) Rn. 102.

[301] Die Begründung sagt immerhin, „Ein besonderer Berufsschutz besteht nicht mehr.", vgl. BT-Drucks. 13/4941, S. 238 (zu § 103b AFG).

[302] Allerdings muß man berücksichtigen, daß sich die Kommentierung nicht auf § 121 SGB III, sondern auf den insoweit gleichlautenden § 103b AFG (n.F.) bezieht. Im AFG waren diese Ziele auch nach der Abschaffung des § 103 Abs. 2 i.V.m. der ZumutbarkeitsAO weiterhin festgeschrieben.

Die vorgenannte Literaturansicht muß sich vor diesem Hintergrund dem Vorwurf aussetzen, den Wortlaut des § 121 SGB III (insbesondere im Hinblick auf Abs. 5 i.V.m. der Gesetzesbegründung) zu überdehnen mit dem Ziel, einen „Berufsschutz durch die Hintertür" zu installieren.

Als **Zwischenergebnis** ist festzuhalten, daß der unmittelbare Berufsschutz in der bisherigen Form durch die Reform des Arbeitsförderungsrechts im Jahr 1997 weitestgehend abgeschafft wurde. Ein Großteil der Rechtsprechung, durch die in den 70er Jahren der Berufsschutz entwickelt wurde, kann nicht mehr auf das SGB III übertragen werden. Es bleiben jedoch Fragmente des bisherigen Berufsschutzes erhalten, die jedoch längst nicht Ausmaß und Umfang des bisher gewährten zeitlich abgestuften Qualifikationsschutzes erreichen.

Der Gesetzgeber hat mit der Bewertung der Qualität und Wertigkeit der bisher ausgeübten Beschäftigung allein am Maßstab des bisher erzielten Entgelts seine Kompetenz ausgeübt, Typisierungen vorzunehmen. Aufgrund dieser Typisierung werden der bisher ausgeübte Beruf und die erworbene Qualifikation nur noch mittelbar und eingeschränkt berücksichtigt. Typisierungen und damit im Einzelfall verbundene Härten aber sind insbesondere im Sozialversicherungsrecht verfassungsrechtlich zulässig, weil es gerade in diesem Rechtsgebiet um die rechtliche Ordnung von Massenerscheinungen geht.[303]

bb) Speziell gelagerte Fälle eines „Berufsschutzes": Wechselwirkungen mit den Vermittlungsvorschriften der §§ 35 ff. SGB III

Das Erfordernis der Kongruenz zwischen den Vermittlungsvorschriften der §§ 35 ff. SGB III (vormals §§ 13 ff. AFG) und dem Zumutbarkeitsbegriff erlaubt neben dem eben dargestellten „Rest von Berufsschutz" noch weitergehende Konkretisierungen.

(1) Es bestehen Einschränkungen bezüglich der Vermittlung von Arbeitsstellen in einen unmittelbar durch einen **Arbeitskampf** betroffenen Bereich. Gemäß § 36 Abs. 3 SGB III darf in einen solchen Bereich nur auf *ausdrücklichen Wunsch* von Arbeitgeber *und* Arbeitnehmer vermittelt werden. Wenn eine solche *Vermittlung* rechtswidrig ist, muß eine derartige angebotene Arbeitsstelle bei einem Widerspruch des Arbeitnehmers zugleich als unzumutbar gewertet werden.

---

[303] Vgl. insbesondere BVerfG 24.7.1963 E 17, 1 (23 f.) m.w.N., wo allerdings differenziert wird zwischen „bevorzugender" und „benachteiligender" Typisierung.

(2) Entsprechendes gilt für die Vermittlung auf einen Arbeits- oder Ausbildungsplatz in einem sog. „Tendenzunternehmen oder -betrieb" i.S.d. § 118 Abs. 1 S. 1 BetrVG sowie bei einer **Religionsgemeinschaft** oder einer zu dieser gehörenden karitativen/erzieherischen Einrichtung (beispielsweise kirchliche Kindergärten, Caritas, Diakonisches Werk).

Das in § 42 Satz 3 Nr. 2 SGB III normierte Zustimmungserfordernis für eine Vermittlung auf eine solche Arbeitsstelle würde unterlaufen, fände es im Rahmen der Zumutbarkeitsbestimmung keine Beachtung.[304] Stimmt der Arbeitnehmer einer Vermittlung auf einen solchen Arbeitsplatz nicht zu, ist eine dennoch angebotene derartige Arbeitsstelle unzumutbar. Eine Ursache für dieses Privileg liegt darin, daß verschiedene arbeitsrechtliche Schutzvorschriften (etwa des BetrVG, vgl. § 118, oder auch § 1 Abs. 4 MitbestG)[305] bei Tendenzbetrieben und Religionsgemeinschaften keine oder nur eingeschränkte Anwendung finden. Ferner verlangt die Arbeit in einem Tendenzbetrieb dem Arbeitnehmer ein gewisses Maß an Übereinstimmung mit den dort geltenden weltanschaulichen Grundsätzen ab. Das Zustimmungserfordernis des § 42 Satz 3 Nr. 2 SGB III dient somit vorrangig dem Grundrechtsschutz der betroffenen Arbeitslosen.

Tendenzbetriebe und **-unternehmen** sind analog § 118 BetrVG Betriebe/Unternehmen, die politischen (z.B. Parteibüro), koalitionspolitischen (z.B. Gewerkschaft), konfessionellen (z.B. Frauen-, Männer-, Jugendorganisationen der Kirchen wie etwa der Katholische Landfrauenbund), karitativen (etwa DRK, Björn-Steiger-Stiftung etc.), erzieherischen, wissenschaftlichen oder künstlerischen Bestimmungen dienen. Dazu zählen ferner Unternehmen, die den Zwecken der Berichterstattung oder Meinungsäußerung i.S.d. Art. 5 Abs. 1 Satz 2 GG dienen. Erforderlich ist weiterhin, daß diese Zwecke *unmittelbar und überwiegend* verfolgt werden. Kein Tendenzbetrieb ist dementsprechend eine gewerkschaftseigene Bank.[306]

---

[304] Zum selben Ergebnis kommt für das AFG *H. Steinmeyer* in: Gagel, AFG, § 103 Rn. 86.

[305] Das Kündigungsschutzgesetz enthält zwar keinen kündigungsschutzrechtlichen Tendenzvorbehalt, jedoch ist die Tendenzeigenschaft bei der Rechtsanwendung zu berücksichtigen, was wiederum Arbeitnehmer eines Tendenzbetriebes schlechter stellen kann als den 'Normalarbeitnehmer'. Vgl. im einzelnen die Ausführungen bei *M. Kittner/W. Trittin*, KüSchR, Einl. Rn. 63 ff.

[306] In Einzelfällen kann es bei der Frage, ob tatsächlich eine Beschäftigung in einem **Tendenzbetrieb** i.S.d. § 42 Satz 3 Nr. 1.a SGB III vorliegt, zu Abgrenzungsschwierigkeiten kommen. Im Rahmen der Aufgabenstellung der vorliegenden Arbeit handelt es sich jedoch insoweit um am Rande liegende Einzelfallprobleme, auf deren Darstellung im einzelnen wegen des ohnehin recht weitgespannten Themas dieser Arbeit verzichtet wird. Es wird verwiesen auf die umfangreiche Kommentarliteratur zu § 118 BetrVG, etwa bei *F. Fabricius* in: GK-BetrVG § 118, insbesondere Rn. 130 ff.; ferner bei *H. Blanke* in: Däubler/Kittner/Klebe, BetrVG §118, insbesondere Rn. 6 ff.. Hier wird auch die vielfältige Rechtsprechung aufbereitet dargestellt.

Religionsgemeinschaften i.S.d. § 42 Satz 3 Nr. 1b SGB III sind nicht nur die „großen" Kirchen, sondern alle Organisationen mit institutioneller Struktur und einem religiösen Konsens, deren Mitglieder sich zu diesem Konsens umfassend und erkennbar bekennen. Erfaßt werden also alle Vereinigungen, die Träger der kollektiven Glaubensfreiheit i.S.d. Art. 4 GG sind und sich auf das Recht der Selbstorganisation gemäß Art. 140 GG i.V.m. Art. 137 Abs. 3 WRV berufen können.[307]

c) Verfassungsrechtlich begründete Sonderfälle der Zumutbarkeit

Die letzte Typgruppe der von der Rechtsprechung herausgearbeiteten Zumutbarkeitsanforderungen im Rahmen der arbeitsförderungsrechtlichen Verfügbarkeit sind die Fälle, in denen die Versicherten unmittelbar unter Berufung auf Grundrechte ihre Arbeitsbereitschaft einschränken. Gegenstand der Einschränkungen sind sowohl die Art der Tätigkeit (beispielsweise die Ablehnung einer Beschäftigung in einem Rüstungsbetrieb), als auch der zeitliche Rahmen, innerhalb dessen Arbeitsbereitschaft besteht.

Die von der höchstrichterlichen Rechtsprechung bisher entschiedenen Fälle lassen sich in zwei Hauptgruppen einteilen: In die Fälle der „mittelbaren Wehrdienstverweigerung"[308] über die Vorschriften des Arbeitsförderungsrechts (Berufung auf Art. 4 Abs. 1 und 3 GG) und in die Fälle der Einschränkung der zeitlichen Arbeitsbereitschaft[309] mit Berufung auf die Freiheit der Religionsausübung (Art. 4 Abs. 2 GG).

aa) „Mittelbare Wehrdienstverweigerung"

In den Fällen der „mittelbaren Wehrdienstverweigerung" wurde Versicherten, die den Kriegsdienst gemäß Art. 4 Abs. 3 GG verweigert hatten, eine Arbeitsstelle in einem sog. „Rüstungsbetrieb" durch das Arbeitsamt angeboten. Sie verweigerten die Aufnahme der (ansonsten den Anforderungen der zu dieser Zeit gültigen ZumutbarkeitsAO vom 16.3.1982[310] voll entsprechenden) Tätig-

---

[307] Zur Abgrenzung im einzelnen vgl. *H. Jarass* in: Jarass/Pieroth, GG, Art. 4 Rn. 28 f. Umstritten ist in neuerer Zeit insbesondere, ob die „Scientology"-Organisation als Religionsgemeinschaft gelten kann oder nicht. Bejahend insoweit BVerwG 27.3.1992 E 90, 112 (116 ff.); verneinend mit dem m.E. zutreffenden Argument der überwiegend erwerbswirtschaftlichen Betätigung dagegen BAG 22.3.1995 NJW 1996, 143 ff.

[308] Zuletzt BSG 18.2.1987 E 61, 158, BSG 23.6.1982 E 54, 7; zustimmend dazu BVerfG 13.6.1983 SozR 4100 § 119 Nr. 22; vgl. auch *R. Pitschas* NJW 1984, 889.

[309] BSG 10.12.1980 E 51, 70 („Sabbat"-Fall, Sieben-Tags-Adventisten).

[310] Anordnung des Verwaltungsrates der Bundesanstalt für Arbeit über die Beurteilung der Zumutbarkeit einer Beschäftigung (Zumutbarkeits-Anordnung) vom 16.3.1982, ANBA S. 523.

keiten mit Berufung auf das Grundrecht der Gewissensfreiheit. Bei der Verweigerung jeder Tätigkeit, die auch nur mittelbar militärischen Zwecken dient, handele es sich um eine autonome, ernsthafte Gewissensentscheidung, die der Staat und seine Organe auch bei der Frage der Festsetzung einer Sperrzeit gemäß § 119 AFG/§ 144 SGB III zu respektieren habe. Aufgrund des grundrechtlichen Schutzes der Gewissensfreiheit sei diese Gewissensentscheidung als „wichtiger Grund" i.S.d. § 119 AFG/§ 144 SGB III anzuerkennen, was die Festsetzung einer Sperrzeit aufgrund der Arbeitsablehnung ausschließe.

Das BSG entschied sich in der Frage der „mittelbaren Wehrdienstverweigerung" im Rahmen des Arbeitsförderungsrechts für einen Mittelweg. Einen „wichtigen Grund" für die Ablehnung einer angebotenen Beschäftigung habe ein anerkannter Wehrdienstverweigerer nur dann, wenn die angesonnene Beschäftigung **unmittelbar** der Wartung oder Produktion von Kriegswaffen oder Kriegsgeräten (etwa Munition) dienen solle.[311] Wenn der Arbeitnehmer *direkt und sichtbar* für den Kriegseinsatz bestimmte Geräte und Objekte herstellen oder funktionsfähig erhalten solle, würde ihn das in einer so unmittelbaren Weise mit seiner Gewissensüberzeugung in Konflikt bringen, daß ihm ein solches Verhalten unzumutbar sei. Anders verhalte es sich aber bei Beschäftigungen, die nur **mittelbar** der Herstellung von Kriegsgerät und Munition diente, etwa bei einer Beschäftigung als Katalogredakteur in einer Firma, die neben anderem auch Kriegsgerät herstellt.[312] Auch wenn eine solche Beschäftigung die Mitarbeit an militärischen Projekten bedeute, sei doch die Gewissensposition des Betroffenen durch eine derartige Beschäftigung nur in ihrem *Randbereich* berührt, so daß in solchen Fällen die Pflicht zur Entlastung der Solidargemeinschaft schwerer wiege als die Gewissensposition des Versicherten. Würde man auch in diesen Fällen der Grundrechtsausübung uneingeschränkt den Vorrang geben, sei eine „massierte Berufung auf das Gewissen" auch im Bereich der Arbeitslosenversicherung zu befürchten, was wiederum die Funktionsfähigkeit der Arbeitslosenversicherung insbesondere in Regionen mit starkem Anteil an sog. „Rüstungsbetrieben" beeinträchtigen könne.[313] Allerdings wurde zugunsten des Versicherten eine „besondere Härte" i.S.d. § 119 Abs. 2 Satz 1 AFG (jetzt § 144 Abs. 3 Satz 1 SGB III) angenommen, so daß die Dauer der Sperrzeit halbiert wurde. Diese Abgrenzung wurde vom BVerfG überprüft und gebilligt.[314] Die dem Versicherten daraus drohenden „möglicherweise subjektiv als mittelbarer Gewissenszwang empfundenen" Folgen gingen objektiv jedenfalls nicht über das Maß dessen hinaus, was als Belastungsausgleich im Hinblick auf den

---

[311] BSG 18.2.1987 E 61, 158 (168).
[312] So der Fall in BSG 23.6.1982 E 54, 7 (10 f.).
[313] BSG 23.6.1982 E 54, 7 (13).
[314] BVerfG 13.6.1983 SozR 4100 § 119 Nr. 22.

Grundsatz der *Gleichbehandlung* aller Versicherten *geboten* erscheine, um eine gleichheitswidrige Begünstigung des Versicherten zu vermeiden.

In der Literatur stieß die vom BSG favorisierte „Güterabwägung" allerdings auf Kritik; die Stringenz der juristischen Begründung für den vom BSG eingeschlagenen Lösungsweg wurde angezweifelt.[315] Die Lösung des Problems sei vielmehr im Spannungsfeld zwischen dem aus dem Gleichheitssatz folgenden Prinzip der *Sozialadäquanz*, das den an den Sozialsystemen partizipierenden Bürgern grundsätzlich auch gleiche Lasten abverlangt, und dem *Toleranzgebot* des Art. 4 Abs. 3 GG, das staatliche Rücksichtnahme auf die Gewissensnot des Wehrdienstverweigerers erfordert, zu suchen.[316] Eine konkrete Grenzziehung aber bietet auch dieser Lösungsansatz nicht an.

Es ist m. E. nichts anderes als eine Güterabwägung, wenn gefordert wird, die Grenzziehung habe „verfahrens-, intensitäts- und zeitvariabel" in Konkretisierung des verfassungsrechtlichen Übermaßverbots zu erfolgen. Gelungen ist dem Lösungsansatz die Verknüpfung mit den Vermittlungsvorschriften des AFG/SGB III. Wenn § 14 Abs. 1 AFG/§ 35 Abs. 2 SGB III bestimmt, daß die Eignung und *Neigung* des Versicherten zu berücksichtigen sind, so muß das auch in den besonders gelagerten Fällen der 'konsequenten' Wehrdienstverweigerung gelten: Die Arbeitsvermittlung muß versuchen, dem Versicherten vorrangig Arbeitsplätze ohne Rüstungsbezug zu vermitteln. Erst wenn solche Arbeitsplätze für den Betroffenen nicht verfügbar sind, kann ein problematischer Arbeitsplatz vermittelt werden. Nach den oben aufgezeigten Grundsätzen des BSG ist dann zu entscheiden, ob bei Ablehnung eine Sperrzeit gem. § 144 SGB III festzusetzen ist. Bei nur mittelbarem Rüstungsbezug des Arbeitsplatzes kann bei Festsetzung einer Sperrzeit im Einzelfall von der Möglichkeit ihrer Halbierung gemäß § 144 Abs. 3 SGB III Gebrauch gemacht werden.

Obwohl die oben herangezogenen Entscheidungen des BSG sämtlich zur Frage des „wichtigen Grundes" in § 119 AFG ergingen, handelt es sich auch und gerade um eine Konkretisierung der Zumutbarkeitsfrage (zum Verhältnis der Begriffe „(Un-)Zumutbarkeit" und „wichtiger Grund" vgl. ausführlich oben Kapitel III, I. 2. c).[317]

Die getroffenen Wertungen sind zur Konkretisierung des Zumutbarkeitsbegriffes verwendbar. § 119 AFG/144 SGB III stellt die Sanktionsnorm für die in §§ 103 AFG/117 ff. SGB III aufgestellten Pflichten zugunsten des Versicherten dar. Soweit die hier untersuchten Entscheidungen zu der Frage ergingen, ob eine Sperrzeit wegen *Arbeitsablehnung* zu verhängen war,[318] ist wegen der aus

---

[315] *R. Pitschas* NJW 1984, 889 f.

[316] *R. Pitschas* NJW 1984, 889 (894 ff.).

[317] So auch *R. Pitschas* NJW 1984, 889 (890) m.w.N.

[318] So in BSG 23.6.1982 E 54, 7; BVerfG 13.6.1983 SozR 4100 § 119 Nr. 22.

dem funktionellen Zusammenhang der Begriffe (Un-)Zumutbarkeit gemäß §§ 119 Abs. 4, 121 SGB III und „wichtiger Grund" in § 144 SGB III abzuleitenden *Deckungsgleichheit* eine Übertragung der getroffenen Wertungen ohne weiteres möglich. Die Entscheidung, in der es um die *Aufgabe* einer Beschäftigung aus Gewissensgründen ging,[319] baut lediglich auf den erstgenannten Entscheidungen auf. Widersprüche, die sich aus der Übertragung der hier aufgezeigten Lösung auf den Zumutbarkeitsbegriff ergeben könnten, sind nicht ersichtlich. Bedenken gegen eine Übertragung bestehen daher auch insoweit nicht.

bb) Religionsbedingte Zumutbarkeitsschranken

Zur Frage der Einwirkung der Religionsfreiheit (Art. 4 Abs. 1 und 2 GG) auf die Frage des „wichtigen Grundes" im Rahmen des § 119 AFG/§ 144 SGB III und damit letztlich auch auf die Frage nach der Zumutbarkeit einer Beschäftigung (vgl. oben) ist bisher nur eine höchstrichterliche Entscheidung ergangen.[320] In diesem Fall lehnte ein Mitglied der „Sieben-Tags-Adventisten" eine angebotene Arbeit ab, weil die Arbeitszeit dazu gezwungen hätte, die nach den Glaubensregeln einzuhaltende Sabbatruhe (Freitagabend bis Samstagabend) zu brechen.

Grundsätzlich darf die Verfügbarkeit bezüglich der Arbeitszeit nur in den von § 119 Abs. 4 Nr. 2 SGB III bestimmten Fällen eingeschränkt werden, ohne den Anspruch auf Arbeitslosengeld zu verlieren.[321]
Da im konkreten Fall nach Ansicht des BSG[322] die Arbeitszeit aber einen dauernden Glaubens- und Gewissenskonflikt für die Versicherte zur Folge gehabt hätte, und ferner die Zahl derjenigen, die aus religiösen Gründen Einschränkungen hinsichtlich ihrer Verfügbarkeit machen könnten (religiöse Minderheiten und Sekten), nicht ins Gewicht falle, andererseits aber der finanzielle Vorteil der Arbeitslosenversicherung durch eine Sperrzeit gering sei, überwiege hier das Interesse der Versicherten an ihrer ungestörten Glaubensausübung gegenüber dem Interesse der Versichertengemeinschaft an der uneingeschränkten Verfügbarkeit versicherter Arbeitnehmer.[323] Voraussetzung für eine Wertung als „wichtiger Grund" sei allerdings, daß die Arbeitsablehnung aus ernsthaften religiösen Motiven erfolgt.

Auch hier erging die konkrete Entscheidung aufgrund einer Güterabwägung im Einzelfall. Da die am Sabbat einzuhaltende Arbeitsruhe zu den zentralen Ele-

---

[319] Vgl. BSG 18.2.1987 E 61, 158.
[320] BSG 10.12.1980 E 51, 70.
[321] Vgl. BSG 20.6.1978 E 46, 257 (260), allerdings zum alten Recht (§ 103 AFG) ergangen.
[322] BSG a.a.O. (Fn. 320), S. 77 mit Hinweis auf BVerfG E 33, 23 (32).
[323] BSG 10.12.1980 E 51, 70 (76 f.).

menten der betreffenden Glaubensgemeinschaft zählt und die Kollision für die Zeit des Arbeitsverhältnisses *regelmäßig* aufgetreten wäre, ist hier wiederum eher der Kernbereich als der Randbereich der Grundrechtsausübung berührt. Die Grundsätze der Vermittlung gemäß § 14 Abs. 1 AFG/§ 35 Abs. 2 SGB III waren im konkreten Fall eingehalten, da sich aus der Urteilsbegründung ergibt, daß wegen der gesundheitlichen Einschränkungen der Versicherten und der Lage des Arbeitsmarktes keine andere Arbeitsstelle angeboten werden konnte.[324]

Allgemein kann aus diesem Urteil für die Konkretisierung des Zumutbarkeitsbegriffs abgeleitet werden, daß eine Beschäftigung, die einen Versicherten mit stark ausgeprägter religiöser Überzeugung in seiner Religionsausübung schwerwiegend beschränkt, regelmäßig unzumutbar ist.
Voraussetzung ist allerdings hier wie bei der „mittelbaren Wehrdienstverweigerung" auch, daß der Kernbereich des in Anspruch genommenen Grundrechts berührt wird.

Zwischenergebnis: Eine unmittelbare Berufung auf Grundrechte führt nur dann zur Unzumutbarkeit einer Beschäftigung, wenn durch die beruflich auszuübende Tätigkeit **unmittelbar** eine Beeinträchtigung in der Grundrechtsausübung zu besorgen ist. Es muß sich um einen Eingriff in den **Kernbereich** des jeweiligen Grundrechts handeln.

2. Der Begriff der Zumutbarkeit in Rechtsgebieten außerhalb des Sozialrechts

Nachdem der Rückgriff auf die Rechtsprechung zwar die Konkretisierung in verschiedenen Bereichen der Zumutbarkeit vorangebracht hat, ohne dabei aber alle Fragen beantworten zu können, ist zu klären, in welchen Rechtsgebieten außerhalb des Arbeitsförderungsrechts die Frage der Zumutbarkeit einer Beschäftigung auftritt und wie dieser Begriff in den entsprechenden Rechtsbereichen konkretisiert wird. Zunächst wird auf die Rechtsgebiete außerhalb des Sozialrechts eingegangen. Wegen der vom Arbeitsförderungsrecht verschiedenen Interessenkonstellationen ist aber *sehr genau* zu prüfen, ob und inwieweit eventuelle neue Erkenntnisse bei der inhaltlichen Ausfüllung des arbeitsförderungsrechtlichen Zumutbarkeitsbegriffes Verwendung finden können.
Trotz dieser Problematik und der bei der Ergebnisübertragung gebotenen Vorsicht ist die Präzisierung und Konkretisierung mit Rücksicht auf Sinngehalte von Normen gleicher oder anderer Stufen in der Normenhierarchie ein Hauptinstrument für die rechtsdogmatische Bearbeitung des Zumutbarkeitsbegriffs.

---

[324] BSG 10.12.1980 E 51, 70 (77).

Hierdurch kann man sich wertvolle Hilfsfaktoren für die inhaltliche Klärung und Ausformung des Zumutbarkeitsbegriffes erhoffen.[325]

a) Zivilrechtliche Haftungsbeschränkung (§ 254 Abs. 2 Satz 1 BGB)

Für den Anspruchsinhaber eines zivilrechtlichen Schadensersatzanspruchs besteht eine Schadensabwendungs- oder -minderungspflicht gemäß § 254 Abs. 2 Satz 1, Alt. 2 BGB. In Konkretisierung des Grundsatzes von Treu und Glauben wird hieraus von der Rechtsprechung die grundsätzliche Pflicht des Geschädigten abgeleitet, durch Aufnahme einer eigenen **zumutbaren** Erwerbstätigkeit zur Minderung des entstandenen Schadens beizutragen. Zwei Fallgruppen lassen sich herausarbeiten, in denen diese spezifische Schadensminderungspflicht durch Aufnahme einer zumutbaren Beschäftigung besteht, bei Ansprüchen im Rahmen von *Verdienstausfallschäden* (§ 843 BGB) und bei Ersatzansprüchen für den *Verlust des Unterhaltsrechts* (§ 844 Abs. 2 BGB).

Im Rahmen der Frage der Arbeitspflicht einer Witwe, die wegen Tötung ihres Ehemannes gemäß § 844 Abs. 2 BGB Ersatz des entgangenen Unterhalts beanspruchen konnte, wurde die grundsätzlich bestehende Pflicht zur Aufnahme einer zumutbaren Erwerbstätigkeit im Rahmen der Schadensminderungspflicht für die Nachkriegsrechtsprechung entwickelt.[326] Unter dem Reichsgericht war noch streitig gewesen, ob überhaupt einer bisher nicht erwerbstätigen Witwe die Aufnahme einer Erwerbstätigkeit als Beitrag zum eigenen Unterhalt angesonnen werden konnte.[327]

Bald darauf erfuhr auch die Frage der Zumutbarkeit in diesem Zusammenhang eine Konkretisierung. Nach Ansicht des BSG kommt es bei der Prüfung der Zumutbarkeit einer Arbeit insbesondere auf *Persönlichkeit, soziale Lage, bisherigen Lebenskreis, Begabung und Anlagen, Bildungsgang, Kenntnisse und Fähigkeiten, bisherige Erwerbsstellung, gesundheitliche Verhältnisse, Alter, seelische und körperliche Anpassungsfähigkeit, Umstellungsfähigkeit, Art und Schwere der Unfallfolgen sowie Familienverhältnisse und Wohnort* an.[328] Obwohl auf diese Formel immer wieder in höchstrichterlichen Entscheidungen[329] und der Literatur[330] zu diesem Fragenkreis Bezug genommen wird, bleibt die

---

[325] Vgl. dazu auch *U. Köbl*, FS 25 Jahre BSG, Bd. 2, S. 1045. Ebenfalls auf den Vergleich mit anderen Rechtsgebieten wird zurückgegriffen bei *S. Peters-Lange*, Zumutbarkeit von Arbeit, S. 42 ff; *H. Hummel-Liljegren*, Zumutbare Arbeit, S. 77 ff.

[326] BSG 13.12.1951 Z 4, 170 (176).

[327] Vgl. die Darstellung der kontroversen Rechtsprechung mit eingehender Würdigung bei BGH 12.12.l951 Z 4, 170 (171 ff.).

[328] BGH 25.9.1973 NJW 1974, 602 m. Hinw. auf BGH VersR 1955, 38; in Ansätzen bereits BGH 13.5.1953 Z 10, 18 (20 f.); BGH 19.6.1984 NJW 1984, 2520 (2522) m.w.N.

[329] Vgl. Fn. 328, insbesondere die Nachweise bei BGH 19.6.1984 NJW 1984, 2520 (2522).

[330] Soergel-*H.-J. Mertens*, § 254 BGB Rn. 70; Erman-*G. Kuckuk*, § 254 BGB Rn. 63.

Rechtsprechung dennoch kasuistisch.[331] Der BGH betont immer wieder den **Einzelfallcharakter** der in diesem Zusammenhang zu treffenden Abwägungsentscheidungen.[332]

Einige Grundsätze lassen sich dennoch aus der Rechtsprechung ableiten. So wird einer Witwe mit Kindern, die gemäß § 844 Abs. 2 BGB Unterhaltsrente beansprucht, die Aufnahme einer Erwerbstätigkeit regelmäßig nicht zugemutet, solange diese Kinder (auch als Jugendliche) noch der Pflege und Erziehung bedürfen.[333] Anderes gilt allerdings für eine junge kinderlose Witwe, die die Möglichkeit hat, in ihrem bisher schon ausgeübten Beruf weiter tätig zu sein.[334] Derartige Fragen treten bei der Prüfung der Zumutbarkeit einer Beschäftigung im Arbeitsförderungsrecht allerdings nicht auf, so daß sich hier die Frage der Übertragbarkeit auf das SGB III nicht stellt.

Im Rahmen der Geltendmachung von Verdienstausfallansprüchen war von der Rechtsprechung häufig die Frage der Zumutbarkeit einer Trennung von Familie und Lebenskreis (räumliche Mobilität) zu entscheiden. Diese wurde sowohl für Arbeit außerhalb des Tagespendelbereiches,[335] als auch für Umschulungsmaßnahmen außerhalb des Heimatortes[336] nicht grundsätzlich abgelehnt. Dennoch ist in den entschiedenen Einzelfällen keine klare Linie erkennbar; vielmehr erfolgt auch hier der Hinweis auf die zu berücksichtigenden Einzelfallumstände, wie etwa die sehr angeschlagene Gesundheit des Anspruchsberechtigten. Bei der Beurteilung der Zumutbarkeit einer *vorübergehenden* Trennung von Heim und Familie aufgrund einer Umschulungsmaßnahme ist der BGH allerdings weit weniger zurückhaltend als bei der Frage der Zumutbarkeit einer überregionalen Arbeitsstelle.

Was auffällt, ist das hohe Gewicht, das der **soziale Status** des/der Anspruchsberechtigten bei der Beurteilung der Zumutbarkeit einer Beschäftigung einnimmt. Ausdrücklich wird mehrfach auf den „sozialen Status", nicht aber ein evtl. vorher erzieltes oder erzielbares Entgelt oder die rein *finanziellen* Verhältnisse

---

[331] Ebenso S. *Peters-Lange*, Zumutbarkeit von Arbeit, S. 44.

[332] BGH 26.9.1961 VersR 1961, 1018 f. (Umstellungsversuch eines an der Hüfte durch Verkehrsunfall behinderten Zahnarztes auf Behandlung im Sitzen); BGH 3.7.1962 VersR 1962, 1100 f. (Unzumutbarkeit einer Arbeit außerhalb des Tagespendelbereichs für einen nach Verkehrsunfall teilbeinamputierten und herzkranken Sattler/Polsterer); BGH 6.4.1976 NJW 1976, 1501 f. (Anrechnung des Arbeitsentgelts einer jungen kinderlosen Witwe aus einer zumutbaren Arbeit auf die Unterhaltsrente nach § 844 Abs. 2 BGB).

[333] BGH 19.6.1984 NJW 1984, 2520 (2522) mit ausführlichen Nachweisen.

[334] BGH 6.4.1976 NJW 1976, 1501 f.

[335] BGH 3.7.1962 VersR 1962, 1100 f.

[336] BGH 13.5.1953 Z 10, 18.

bzw. den Lebensstandard abgehoben, um die Zumutbarkeit einer Arbeit für eine bisher erwerbslose Witwe zu bewerten.[337] Eine höhere Bewertung des sozialen Status im Vergleich zum Zumutbarkeitsbegriff des SGB III aber läßt sich aufgrund der vom Arbeitsförderungsrecht verschiedenen Interessenlage begründen. Bei den vom BGH zu entscheidenden Fällen galt es, eine Abwägung zu finden zwischen den Interessen von durch *deliktische* Eingriffe in Leib oder Leben Geschädigten und ihren Schuldnern. Daher besteht in solchen Fällen ein *deutlicher* Vorrang der Interessen der Geschädigten.

Zwischenergebnis: Mit Blick auf das zivilrechtliche Schadensminderungsgebot lassen sich kaum brauchbare Leitlinien für eine Konkretisierung des Zumutbarkeitsbegriffs finden. Eine Übertragbarkeit solcher Kriterien auf das Arbeitsförderungsrecht ist vor allem wegen der unterschiedlichen Interessenlagen kaum vorstellbar.

b) Ehegatten-Unterhaltsrecht (§ 1574 BGB)

aa) Entstehung und Aufbau der derzeitigen Regelung

In Einschränkung zur grundsätzlich bestehenden unterhaltsrechtlichen Erwerbsobliegenheit geschiedener Ehegatten bestimmt § 1574 BGB, daß diesen nur eine **angemessene** Erwerbstätigkeit angesonnen werden kann. Zweck der Vorschrift ist die Erhaltung des sozialen Status, der während der Ehe regelmäßig durch den Einsatz *beider* Ehegatten erreicht worden ist, auch für den nichterwerbstätigen Ehegatten.[338]

Das Problem, *ob* und ggf. *welche* Erwerbstätigkeit einem grundsätzlich unterhaltsberechtigten Ehegatten nach der Scheidung zugemutet werden kann, bestand schon vor der Einfügung des § 1574 BGB durch das Erste EheRG 1977. Folglich lehnen sich die vom Gesetzgeber in § 1574 Abs. 2 BGB vorgegebenen Elemente zur Beurteilung der „Angemessenheit" an die zu § 66 und davor § 58 EheG entwickelte Rechtsprechung an.[339]

Während es in der „Urfassung" des § 1578 BGB noch darauf ankam, ob „nach den Verhältnissen, in denen die Ehegatten gelebt haben, Erwerb durch Arbeit

---

[337] BGH 8.12.1959 VersR 1960, 159; BGH 6.4.1976 NJW 1976, 1501 f.; MüKo-*W. Grunsky*, § 254 BGB Rn. 49.

[338] *H. Borth* in: Schwab, Hdb. des Scheidungsrechts, Teil IV Rn. 235.

[339] So z.B. MüKo-*G. Richter*, § 1574 BGB Rn. 1; vgl. zu § 58 EheG E. *Hoffmann/W. Stephan*, EheG § 58 Rn. 50, 58 f.: „Entscheidend sind ... das Alter der Frau, ihre körperliche Arbeitsfähigkeit, ihre geistigen Fähigkeiten, ihre Vorbildung sowie ihre Tätigkeit vor und während der Ehe. ... Auch die Verhältnisse, in denen die Ehegatten während der Ehe gelebt haben, dürfen nicht unberücksichtigt bleiben."

üblich ist", stellte § 66 EheG 1938[340] darauf ab, ob die Erwerbstätigkeit „von ihr [der Ehefrau] den Umständen nach erwartet werden kann". In der Neufassung des § 58 EheG sollten nach dem Wortlaut nur noch *tatsächlich erzielte* Erträgnisse angerechnet werden, doch wurde diese Formulierung von der h.M. für verfehlt gehalten: Frauen, die aus der Not heraus arbeiteten, könnten alleine deshalb keinen Unterhalt verlangen, während andere (etwa junge kinderlose) Frauen, denen Arbeit durchaus zumutbar wäre, bei tatsächlich nicht ausgeübter Erwerbstätigkeit unterhaltsberechtigt wären. Contra legem wurde daher von der ganz herrschenden Meinung § 58 EheG n.F. wie § 66 EheG a.F. ausgelegt, so daß der unterhaltsberechtigte Ehegatte sich auf eine ihm zumutbare Arbeit verweisen lassen mußte.[341]

Für die Beurteilung der Zumutbarkeit wurden von der Rechtsprechung Kriterien entwickelt, die im wesentlichen vom Gesetzgeber zur Erläuterung des Begriffes der „Angemessenheit" in § 1574 Abs. 2 BGB übernommen wurden. Die Frage, welche Arbeitsstelle der unterhaltsberechtigte Ehegatte anzunehmen hat, ist demgemäß mit Blick auf das **Lebensalter**, den **Gesundheitszustand** (früher: Arbeitsfähigkeit), **Ausbildung** und **Fähigkeiten** (früher: geistige Fähigkeiten und Vorbildung), sowie die **ehelichen Lebensverhältnisse** zu entscheiden.[342]

Zur Rechtfertigung dafür, daß mit zunehmender Ehedauer immer stärker die ehelichen Lebensverhältnisse zu berücksichtigen sein sollen, bis sie nach langer Ehedauer mehr als die anderen Merkmale die Angemessenheit einer Erwerbstätigkeit bestimmen,[343] finden sich unterschiedliche Begründungen. Am überzeugendsten erscheint der Ansatz der *nachwirkenden Solidarität der Ehepartner*.[344] Die ebenfalls vertretenen Begründungen, es handele sich um den Ausgleich ehebedingter Nachteile oder eine Partizipation des haushaltsführenden Ehegatten am Statusgewinn des berufstätigen, lassen sich zwar unmittelbar aus der Gesetzesbegründung ableiten,[345] jedoch wird von der Rechtsprechung gerade nicht überprüft, ob die mangelnde Fähigkeit sich selbst angemessen zu unterhalten, im konkreten Fall wesentlich aus *ehebedingten Nachteilen* herrührt.[346]

---

[340] Gesetz zur Vereinheitlichung des Rechts der Eheschließung und Ehescheidung im Lande Österreich und im übrigen Reichsgebiet vom 6.7.1938 RGBl. I S. 807.

[341] Vgl. etwa Soergel-*H. Donau* (10. Auflage), § 58 EheG Rn. 16 f. mit Hinweis auf OG NJ 1952, 80; ferner *E. Hoffmann/W. Stephan*, EheG § 58 Rn. 45 ff. mit umfangreichen Nachweisen.

[342] Vgl. *E. Hoffmann/W. Stephan*, EheG § 58 Rn. 50, 58 f.

[343] So BT-Drucks. 7/650, S. 129 (zu § 1275 E). Dagegen mahnen zur Zurückhaltung *K. Schumacher* DRiZ 1976, 343 (344); *A. Dieckmann* FamRZ 1977, 81 (88).

[344] *H. Borth* in: Schwab, Hdb. des Scheidungsrechts, Teil IV Rn. 96; ebenfalls *S. Peters-Lange*, Zumutbarkeit von Arbeit, S. 47 f.

[345] Gesetzesbegründung zum EheRG, BT-Drucks. 7/650, S. 125 und 129.

[346] BGH 23.9.1981 FamRZ 1981, 1163 f.; BGH 21.10.1981 FamRZ 1982, 28 f.

bb) Der Begriff der „Angemessenheit"

Der Angemessenheitsbegriff im Scheidungsrecht besteht aus zwei verschiedenen Gruppen von Merkmalen. Zum einen gibt es die streng subjektbezogenen Merkmale „Ausbildung, Fähigkeiten, Alter, Gesundheitszustand", für deren Bestimmung objektive Maßstäbe zur Verfügung stehen. Auf der anderen Seite steht das Merkmal der „ehelichen Lebensverhältnisse", das weder ausschließlich subjektbezogen noch leicht zu bestimmen ist. Da jedoch die Frage der Lebensverhältnisse mit zunehmender Ehedauer vor allen anderen Merkmalen am bedeutsamsten wird, ist auf Inhalt und Kontur dieses Merkmals besonderer Wert zu legen.

Fraglich ist, ob Maßstab für die ehelichen Lebensverhältnisse die Einkommensverhältnisse[347] sein können, was den Vorteil der genaueren Bestimmung, Objektivierbarkeit und damit einer gewissen Rechtssicherheit hat, oder ob schwer faßbare Statusgesichtspunkte[348] entscheidender Maßstab sein sollen, die wesentlich im gesellschaftlichen Bereich angesiedelt sind und sich damit einer Systematisierung weitgehend entziehen. Für letztere Ansicht spricht zwar, daß der finanzielle Ausgleich bereits durch den sog. „Aufstockungsanspruch" nach § 1573 Abs. 2 BGB gewährleistet wird, jedoch wird auch von Vertretern dieser Ansicht zugestanden, daß wenig brauchbare Kriterien außerhalb des erzielten Einkommens zur 'Statusbestimmung' bestehen.[349]

Den *Fähigkeiten* entsprechend ist eine Tätigkeit in einem erlernten und während der Ehe ausgeübten Beruf, darüberhinaus auch jede Tätigkeit, die dem Status des erworbenen Berufsbildes entspricht.[350] *Zusätzlich* aber ist dann noch im Einzelfall zu prüfen, ob eine etwa im Laufe der Ehe aufgegebene Tätigkeit noch den **ehelichen Lebensverhältnissen** entspricht.[351] Geschützt wird im Rahmen des § 1574 BGB nicht ausschließlich ein *beruflicher Status* wie etwa in § 12 der ZumutbarkeitsAO von 1982 — der Statusbegriff im Rahmen dieser Prüfung ist weiter zu fassen.

---

[347] So etwa Soergel-*O. Häberle*, § 1578 BGB Rn. 2; MüKo-*G. Richter*, § 1574 BGB Rn. 13. Gegen die Verwendung „eindimensional quantifizierender Meßlatten" *D. Lucke*, Die angemessene Erwerbstätigkeit im neuen Scheidungsrecht, S. 118.

[348] *D. Lucke*, Die angemessene Erwerbstätigkeit im neuen Scheidungsrecht, S. 125 ff.; *H. Borth* in: Schwab, Hdb. des Scheidungsrechts, Teil IV Rn. 243; *S. Peters-Lange*, Zumutbarkeit von Arbeit, S. 49 f.; BGH 24.12.1982 NJW 1983, 1483.

[349] *D. Lucke* FamRZ 1979, 373 (377 f.); *S. Peters-Lange*, S. 50 m.w.N.

[350] *U. Diederichsen* in: Palandt, BGB § 1574 Rn. 5; BT-Drucks. 7/650, S. 128.

[351] Vgl. BGH 2.7.1986 FamRZ 1986, 1085; *U. Diederichsen* in: Palandt, BGB § 1574 Rn. 9.

cc) Übertragbarkeit der Wertungen auf das Arbeitsförderungsrecht?

Die für die Begrenzung der unterhaltsrechtlichen Erwerbsobliegenheit von Gesetzgeber, Rechtsprechung und Literatur aufgestellten Maßstäbe lassen sich ähnlich wie im Schadensrecht wegen der unterschiedlich gelagerten Interessenlagen kaum übertragen.[352] Es geht um den Interessenausgleich zwischen zwei Personen, deren Lebensplan, mit dem Ehepartner auf unbeschränkte Dauer zusammenzuleben, endgültig gescheitert ist.

Ferner besteht gerade auch im Familienrecht in der zentralen Frage, welches Gewicht Statusfragen bei der Bestimmung der „Angemessenheit" einer Beschäftigung haben sollten und wie der geschützte Status konkret ausgestaltet sein soll, ein Streit, der nicht abschließend geklärt werden kann. Schon unter diesem Gesichtspunkt wäre eine Übertragung von Gedanken aus dem Familienrecht auf das Arbeitsförderungsrecht wenig nutzbringend.

c) Zumutbarkeit von Beschäftigungen im Arbeitsrecht

aa) Die Anrechnung fiktiven Arbeitseinkommens (§§ 615 S. 2 BGB, 74c HGB, 11 Nr. 2 KSchG)

Im Falle des Annahmeverzugs des Arbeitgebers gilt grundsätzlich, daß das vereinbarte Entgelt dennoch zu leisten ist (§ 615 Satz 1 BGB). Die oben genannten Vorschriften, für die nach h.M. dieselben Grundsätze gelten,[353] bestimmen allerdings, daß im Falle des **böswilligen Unterlassens** der Verwertung der Arbeitskraft durch den Arbeitnehmer sich das diesem grundsätzlich zustehende Entgelt um den Betrag mindert, den der Arbeitnehmer bei Verwertung seiner Arbeitskraft hätte erlangen können.

Das wirft zwei Fragen auf: Welche Bemühungen hat der Arbeitnehmer zu erbringen, um eine Ersatztätigkeit zu bekommen? Und welche der kurzfristig erreichbaren Beschäftigungen sind durch den Arbeitnehmer aufzunehmen, welche hingegen kann er ablehnen, ohne als *böswillig* zu gelten.

Bezüglich der ersten Frage wird für die Bejahung von Böswilligkeit seitens des Arbeitnehmers teilweise für erforderlich gehalten, daß *positive Kenntnis*[354] von einer zumutbaren Beschäftigung besteht, deren Aufnahme kurzfristig möglich ist. Nach anderer Ansicht muß sich der durch den Annahmeverzug begünstigte

---

[352] Gegen die Übertragbarkeit unterhaltsrechtlicher Zumutbarkeitsmaßstäbe auf das Arbeitsförderungsrecht auch BSG 7.9.1988 E 64, 52 (54, 59) m.w.N.

[353] MüKo-G. *Schaub*, § 615 BGB Rn. 68 m.w.N.; *S. Peters-Lange*, Zumutbarkeit von Arbeit, S. 54 m.w.N.

[354] BAG 18.10.1958 AP Nr. 1 zu § 615 BGB Böswilligkeit; bestätigt in BAG 18.6.1965 AP Nr. 2 zu § 615 BGB Böswilligkeit.

Arbeitnehmer beim Arbeitsamt arbeitslos melden, womit er alles Erforderliche getan habe, da seitens des Arbeitsamts eine öffentlich-rechtliche Vermittlungspflicht bestehe.[355] Wollte man der ersten Ansicht folgen, liefe die Regelung praktisch leer. Wann läßt sich schon positive Kenntnis vom Bestehen einer Beschäftigungsmöglichkeit tatsächlich beweisen? Ein Mindestmaß an Eigeninitiative muß selbst ein eigentlich Anspruchsberechtigter aufbringen, um dem Vorwurf der Böswilligkeit zu entgehen. Es würde allerdings zu weit gehen, wollte man die verschärften Regelungen des SGB III auf die vorliegende Frage übertragen und zur Verneinung von Böswilligkeit noch „Eigenbemühungen" i.S.d. § 119 SGB III verlangen. Zur Bejahung von Böswilligkeit ist eben nur die Verletzung von *Mindest*anforderungen geeignet; schärfere Maßstäbe würden dem Ausnahmecharakter des Begriffes nicht gerecht.

Zu klären ist nun noch, welche Beschäftigungen abgelehnt werden können, ohne daß sich der vom Annahmeverzug des Auftraggebers profitierende Berechtigte den Vorwurf der Böswilligkeit gefallen lassen muß. Es liegt auf der Hand, daß nicht die Ablehnung schlechthin *jeder* Tätigkeit zur Reduzierung oder sogar zum Verlust des Anspruchs führen kann. So ist allgemeine Ansicht, daß nur die Nichtaufnahme einer zumutbaren Tätigkeit als böswillig gewertet werden kann.[356] Anders als im Arbeitsförderungsrecht ist bei der Unzumutbarkeitsprüfung ein sehr strenger Maßstab zugunsten des Arbeitnehmers anzulegen. Zwar gilt, daß der Arbeitnehmer keinen finanziellen Vorteil aus dem Annahmeverzug des Arbeitgebers ziehen soll,[357] jedoch ist auch zu berücksichtigen, daß der Arbeitgeber den Arbeitnehmer in diese Lage gebracht hat. Ein *Tätigkeitswechsel* scheidet daher grundsätzlich aus; insbesondere braucht keine geringerwertige Tätigkeit ausgeübt zu werden.[358] Dasselbe gilt für Tätigkeiten, die der 'alte' Arbeitgeber unter Überschreitung seines Direktionsrechts anbietet.[359]

Bei der Abwägung der Treuepflicht des Arbeitnehmers gegenüber dem Arbeitgeber mit dem Recht auf freie Berufs- und Arbeitsplatzwahl (Art. 12 Abs. 1 GG) das über den Grundsatz von Treu und Glauben seine Ausstrahlungswirkung entfaltet, billigt das BAG letzterem einen grundsätzlichen Vorrang zu.[360]

---

[355] MüKo-*G. Schaub*, § 615 BGB Rn. 69 m.w.N.

[356] BAG (Fn. 354); MüKo-*G. Schaub*, § 615 BGB Rn. 68.

[357] BAG 6.9.1990 EzA § 615 BGB Nr. 67; *R. Künzl* in: Kasseler Handbuch Arbeitsrecht, 2.1 Rn. 524.

[358] BAG AP Nr. 4 zu § 615 Böswilligkeit; MüKo-*G. Schaub*, § 615 BGB Rn. 70; *S. Peters-Lange*, Zumutbarkeit von Arbeit, S. 55 m.w.N.

[359] BAG 3.12.1980 EzA § 615 BGB Nr. 39; *R. Künzl* in: Kasseler Handbuch Arbeitsrecht, 2.1 Rn. 533.

[360] BAG 9.8.1974 AP Nr. 5 zu § 74c HGB, wonach selbst die Aufnahme eines erfolgversprechenden Studiums nicht als böswilliges Unterlassen anderweitigen Erwerbs gewertet werden kann.

Folglich braucht der Arbeitnehmer auch schlechtere Arbeitsbedingungen oder einen Ortswechsel nicht hinzunehmen.[361]

Einer **Übertragung** dieser Rechtsprechung auf das Arbeitsförderungsrecht steht entgegen, daß es hierbei eben gerade nicht um den Schutz einer Versichertengemeinschaft geht. Die im Arbeitsrecht vorzunehmende Interessenabwägung steht unter anderen Vorzeichen; die Interessen des Arbeitnehmers, der schließlich nicht den Annahmeverzug des Arbeitgebers herbeigeführt hat, sind im größtmöglichen Maße zu berücksichtigen.[362]

bb) Zumutbarkeit im Rahmen von Änderungskündigungen, § 2 KSchG

Anders als die 'normale' Kündigung hat die Änderungskündigung nicht die Beendigung des Arbeitsverhältnisses, sondern eine Änderung der Arbeitsbedingungen zum Ziel. Beim Schutz gegen Änderungskündigungen geht es folglich nicht um einen Bestandsschutz, sondern um einen Inhaltsschutz des Arbeitsverhältnisses.[363] In Erweiterung zum bloßen Gesetzeswortlaut legt die h.M. einen *zweistufigen* Prüfungsmaßstab an.[364] Zunächst ist zu fragen, ob personen-, verhaltens- oder betriebsbedingte Kündigungsgründe i.S.d. § 1 Abs. 2 und 3 KSchG die Kündigung grundsätzlich rechtfertigen. Zudem wird gefragt, ob nur solche Änderungen durch den Arbeitgeber vorgeschlagen wurden, die der Arbeitnehmer *billigerweise hinnehmen muß*.[365] Innerhalb der zweiten Prüfung wird allerdings *nicht*, wie der Wortlaut vermuten lassen könnte, eine bloße *Billigkeitskontrolle* vorgenommen, sondern eine am Verhältnismäßigkeitsgrundsatz orientierte *Zumutbarkeitsprüfung* durchgeführt.[366] Hierbei sind die Auswirkungen des gemachten Änderungsangebotes für den konkreten Arbeitnehmer zu untersuchen. Über den genauen Zumutbarkeitsmaßstab allerdings besteht Streit. Während eine Ansicht nicht weniger strenge, sondern lediglich andere Maßstäbe als bei der *Beendigungskündigung* anlegen will,[367] will eine beachtliche Literaturansicht mit Blick darauf, daß es sich nicht um Bestandsschutz, sondern

---

[361] KR-*A. Spilger,* § 11 KSchG Rn. 42.
[362] So ausdrücklich auch MüKo-*G. Schaub,* § 615 BGB Rn. 70.
[363] KR-*F. Rost,* § 2 KSchG Rn. 7 m.w.N.
[364] Zur Entstehungsgeschichte ausführlich *S. Peters-Lange,* Zumutbarkeit von Arbeit, S. 56 f.
[365] BAG 15.3.1991, AP Nr. 28 zu § 2 KSchG; BAG 19.5.1993 AP Nr. 31 zu § 2 KSchG; *M. Löwisch,* KSchG § 2 Rn. 25; KR-*F. Rost,* § 2 KSchG Rn. 98; *G. Hueck/G. v. Hoyningen-Huene,* KSchG § 2 Rn. 63 ff.
[366] KR-*F. Rost,* § 2 KSchG Rn. 98; *G. Hueck/G. v. Hoyningen-Huene,* KSchG § 2 Rn. 66.
[367] BAG 6.3.1986, DB 1986, 2605 (2607) = AP Nr. 19 zu § 15 KSchG; mit dem zutreffenden Hinweis, daß „ob" und „wie" bei der Überprüfung von Änderungskündigungen zu trennen sind KR-*F. Rost,* § 2 KSchG Rn. 96.

'nur' um Inhaltsschutz handelt, weniger strenge Maßstäbe bei der Änderungskündigung als bei der Beendigungskündigung anlegen.[368] Bei *personen-* oder *verhaltensbedingten* Änderungskündigungen ist in die erforderliche Interessenabwägung Entgelt und Art der Tätigkeit am angebotenen Ersatzarbeitsplatz einzubeziehen. Bei *betriebsbedingten Kündigungen* muß zusätzlich zur Sozialauswahl geprüft werden, welcher der grundsätzlich in Frage kommenden Arbeitnehmer am ehesten die Fähigkeiten besitzt, die neue Tätigkeit zu meistern, und ob gerade demjenigen gekündigt wurde, dem die neue Tätigkeit nach seinen persönlichen Eigenschaften und seiner Vorbildung am leichtesten fällt.[369] Während im Rahmen von personen- und verhaltensbedingten Kündigungen grundsätzlich nur *Tätigkeitswechsel* in Frage kommen und eine Herabminderung des Entgelts nur mittelbare Folge der neuen Tätigkeit sein kann, wird im Rahmen betriebsbedingter Kündigungen auch eine Herabstufung des bezogenen Entgelts für zumutbar gehalten. Die geforderte betriebliche Ausgangssituation reicht allerdings von „Existenzgefährdung" des Betriebes bzw. akuter Gefährdung des Arbeitsverhältnisses bei Beibehaltung des bisherigen Entgelts[370] bis hin zum bloßen sachlich begründeten Interesse an höchstmöglicher Rentabilität.[371]

Maßstäbe für die *arbeitsförderungsrechtliche* Zumutbarkeit einer Beschäftigung lassen sich allerdings aus der zur Zumutbarkeit einer Änderungskündigung ergangenen Rechtsprechung nicht ableiten, da ein Maßstab, wann welche Ersatztätigkeiten wem zumutbar sind, nicht genau festlegbar ist,[372] und der Begriff der Zumutbarkeit in diesem Zusammenhang nicht als *Gesetzes*begriff, sondern durch die Rechtsprechung als Ausfluß des Verhältnismäßigkeitsprinzips als *Rechts*begriff verwendet wird.[373]

cc) Zumutbarkeit im Rahmen von § 112 Abs. 5 Satz 2 Nr. 2 BetrVG

In dieser Vorschrift fungiert der Begriff der Zumutbarkeit als *Gesetzes*begriff. Sozialplanleistungen sollen Arbeitnehmern nicht zugutekommen, die die Wei-

---

[368] *M. Löwisch,* KSchG § 2 Rn. 27; *G. Hueck/G. v. Hoyningen-Huene,* KSchG § 2 Rn. 67.
[369] BAG 13.6.1986 BB 1987, 475 (LS 3). Dagegen mit Recht *M. Löwisch,* KSchG § 2 Rn. 44. Ein solcher Prüfungsmaßstab läuft auf eine Bestrafung der Mitarbeiter hinaus, die flexibel sind und versuchen, sich (meist in der Freizeit) beruflich weiterzubilden und auf dem neuesten Stand zu halten. Mittelbar würde dadurch Passivität gefördert, die bei den derzeitigen beruflichen Gegebenheiten schnell in die Arbeitslosigkeit führen kann.
[370] BAG 20.3.1986 DB 1986, 2442, dagegen *M. Löwisch,* KSchG § 2 Rn. 38 „zu eng".
[371] *M. Löwisch* NZA 1988, 633 (637).
[372] Siehe oben, ebenso *S. Peters-Lange,* Zumutbarkeit von Arbeit, S. 58.
[373] KR-*F. Rost,* § 2 KSchG Rn. 106a.

terbeschäftigung in einem anderen zum selben Konzern gehörenden Unternehmen an einem **zumutbaren** Arbeitsplatz ablehnen. Indes hat der Gesetzgeber die Konkretisierung des Zumutbarkeitsbegriffs weitgehend Rechtsprechung und Praxis überlassen; nur in der Frage der *räumlichen Mobilität* hat er selbst bestimmt, daß ein **Ortswechsel** für sich alleine noch keine Unzumutbarkeit des Ersatzarbeitsplatzes begründen kann. Aus der Gesetzesbegründung[374] geht ferner hervor, daß eine Weiterbeschäftigung in einem anderen Konzernunternehmen dann unzumutbar sein soll, wenn ein bestehender Kündigungsschutz des betroffenen Arbeitnehmers nicht durch eine Verpflichtungserklärung des neuen Arbeitgebers übergeleitet wird. Geschützt wird demgemäß primär der Bestand des Arbeitsverhältnisses im Konzern. Über die weitergehende Ausgestaltung eines zumutbaren Ersatzarbeitsplatzes besteht allerdings weitgehende Uneinigkeit. Während eine Ansicht die arbeitsförderungsrechtliche Zumutbarkeitsregelung analog anwenden will,[375] wird dies von einer Ansicht abgelehnt, die einen *im Prinzip gleichwertigen Arbeitsplatz* fordert, weil diese Erwägung der gesetzlichen Regelung zugrundeliege.[376] Die Gegenansicht argumentiert hiergegen, es sei widersinnig, daß ein Arbeitnehmer den Ersatzarbeitsplatz zunächst ablehnen könne und so in den Genuß von Sozialplanleistungen komme, um dann unter dem Druck der arbeitsförderungsrechtlichen Vorschriften doch den Arbeitsplatz anzunehmen.

Für eine Erhellung des arbeitsförderungsrechtlichen Zumutbarkeitsbegriffes ist ein Vergleich mit § 112 Abs. 5 Nr. 2 Satz 2 BetrVG wenig hilfreich, da die Ausgestaltung der Zumutbarkeit (außer bei der Frage des Umzugs) im einzelnen als streitig bezeichnet werden kann. Bei der Fallgruppenbildung kann man sich demgegenüber nur auf *gefestigte* Meinungsstände stützen, für die das Argument der Rechtssicherheit streitet.[377] Zur Frage der durch Gesetz geregelten Zumutbarkeit eines **Umzugs** ist folgendes zu bemerken: Im BetrVG handelt es sich um die Frage, ob dem Arbeitslosen sein Arbeitsplatz beim selben Konzern erhalten werden kann, im Bereich des Arbeitsförderungsrechts geht es um die Vermittlung einer neuen Beschäftigung. Da es im ersten Fall aber um den Bestand des Einzelarbeitsverhältnisses im Konzern geht, verschieben sich die Anforderungen an die einzelnen Aspekte der Zumutbarkeit. Eine isolierte Übertragung der gesetzgeberischen Mobilitätsanforderungen im BetrVG auf das Arbeitsförderungsrecht würde verkennen, daß die einzelnen Teilbereiche der Zumutbarkeit in Wechselwirkung zueinander stehen. Wenn also absolute Mobilität gefordert wird, müßte das Auswirkungen auf die Ausgestaltung der Zumutbarkeit in der Frage des Berufs- oder Entgeltschutzes und in anderen Bereichen haben.

---

[374] BT-Drucks. 10/2102, S. 27.

[375] *M. Löwisch* BB 1985, 1200 (1205); *ders.*, BetrVG § 112 Rn. 16.

[376] *W. Däubler* in: Däubler/Kittner/Klebe, BetrVG, §§ 112, 112a Rn. 71 m.w.N.

[377] Vgl. oben Seiten 24 sowie 27.

d) Zwischenergebnis

Im allgemeinen Zivilrecht, Familienrecht und Arbeitsrecht dient der Zumutbarkeitsbegriff wie im Arbeitsförderungsrecht der Begrenzung von Obliegenheiten, die Aufnahme und Ausübung von Beschäftigungen betreffend. Bezüglich der konkreten Ausgestaltung der Zumutbarkeit besteht teilweise schon innerhalb der einzelnen Rechtsbereiche Unsicherheit und Unklarheit; jedenfalls aber läßt sich die Frage „Welche Beschäftigung ist zumutbar?" nicht einheitlich beantworten. Die Zumutbarkeitsentscheidungen weisen allesamt starken Einzelfallcharakter auf, was die Ableitung allgemeiner Rechtsgedanken, die für eine Konkretisierung der Zumutbarkeit im Arbeitsförderungsrecht verwendbar sein könnten, zusätzlich erschwert. Als Zwischenergebnis kann daher festgehalten werden, daß der Vergleich mit dem allgemeinen Zivilrecht, Familienrecht und Arbeitsrecht keine brauchbaren Ergebnisse für eine Konkretisierung des *arbeitsförderungsrechtlichen* Begriffes „zumutbare Beschäftigung" erbringen konnte.

3. Der Begriff der zumutbaren Beschäftigung im Sozialhilferecht

a) Regelungskontext

Im BSHG besteht, wie im SGB III auch, die Verpflichtung zur Bereitschaft, zumutbare Beschäftigungen an- und aufzunehmen, will man laufende Hilfe zum Lebensunterhalt (HLU) erhalten. Die in § 18 Abs. 1 bis 3 BSHG aufgestellte Obliegenheit ist sowohl eine spezialgesetzliche Ausformung des Grundsatzes der **Nachrangigkeit der Sozialhilfe**; sie fußt allerdings ebenso im *Hilfsgedanken*, der bereits in der Überschrift des Unterabschnitts 2 („Hilfe zur Arbeit") zum Ausdruck kommt.[378]

Die Verpflichtung zur vorrangigen Aufnahme einer Arbeit zum eigenständigen Bestreiten des Lebensunterhalts beschränkt sich, auch dies eine Parallele zum Arbeitsförderungsrecht, auf *zumutbare Arbeit* (vgl. § 18 Abs. 3 BSHG). Es handelt sich bei der Vorschrift des § 18 BSHG nicht um einen bloßen Programmsatz; praktische Konsequenz bei einem Verstoß gegen die Verpflichtung zur Aufnahme einer Arbeit ist der in § 25 Abs. 1 BSHG festgelegte *Anspruchswegfall*. Nach Belehrung des Hilfsempfängers ist die HLU in einem ersten Schritt um mindestens 25% zu kürzen und kann später ganz gestrichen werden, ohne daß jedoch der Hilfsbedürftige aus der Betreuung des Sozialhilfeträgers

---

[378] Vgl. BVerwG 10.2.1983 E 67, 1 (5); ebenso LPK-BSHG § 18 Rn. 1; *D. Schoch*, Sozialhilfe, S. 149.

ganz entlassen werden darf.[379] Der Zusammenhang zwischen Obliegenheit (§ 18 Abs. 1 BSHG), Begrenzung derselben durch den Zumutbarkeitsbegriff (§ 18 Abs. 3 BSHG) und Sanktionsnorm (§ 25 BSHG) ist *regelungstechnisch* ähnlich gestaltet wie im SGB III und schon zuvor im AFG (Verfügbarkeit/Zumutbarkeit/Sperrzeit). Eine Arbeitsobliegenheit besteht nur bei der Gewährung von HLU, nicht aber bei HBL, bei dieser Leistungsart geht es überdies häufig um die Wiederherstellung der Arbeitsfähigkeit.[380]
Genau wie neuestens im SGB III (§ 119 Abs. 1 Nr. 1 und Abs. 5) hat nach § 18 Abs. 2 Satz 1 BSHG der Hilfsbedürftige **Eigenbemühungen** anzustellen, um eine Arbeit zu finden.[381] Hielt bisher ein Teil der sozialhilferechtlichen Literatur dafür eine *Meldung beim Arbeitsamt* für ausreichend,[382] wird dies vor dem Hintergrund der geänderten Voraussetzungen der Arbeitslosigkeit in § 118 ff. SGB III kaum noch haltbar sein. Allgemein anerkannt ist jedenfalls, daß die Weigerung der Meldung beim Arbeitsamt der Verweigerung zumutbarer Arbeit gleichzustellen ist und die Rechtsfolgen des § 25 Abs. 1 BSHG nach sich zieht.[383]

Die **Verfassungsmäßigkeit** der Regelung wird *im Grundsatz* nicht bestritten,[384] Bedenken bestehen allerdings, ob es zulässig ist, die HLU bei hartnäckiger Ablehnung zumutbarer Arbeit *ganz* zu streichen.[385] Richtig ist, daß eine völlige Versagung der HLU nur bei hartnäckiger Arbeitsverweigerung als *ultima ratio* möglich ist; ferner kann die *vollständige* Versagung der HLU wegen Arbeitsverweigerung nur zeitlich begrenzt erfolgen.[386] Einer zeitlich unbegrenzten Versagung steht der *Hilfscharakter* der Norm entgegen, der für die verfassungsrechtliche Rechtfertigung des mittelbar auf den Hilfesuchenden ausgeübten

---

[379] Allg. Ansicht, vgl. BVerwG 10.2.1983 E 67, 1 (6); *O. Mergler/G. Zink/E. Dahlinger/H. Zeitler*, BSHG § 18 Rn. 15.

[380] BT-Drucks. III/1799 vom 20.4.1960, S. 41 (zu § 16 RegE); ebenfalls *O. Mergler/G. Zink/E. Dahlinger/H. Zeitler*, BSHG § 18 Rn. 4.

[381] Ausprägung des Nachrangprinzips in § 2 Abs. 1 BSHG.

[382] So etwa LPK-BSHG § 18 Rn. 6; a.A. OVG Hamburg 29.8.1990 FEVS 41,417 (421).

[383] Vgl. BVerwG 22.3.1961 E 12, 129; OVG Lüneburg 18.3.1964 FEVS 12. 257.

[384] *O. Mergler/G. Zink/E. Dahlinger/H. Zeitler*, BSHG § 18 Rn. 1a, § 25 Rn. 2 und 10; BVerwG 22.3.1961 E 12, 129 (132); ebenfalls *S. Peters-Lange*, Zumutbarkeit von Arbeit, S. 64 ff. m.w.N.

[385] So z.B. LPK-BSHG § 25 Rn. 9, der bei Kürzungen von über 20 % einen Verstoß gegen die in Art. 1 GG verbriefte Menschenwürde annimmt; für eine verfassungskonforme Auslegung *S. Peters-Lange*, Zumutbarkeit von Arbeit, S. 66 f., die eine völlige Versagung der HLU dann für unzulässig hält, wenn sie zur Mobilisierung der Selbsthilfekräfte untauglich ist.

[386] Diese Forderung gebietet die Vernunft. Ansonsten würde der Betreffende zwangsläufig seinen Lebensunterhalt sich durch kriminelle oder illegale Betätigung beschaffen müssen. Für eine Begrenzung auf höchstens *zwei Monate* LPK-BSHG § 25 Rn. 7, der aber *wiederholte Kürzungen* für möglich erachtet.

staatlichen Zwangs[387] unerläßlich ist. Sowohl in der gesetzgeberischen Begründung zum Entwurf eines BSHG als auch in der Rechtsprechung des BVerwG wird eine völlige Versagung der HLU *für einen begrenzten Zeitraum* allerdings ohne weiteres für zulässig gehalten.[388]

b) Gesetzliche Ausgestaltung der Zumutbarkeit

aa) Regelungstechnik

Ähnlich wie im SGB III wird in § 18 Abs. 3 BSHG nicht unmittelbar definiert, welche Beschäftigungen als zumutbar zu gelten haben. Es werden in § 18 Abs. 3 Satz 1 bis 3 BSHG zunächst Fälle definiert, die *eindeutig unzumutbar* sind. In Satz 5 werden dann Kriterien aufgezählt, die für sich alleine Unzumutbarkeit einer Beschäftigung nicht begründen können (negative Abgrenzung).

Hier wie in § 121 SGB III bedient sich der Gesetzgeber der *exemplifizierenden Methode*, indem er die Zumutbarkeit von Beschäftigungen durch eine genauere Begrenzung der *Un*zumutbarkeit mittelbar eingrenzt. Regelungstechnisch entsprechen § 18 Abs. 3 Satz 1 bis 3 BSHG dem § 121 Abs. 2 bis 4 SGB III; § 18 Abs. 3 Satz 5 BSHG entspricht von der Art der Regelung her § 121 Abs. 5 SGB III:

Unzumutbar ist eine Beschäftigung gemäß § 18 Abs. 3 Satz 1 bis 4 BSHG,
- (1) bei mangelnder körperlicher oder geistiger Eignung des Hilfesuchenden für die konkrete Arbeit (Satz 1)
- (2) bei wesentlicher Erschwerung der künftigen Ausübung seiner bisher überwiegend ausgeübten Tätigkeit (Satz 1)
- (3) wenn der Arbeit ein „sonstiger wichtiger Grund" entgegensteht (Satz 1)
- (4) bei Gefährdung der geordneten Erziehung eines Kindes (Satz 2, 3)
- (5) bei entgegenstehenden Pflichten der Haushaltsführung oder Pflege eines Angehörigen (Satz 4).

bb) Mangelnde körperliche oder geistige Eignung

Die in § 18 Abs. 3 Satz 1 BSHG definierte Unzumutbarkeit bei *mangelnder körperlicher oder geistiger Eignung* für eine Tätigkeit ist im Arbeitsförderungrecht keine Frage der Zumutbarkeit, sondern wird bereits im Rahmen der 'objektiven Verfügbarkeit' entschieden: Objektiv verfügbar ist ein Arbeitsloser ohnehin nur für Beschäftigungen, die im Rahmen seines geistigen und körperli-

---

[387] Dazu ausführlicher *S. Peters-Lange*, Zumutbarkeit von Arbeit, S. 64 f.
[388] Begründung zum zweiten Abschnitt, Unterabschnitt 2 des BSHG (insbesondere zu § 25), BT-Drucks. III/1799, S. 40 f.; vgl. auch BVerwG 13.10.1983 E 68, 91 (94).

chen Leistungsvermögens liegen.[389] Nur darauf muß sich auch seine Arbeitsbereitschaft beziehen (Kongruenz der Arbeitsbereitschaft mit der Arbeitsfähigkeit vgl. § 119 Abs. 2 SGB III). Nur wenn es aufgrund körperlicher oder geistiger Einschränkungen des Arbeitslosen überhaupt keine mehr als geringfügigen Tätigkeiten gibt, die sich auch sonst im Rahmen der durch § 121 SGB III aufgestellten Zumutbarkeitskriterien halten, scheidet bereits die objektive Verfügbarkeit des Betreffenden aus.[390] Beschäftigungen, die außerhalb des geistigen Leistungsvermögens liegen, kann ein Arbeitsloser daher ablehnen, ohne daß davon die Verfügbarkeit berührt würde (weder die objektive noch die subjektive); es bedarf dafür nicht des 'Umwegs' über die Zumutbarkeit.[391]

cc) „Zukunftsgerichteter Berufsschutz" im Sozialhilferecht

Der zweite in § 18 Abs. 3 Satz 1 BSHG definierte Unterfall der Unzumutbarkeit schreibt einen **zukunftsgerichteten Berufsschutz** fest. Unzumutbar ist danach jede Arbeit, die die künftige Ausübung der bislang überwiegend vom Hilfesuchenden ausgeübten Tätigkeit *wesentlich erschweren würde*. Hierunter werden von Rechtsprechung und Literatur übereinstimmend zwei Unterfallgruppen subsumiert. Die Vorschrift wird zum einen angewandt für *Extremfälle* wie etwa den Konzertgeiger, der zu schweren Waldarbeiten herangezogen werden soll, durch die er mit Sicherheit seine Fingerfertigkeit verlöre.[392] Weiterhin begründet § 18 Abs. 3 Satz 1 Alt. 2 BSHG auch eine Ablehnungsmöglichkeit für selbständig Berufstätige, denen während einer *absehbaren* Zeit der Hilfsbedürftigkeit die Aufnahme einer unselbständigen Tätigkeit angetragen wird, wenn diese eine *nachhaltige berufliche und soziale Herabstufung* bedeuten würde.[393] Voraussetzung ist, daß die Notlage von vornherein vorübergehend ist und die selbständige Tätigkeit vorher den Hilfesuchenden und seine Angehörigen ernährt hatte. Diese Fallgruppe ist für den arbeitsförderungsrechtlichen Zumutbarkeitsbegriff jedoch ohne Bedeutung, da die Entgeltersatzleistungen der Arbeitslosenversicherung grundsätzlich auf einem zuvor ausgeübten versicherungspflichtigen Beschäftigungsverhältnis basieren, vgl. §§ 24 ff. SGB III.
Ein *„zukunftsgerichteter Berufsschutz"* findet sich bereits in der 'Urfassung' des BSHG im Jahr 1961,[394] ebenso wie in beiden Vorläufern des AFG, dem

---

[389] Vgl. *K. Niesel*, AFG, § 103 Rn. 20; *H. Steinmeyer* in: Gagel, AFG, § 103 Rn. 134 bis 136.

[390] Vgl. BSG 19.9.1979 SozR 2200 § 1241 Nr. 14 (S. 47); ferner *H. Steinmeyer* in: Gagel, AFG, § 103 Rn. 82 mit dem Beispiel eines Blinden, der nur noch blindentypische Arbeiten verrichten kann und dennoch verfügbar ist; ferner Rn. 136. Bei zeitlichen Beschränkungen der Verfügbarkeit ist allerdings auch die Möglichkeit der nur anteiligen Leistung des Arbeitslosengeldes zu beachten, vgl. § 133 Abs. 2 SGB III.

[391] Vgl. *H. Steinmeyer* in: Gagel, AFG, § 103 Rn. 174 ff.

[392] So schon *F.-J. Mertens* NDV 1966, 42; LPK-BSHG § 18 Rn. 8.

[393] *O. Mergler/G. Zink/E. Dahlinger/H. Zeitler*, BSHG § 18 Rn. 28.

[394] BSHG vom 30.6.1961 BGBl. I S. 815.

AVAVG von 1927[395] (§ 90 Abs. 2 Nr. 2 Alt. 3), dem AVAVG von 1957[396] (§ 78 Abs. 2 Nr. 2 Alt. 2) und der ZumutbarkeitsAO von 1982 (§ 2 Abs. 2 Nr. 2). Sein Bestehen wurde auch von der Rechtsprechung immer wieder betont, jedoch scharf abgegrenzt gegen einen für das Arbeitsförderungsrecht lange Zeit abgelehnten, ausschließlich vergangenheitsorientierten Berufsschutz.[397]

Allerdings sind hierbei die Einschränkungen des § 18 Abs. 3 Satz 5 BSHG zu beachten, die die praktische Bedeutsamkeit des Satzes 1 Alt. 2 deutlich mindern. Korrespondierend zum ohnehin nur zukunftsgerichteten Berufsschutz werden hier Kriterien benannt, die zwar vom Hilfesuchenden als negativ empfunden werden, aber für sich alleine keine Unzumutbarkeit begründen können. Regelungstechnisch betrachtet handelt es sich dabei also um eine Parallelregelung zu § 121 Abs. 5 SGB III.
Die Regelung in § 18 Abs. 3 Satz 5 BSHG lautet:

> Eine Arbeit oder Arbeitsgelegenheit ist insbesondere nicht allein deshalb unzumutbar, weil
> 1. sie nicht einer früheren beruflichen Tätigkeit des Hilfeempfängers entspricht,
> 2. sie im Hinblick auf die Ausbildung des Hilfeempfängers als geringerwertig anzusehen ist,
> 3. der Beschäftigungsort vom Wohnort des Hilfeempfängers weiter entfernt ist als ein früherer Beschäftigungs- oder Ausbildungsort,
> 4. die Arbeitsbedingungen ungünstiger sind als bei den bisherigen Beschäftigungen des Hilfeempfängers.

Eingefügt wurden diese Klarstellungen mit dem 2. Haushaltsstrukturgesetz 1981.[398] *Inhaltlich* ist auf weitere Parallelen zum Arbeitsförderungsrecht hinzuweisen: § 18 Abs. 3 Satz 5 Nrn. 1, 3 und 4 BSHG entsprechen in Wortlaut und Aussagegehalt im wesentlichen dem ehemaligen § 103 Abs. 1a AFG in der Fassung des HStrukG-AFG 1975.[399]
Dieser lautete wie folgt:

> (1a) Bei der Beurteilung der Zumutbarkeit sind die Lage und Entwicklung des Arbeitsmarktes, die Interessen der Gesamtheit der Beitragszahler und die des Arbeitslosen zu berücksichtigen. Beschäftigungen sind nicht allein deshalb unzumutbar, weil
> 1. sie nicht der bisherigen beruflichen Tätigkeit des Arbeitslosen entsprechen,
> 2. der Beschäftigungsort vom Wohnort des Arbeitslosen weiter entfernt ist als der bisherige Beschäftigungsort oder
> 3. die Arbeitsbedingungen ungünstiger sind als bei der bisherigen Beschäftigung, insbesondere lediglich der tarifliche Arbeitslohn gezahlt wird oder im

---

[395] AVAVG vom 26.7.1927 RGBl. I S. 187.
[396] AVAVG vom 3.4.1957 BGBl. I S. 321.
[397] Vgl. etwa BSG 30.5.1978 SozR 4100 § 119 Nr. 4, S. 21 f.
[398] 2. HStruktG vom 22.12.1981 BGBl. I S. 1523.
[399] HStruktG-AFG vom 18.12.1975 BGBl. I S. 3113.

Vergleich zur früheren Beschäftigung übertarifliche Zuschläge oder sonstige Vergünstigungen entfallen."

§ 18 Abs. 3 Satz 5 Nr. 1 und Nr. 2 BSHG entsprechen inhaltlich § 121 Abs. 5 Alt. 3 SGB III. Beide Vorschriften wollen einen lediglich durch in der Vergangenheit ausgeübte Tätigkeiten oder erworbene Qualifikationen „erdienten" Berufsschutz grundsätzlich ausschließen.

Praktisch bedeutet diese Einschränkung, daß auch einem Akademiker grundsätzlich Hilfsarbeitertätigkeiten zumutbar sind, wenn er HLU beantragt hat.[400] Selbst im Sozialhilferecht werden solchen Personengruppen allerdings *zeitliche Begrenzungen* zugestanden, innerhalb derer ein solcher beruflicher Abstieg (noch) nicht zumutbar ist. Die Zeitansätze hierfür sind allerdings *vage*; die Rechtsprechung ist insoweit kaum gefestigt.[401] Dennoch werden hier Kriterien benannt, die trotz der grundsätzlichen Ablehnung eines nur auf in der Vergangenheit ausgeübte Tätigkeiten gründenden Berufsschutzes dennoch eine zeitlich abgestufte „Schonfrist" begründen können. So kommt derartiges nach Ansicht des OVG Berlin dann in Frage, wenn es sich um einen Beruf mit einer gehobenen Qualifikation handele und wenn der Betreffende sein berufliches Leben aufgrund einer berufsspezifischen Ausbildung über lange Zeit in einem bestimmten beruflichen Bereich verbracht habe. Die Dauer der „Suchphase" hänge dabei maßgeblich von der Dauer der Ausübung des erlernten Berufes ab.[402]

Diese „Suchphase" läßt sich aus folgender Überlegung rechtfertigen: Würde ein qualifizierter Hilfeempfänger von vornherein in eine Hilfsarbeitertätigkeit gedrängt, wäre ihm schon bald die Ausübung seiner bisher *lange* ausgeübten Tätigkeit nicht mehr möglich, weil er sich nicht 'up-to-date' halten könnte. Eine zeitlich begrenzte Suchphase zu gewähren ist daher auch volkswirtschaftlich vernünftig, denn qualifizierte Ausbildungen sind nicht nur für den einzelnen, sondern auch für die Allgemeinheit meist recht teuer.

Übertragbarkeit?

Fraglich ist allerdings, ob derartige Überlegungen, die aus dem Bereich des Sozialhilferechts stammen, auf das Arbeitsförderungsrecht, das ja auch vom Versicherungsprinzip beherrscht wird, übertragbar sind.

---

[400] So LPK-BSHG § 18 Rn. 8 mit Berufung auf OVG Berlin 2.2.1982 - OVG 6 S 97.81 - (unveröffentlicht).

[401] Beispielsweise wurde einem Steuerrat mit langjähriger Berufserfahrung eine „Suchphase" zugestanden, in der er seine Bemühungen um eine neue Stelle auf sein bisheriges Berufsfeld beschränken dürfe, OVG Berlin 26.7.1984 FEVS 34, 240 (248 f.) (vereinzelt geblieben).

[402] OVG Berlin 26.7.1984 FEVS 34, 240 (248 f.); im Anschluß daran auch LPK-BSHG § 18 Rn. 8.

Dafür spricht folgende Überlegung: Im Sozialhilferecht gilt im Bereich der HLU als bedürftigkeitsabhängiger, nachrangig zu erbringender Leistung grundsätzlich nur ein *Mindeststandard des Schutzes individueller Interessen*, der als solcher auch auf das Arbeitsförderungsrecht übertragen werden können muß (argumentum a minore ad maior).[403]

Gegen eine Gewährung solcher „Suchphasen", deren Länge zumindest auch von der erreichten beruflichen Qualifikation abhängt, auch im Arbeitsförderungsrecht sprechen jedoch mehrere Gründe:
Bei der zitierten Entscheidung handelt es sich nicht um „gefestigte Rechtsprechung"; die Entscheidung ist vereinzelt geblieben; die h.M. im Sozialhilferecht[404] legt das Merkmal der wesentlichen Erschwerung künftiger Tätigkeit im alten Beruf aus systematischen Erwägungen restriktiv aus, um die Mobilitätsanforderungen im Sozialhilfe- und Arbeitsförderungsrecht nicht zu umgehen.
Als Argument gegen eine Übertragung der oben dargestellten Erweiterung des gesetzlich zugestandenen Berufsschutzes mag ferner dienen, daß die Frage der „Suchphase" in der genannten Entscheidung nicht streitentscheidend war. Es handelt sich vielmehr um einen Absatz, den das OVG „zur Klarstellung" angefügt hatte.[405]

Wollte man sich für das Sozialhilferecht dennoch dieser Ansicht anschließen, verbieten folgende Überlegungen eine Übertragung des Urteils des OVG Berlin auf den arbeitsförderungsrechtlichen Zumutbarkeitsbegriff:
Zum einen existiert im Sozialhilferecht, anders als im SGB III, überhaupt kein Entgeltschutz; § 121 Abs. 3 SGB III dagegen gewährleistet durch das Abstellen auf das früher erzielte Entgelt einen *mittelbaren Berufsschutz*, der bereits das Entstehen von Extremfällen wie dem oben dargestellten verhindern soll. Die vom Gesetzgeber mit dem AFRG vollzogene Abschaffung des qualifikationsabhängigen Berufsschutzes würde 'durch die Hintertür' wiedereingeführt, würde man eine qualifikationsabhängige Suchzeit von bis zu einem *halben Jahr* für Akademiker (!) gewähren. [406] Wie aber anfangs gesagt wurde, ist der Gesetzgeberwille jedenfalls bei einem neuen Gesetz ein entscheidender „Filter" für die Frage der Übertragbarkeit „alter" Wertungen auf einen „neuen" Normtext (vgl. oben Seite 28).

---

[403] So auch *S. Peters-Lange*, Zumutbarkeit von Arbeit, S. 144 f; *H. Steinmeyer* in: Gagel, AFG, § 103b (n.F.) Rn. 55.
[404] *W. Schellhorn/H. Jirasek/P. Seipp*, BSHG § 18 Rn. 16 f.; *O. Mergler/G. Zink/E. Dahlinger/H. Zeitler*, BSHG § 18 Rn. 28; LPK-BSHG, § 18 Rn. 8; *A. Knopp/O. Fichtner/M. Wienand*, BSHG § 18 Rn. 9.
[405] Vgl. OVG Berlin 26.7.1984 FEVS 34, 240, 248 f.
[406] Darauf hinweisend auch *S. Peters-Lange*, Zumutbarkeit von Arbeit, S. 144.

Nach der hier vertretenen Auslegung der Zumutbarkeit soll Arbeitslosen zwar in der Tat eine begrenzte Suchzeit zugestanden werden, allerdings *jedem Arbeitslosen* unabhängig von besonderer Qualifikation, nur aufgrund seiner Neigung und eines sachgerechten Vermittlungswunsches (der in aller Regel allerdings zumindest zum weiteren Bereich des vorher ausgeübten Berufs oder einer erlernten Tätigkeit gehören sollte).

An die h.M. im Sozialhilferecht anknüpfend ist jedoch eine Übertragung des zukunftsgerichteten Berufsschutzes nach § 18 Abs. 3 Satz 1 Alt. 2 BSHG als „Mindestschutz" zu bejahen. Ein zukunftsgerichteter Berufsschutz findet sich zwar nicht ausdrücklich in § 121 SGB III; wenn jedoch ein arbeitsloser Empfänger der bedarfsabhängigen HLU eine Tätigkeit ablehnen kann, die die Ausübung seiner zuvor überwiegend ausgeübten Tätigkeit wesentlich erschwert, so muß das *erst recht* für die *Versicherungsleistung* Arbeitslosengeld gelten.[407] Dieser „zukunftsgerichtete" Berufsschutz bleibt allerdings, wie eben dargestellt, auf **Extremfälle** beschränkt. Wollte man mit der Überlegung, daß eine über eine längere Zeit ausgeübte unterqualifizierte Tätigkeit die Rückkehr in den bisherigen Beruf oder das berufliche Fortkommen wesentlich erschwere, in diesen Fällen das Merkmal des § 18 Abs. 3 Satz 1 Alt. 2 BSHG verwirklicht sehen, so würde eine „systemwidrige personenbezogene Arbeitslosigkeit zementiert".[408]

dd) Der „wichtige Grund" in § 18 Abs. 3 Satz 2 BSHG

Eine Beschäftigung ist im Sozialhilferecht dann unzumutbar, wenn ihr ein „wichtiger Grund" entgegensteht. Dieser unbestimmte Rechtsbegriff wurde als Folgeänderung der Neufassung des Arbeitsförderungsrechts im AFG im Jahr 1969 eingefügt.[409] Er ersetzt den in der Ursprungsfassung des § 18 BSHG in Abs. 3 Satz 2 enthaltenen Verweis auf den Katalog des § 78 Abs. 2 AVAVG 1957, also den 'Vorläufer' des Zumutbarkeitsbegriffs im Arbeitsförderungrecht als pflichtbegrenzendes Korrektiv. Um nach der Einführung dieses unbestimmten Rechtsbegriffs die Kongruenz zwischen Arbeitsförderungs- und Sozialhilferecht an dieser Schnittstelle zu erhalten, mußte auch im BSHG ein unbestimmter Rechtsbegriff (analog zu dem in § 119 AFG eingeführten „wichtigen Grund") den Verweis auf den Katalog der „berechtigten Gründe" einer Arbeitsablehnung ersetzen. Der Gehalt des in § 119 AFG/§ 144 SGB III genannten „wichtigen Grundes" erstreckt sich nun wegen des funktionalen Zusammenhangs von §§ 103 und 119 AFG (entsprechend für die Nachfolgenormen des

---

[407] Für einen solchen zukunftsgerichteten Berufsschutz auch *H. Steinmeyer* in: Gagel, AFG, § 103 (n.F.) Rn. 37, wo das Erfordernis für die Gewährung aus Art. 12 GG abgeleitet wird. Mit Hinweis auf § 78 Abs. 2 AVAVG und § 18 Abs. 3 BSHG in Rn. 103.

[408] *Henning/Kühl/Heuer*, AFG, § 103 Rn. 18.

[409] 2. ÄndG BSHG vom 14.8.1969 BGBl. I S. 1153.

SGB III) weit über die in § 78 Abs. 2 AVAVG genannten „Katalogtatbestände" hinaus: Für die Ablehnung einer Arbeit, die nicht den Zumutbarkeitskriterien des § 103 AFG/§121 SGB III entspricht, ist immer ein wichtiger Grund gegeben.[410] Die Zumutbarkeitskriterien des § 121 SGB III (und vielmehr noch der ZumutbarkeitsAO) übersteigen in ihrer Schutzwirkung den Katalog in § 78 Abs. 2 AVAVG nun aber beträchtlich.[411]

Diese inhaltliche Ausweitung hat das Sozialhilferecht so nicht mitvollzogen. Die inhaltliche Ausgestaltung des „wichtigen Grundes" in § 18 Satz 1 Alt. 3 BSHG wird immer noch primär in Anlehnung an die in § 78 Abs. 2 AVAVG aufgezählten Katalogtatbestände vorgenommen.[412] § 78 Abs. 2 AVAVG lautete:

(2) Ein **berechtigter Grund** liegt nur vor, wenn

1. für die Arbeit nicht das tarifliche oder, soweit eine tarifliche Regelung nicht besteht, das im Berufe ortsübliche Arbeitsentgelt gezahlt wird oder bindende Bestimmungen über sonstige Arbeitsbedingungen oder Arbeitsschutzvorschriften nicht eingehalten werden oder
2. die Arbeit dem Arbeitslosen nach seinem körperlichen oder geistigen Leistungsvermögen nicht zugemutet werden kann oder ihm die künftige Ausübung seiner bisherigen überwiegenden Tätigkeit wesentlich erschweren würde oder
3. die Arbeit durch Streik oder Aussperrung frei geworden ist, für die Dauer des Streikes oder der Aussperrung, oder
4. die Unterkunft gesundheitlich oder sittlich bedenklich ist, oder
5. der Arbeitslose sich zur Verrichtung der Arbeit an einem anderen Wohn- oder Aufenthaltsorte als seine Angehörigen (§ 89 Abs. 2) aufhalten muß und infolgedessen deren weitere Versorgung wirtschaftlich nicht hinreichend gesichert oder in anderer Hinsicht besonders gefährdet ist oder
6. die Arbeit gegen ein Gesetz oder die guten Sitten verstößt.

Man geht allerdings auch im Sozialhilferecht bei der inhaltlichen Ausgestaltung des Begriffs des „wichtigen Grundes" über diese Katalogaufzählung hinaus; maßgebend sind immer die *Umstände des Einzelfalls*.[413] So ist es insbesondere möglich, in Ausnahmefällen eine begonnene Ausbildung zuendezuführen, ohne auf eine Arbeit verwiesen werden zu können. Hier muß man jedoch differenzieren: Grundsätzlich kann während der Dauer einer Ausbildung, die *dem Grunde*

---

[410] BSG 10.12.1980 E 51, 70 (71 f.) m.w.N.

[411] Nur um ein Beispiel zu nennen: Ein Entgeltschutz war nicht vorgesehen; man konnte lediglich Beschäftigungen ablehnen, für die nicht das tarifliche oder ortsübliche Gehalt gezahlt wurde.

[412] Vgl. etwa *O. Mergler/G. Zink/E. Dahlinger/H. Zeitler*, BSHG § 18 Rn. 29; vorsichtiger aber *W. Schellhorn/H. Jirasek/P. Seipp*, BSHG § 18 Rn. 19, die insoweit nur noch von einer „Anlehnung an die frühere Vorschrift" sprechen.

[413] OVG Lüneburg 13.3.1989 FEVS 39,186.

nach gemäß BAFöG oder SGB III förderungsfähig ist, keine HLU geleistet werden. [414] Wenn hiernach dennoch HLU zu leisten ist, gilt folgendes: Die Nichtverweisbarkeit auf Erwerbsarbeit trotz Bezugs von HLU ist bei einer *ersten Berufsausbildung* die Regel,[415] jedoch wird derselbe Tatbestand bei *Zweitausbildungen/Umschulungen* allenfalls in Ausnahmefällen als wichtiger Grund anerkannt. [416] Diese Fälle sind allerdings für den arbeitsförderungsrechtlichen Zumutbarkeitsbegriff nicht verwertbar, da bei Bestehen eines Ausbildungsverhältnisses ohnehin regelmäßig keine Arbeitslosigkeit vorliegt. Für Trainingsmaßnahmen ist ausdrücklich bestimmt, daß das Arbeitslosengeld/die Arbeitslosenhilfe trotz der eigentlich nicht bestehenden Verfügbarkeit weitergeleistet werden kann, vgl. § 48 Abs. 1 SGB III. Diese Fälle sind im Arbeitsförderungsrecht keine Probleme des Zumutbarkeitsbegriffs.

Einzugehen ist sodann noch im einzelnen auf die „Katalogaufzählung" des § 78 Abs. 2 AVAVG, die grundsätzlich Eingang in das Arbeitsförderungsrecht finden kann (s.o.), soweit hier tatsächlich „Mindestzumutbarkeitsvoraussetzungen" normiert werden.

ee) Unzumutbarkeit bei untertariflicher Bezahlung?

Laut **Nr. 1** sollte jede Arbeit sanktionslos abgelehnt werden können, für die nicht das tarifliche oder (wenn ein solches nicht festgelegt ist) das ortsübliche Entgelt gezahlt wird. Dies geht über den in § 121 Abs. 2 SGB III normierten Schutz hinaus, der nur einen Verstoß gegen „tariflich festgelegte Bestimmungen über Arbeitsbedingungen" vorsieht, ein bestimmtes Entgelt aber nicht mehr verlangt.[417] Ob das Unterschreiten des tariflichen oder ortsüblichen Entgelts für sich genommen Unzumutbarkeit auslösen kann, geht auch aus der Gesetzesbegründung nicht hervor.[418] Die Formulierung des § 121 Abs. 2 SGB III ist jedoch *offen* („insbesondere"), so daß der Gesetzeswortlaut Raum für weitergehende Konkretisierungen läßt. Daß in der sozialhilferechtlichen Literatur ein untertarifliches oder ortsunüblich niedriges Entgelt als „wichtiger Grund" für die Ablehnung einer Beschäftigung gewertet wird, legt für das Arbeitsförderungsrecht, dessen Leistungen ja zumindest was das Arbeitslosengeld anbelangt, *erdiente*

---

[414] HLU kann allerdings (bis auf Härtefälle) nur gewährt werden, wenn die Ausbildung nicht **dem Grunde nach** nach BAFöG oder SGB III förderungsfähig ist, vgl. § 26 BSHG (soll verhindern, daß die Sozialhilfe als „Anschluß-BAFöG" mißbraucht wird).

[415] Vgl. Sozialhilferichtlinien § 18, Rn. 18.15.

[416] Sozialhilferichtlinien § 18, Rn. 18.16 bis 18.18; vgl. auch BVerwG 7.6.1989 NDV 1989, 324.

[417] Anders noch § 5 Abs. 1 Nr. 2 ZumutbarkeitsAO 1982.

[418] Vgl. Seite 44 f.

Anwartschaften zugrundeliegen, einen „erst-recht-Schluß" nahe. Für eine Übertragung spricht ferner, daß seit 1927 im Arbeitsförderungsrecht ein normierter Schutz fast ununterbrochen bestanden hat,[419] und der Gesetzgeber nicht — wie etwa beim Berufsschutz — *ausdrücklich* davon abgerückt ist.

Gegen einen „Erst-recht-Schluß" sprechen jedoch folgende Erwägungen: Die analoge Anwendung des § 78 Abs. 2 AVAVG über den unbestimmten Rechtsbegriff „wichtiger Grund" in § 18 Abs. 3 Satz 1 BSHG läßt sich vorwiegend historisch begründen (s.o.). Bislang ging das AFG aber in jeder Hinsicht über den Schutzumfang des § 78 Abs. 2 AVAVG hinaus. Nach dem Inkrafttreten des SGB III ist das für das Arbeitsförderungrecht nach dem Wortlaut des § 121 Abs. 2 SGB III bei der Frage des tariflichen/ortsüblichen Entgelts nun zumindest zweifelhaft. Zu beachten ist, daß § 5 Abs. 1 Nr. 1 ZumutbarkeitsAO beinahe wörtlich übernommen wurde, nicht aber die Regelung in § 5 Abs. 1 Nr. 2, die die Unterschreitung des tariflichen oder ortsüblichen Entgelts als Unzumutbarkeitsgrund auswies.

Das legt zunächst eher nahe, daß jedenfalls ein so umfassender Schutz wie in § 5 Abs. 1 Nr. 2 ZumutbarkeitsAO vom Gesetzgeber nicht mehr gewollt ist. Zwar steht der Wortlaut und die Gesetzesbegründung des § 121 Abs. 2 SGB III einem solchen Vorhaben nicht ausdrücklich entgegen (wie etwa beim Berufsschutz, vgl. § 121 Abs 5 SGB III); um jedoch diesen Schutz im bisherigen Umfang weitergelten zu lassen, bedarf es des Vorbringens *schlagkräftiger* Argumente. Ein solches wäre beispielsweise die *ausdrückliche* Nennung der untertariflichen/ortsunüblich niedrigen Bezahlung in § 18 Abs. 3 BSHG als Unzumutbarkeitsgrund für den Bereich der Sozialhilfe.

Eine pauschale Einbeziehung des § 78 Abs. 2 AVAVG über den Begriff „wichtiger Grund" in das Sozialhilferecht als Gründe für die Unzumutbarkeit einer Beschäftigung reicht aber nach der Neufassung der Vorschriften des Arbeitsförderungsrechts für eine Übertragung dieser Wertung auf § 121 Abs. 2 SGB III nicht aus. Das wäre „das Pferd von hinten aufgezäumt", da es sich um eine primär historisch begründbare Folgewirkung der mit der Einführung der unbestimmten Rechtsbegriffe in diesem Bereich zunächst geschaffenen Rechtsunsicherheit handelt. Die anschließend zunehmenden Zumutbarkeitserleichterungen zugunsten der Arbeitslosen im Arbeitsförderungsrecht wollte man im Sozialhilferecht vor dem Hintergrund, daß es sich bei dem Zumutbarkeitsbegriff in § 18 Abs. 3 BSHG um **Mindeststandards** handelt,[420] nicht übernehmen.

---

[419] Vgl. § 90 Abs. 2 Nr. 1 AVAVG 1927; § 78 Abs. 2 Nr. 1 AVAVG 1957; § 5 Abs. 1 ZumutbarkeitsAO vom 3.10.1979 ANBA S. 1387; § 5 Abs. 1 Nr. 2 ZumutbarkeitsAO 1982 ANBA S. 523.
[420] So ausdrücklich *W. Schellhorn/H. Jirasek/P. Seipp*, BSHG § 18 Rn. 29.

Die Berufung auf § 78 Abs. 2 AVAVG als „Mindeststandard"[421] funktioniert jedoch nur so lange, wie das geltende Arbeitsförderungsrecht im Schutzumfang darüber hinausgeht. Sie kann jedoch nicht dazu dienen, in Zweifelsfällen eine **Modifizierung** zu begründen.

Auch mit Rückgriff auf das Sozialhilferecht kann daher eine untertarifliche oder ortsunüblich niedrige Bezahlung nicht als „ungeschriebener Fall" des § 121 Abs. 2 SGB III eingeführt werden.

Letztendlich setzt sich daher die durch einen Vergleich der Formulierung von Gesetzeswortlaut und Gesetzesbegründung des § 121 Abs. 2 SGB III mit der Vorgängervorschrift des § 5 Abs. 1 ZumutbarkeitsAO begründete Vermutung durch, daß ein Schutz insbesondere eines *tariflichen* Entgelts „wie bisher", d.h. auch wenn der Tarifvertrag nicht unmittelbar Anwendung finden kann, nicht mehr gewünscht ist. Mit der Neufassung hat der Gesetzgeber auf die zunehmende Diskussion um den Sinn des Flächentarifvertrags und auf die zunehmende Forderung nach Flexibilisierung dieser Verträge[422] reagiert.

Andererseits zeigt die Formulierung „insbesondere", daß „Lohndumping" mit Hilfe des Instruments der arbeitsförderungsrechtlichen Sperrzeit auch nicht gewünscht ist; wäre dies der Fall, hätte es in § 121 Abs. 5 SGB III eine ähnliche Klarstellung wie für die Abschaffung des Berufsschutzes gegeben.

Insbesondere in Gebieten, in denen bestimmte Flächentarifverträge kaum noch zur Anwendung kommen, ist die Bezugnahme auf das tarifliche Entgelt für die Zumutbarkeit kein taugliches Wertungskriterium mehr. Es würde jedoch wenig Sinn machen, dem zunehmenden Trend zum 'Ausstieg' aus den Tarifverträgen dadurch von staatlicher Seite Vorschub zu leisten, daß Arbeitnehmern unter Androhung von Sperrzeiten (§ 144 SGB III) angesonnen werden kann, *vollkommen unterbezahlte* Tätigkeiten zu übernehmen, sofern ein Tarifvertrag nicht unmittelbar Anwendung finden kann.[423]

Folglich wird die Rechtsprechung in Fällen *deutlicher Unterschreitung* eines tariflichen und nicht orts- oder betriebsüblichen Entgelts in Weiterentwicklung

---

[421] So z. B. auch *A. Gagel* in: Gagel, AFG, § 119 Rn. 298 ff., der so die Weitergeltung der „berechtigten Gründe" des § 78 Abs. 2 AVAVG als „Mindeststandard" über den Begriff des „wichtigen Grundes" in § 119 AFG auch im AFG erreichen will.

[422] Vgl. dazu etwa *R. Graumann/M. Schafft* NZA 1998, 176 m.w.N. („Erosion des Flächentarifvertrages"); *H. Oetker* ZfA 1998, 41 (43 ff.) m.w.N.; *W. Hromadka* NZA 1998, 1 (8); zu den rechtlichen Auswirkungen der Tarifflucht *G. Schaub* AuA 1998, 44. Selbst die IG-Metall räumt in einem Thesenpapier starke politische Tendenzen hin zu einer „Aufweichung" der Tarifbindung ein; ferner wird beklagt, daß sich „immer mehr Unternehmen durch Tarifflucht oder Tarifbruch der Tarifbindung entziehen (wollen) und Neu- oder Ausgründungen keine Tarifbindung mehr eingehen." Dies drohe Reichweite und Stellenwert des Tarifvertrags in der Öffentlichkeit und bei den Betroffenen erheblich zu schmälern, *IG Metall* NZA 1998, 88 (89).

[423] Vgl. dazu auch die m.E. aber zu weitgehende Kritik von *R. Sitte* ZSR 1996, 167 (175).

des § 121 Abs. 2 SGB III neue Unzumutbarkeitsgrenzen einfügen müssen. Erwägenswert ist eine Lösung in Anlehnung an § 5 Abs. 1 Satz 1 Nr. 1 TVG, wonach das tarifvertragliche Entgelt dann Leitlinie für die Zumutbarkeitsentscheidung wäre, wenn zumindest 50% der Arbeitnehmer eines Arbeitsamtsbezirks in der betreffenden Branche in unmittelbar tarifgebundenen Beschäftigungsverhältnissen tätig sind. Gegen eine solche Lösung spricht aber, daß es dann zu erheblichen Ermittlungsschwierigkeiten seitens des Arbeitsamts käme. Ferner können diejenigen Arbeitnehmer, die zwar nicht unmittelbar tarifgebunden sind, für die jedoch der jeweils geltende Tarifvertrag über die Einbeziehung durch Individualabrede dennoch gilt, bei der Ermittlung solcher 'Akzeptanzwerte' nicht unberücksichtigt bleiben. Eine für die Einbeziehung erforderliche Ermittlung dieser Zahl dürfte jedoch praktisch unmöglich sein.

Ersatzweise bietet sich in Zweifelsfällen die Bezugnahme auf das „**ortsübliche Entgelt**" an, jedoch nicht als ein Wert, der bei Unterschreiten sofort Unzumutbarkeit auslöst (gerade das will der Gesetzgeber durch die ersatzlose Streichung des § 5 Abs. 1 Nr. 2 ZumutbarkeitsAO vermeiden, s.o.), sondern als Richtwert, der erst bei *deutlicher* Unterschreitung eine Ablehnung des betreffenden Beschäftigungsverhältnisses als unzumutbar zuließe. Möglich wäre etwa die Einführung einer sog. „gegriffenen Größe", z.B. Unzumutbarkeit bei untertariflicher Bezahlung und Unterschreiten des ortsüblichen Entgelts um 25%.

Falls jedoch zwar das tarifliche Entgelt deutlich unterschritten wird, jedoch Ortsüblichkeit oder (in größeren Betrieben) zumindest Betriebsüblichkeit der Entlohnung vorliegt, darf man m.E. gestützt auf § 121 Abs. 2 SGB III eine Unzumutbarkeit alleine aus diesem Grund nicht (mehr) annehmen.[424]
Eine Weitergeltung des § 5 Abs. 1 Nr. 2 ZumutbarkeitsAO *in der alten Form* läßt sich durch Anwendung der Methode der Fallgruppenbildung und Typisierung nicht begründen.

Allgemein wird man sagen können, daß die Bedeutung tariflicher Regelungen für die Bewertung der arbeitsförderungsrechtlichen Zumutbarkeit in dem Maße sinkt, in dem Flächentarifverträge an Bedeutung verlieren.
Ließe sich der Trend zur Abkehr vom Flächentarifvertrag allerdings stoppen oder sogar rückgängig machen, wäre eine Wiedereinführung des § 5 Abs. 1 Nr. 2 ZumutbarkeitsAO durch den Gesetzgeber zu überdenken.
Die in § 78 Abs. 2 **Nr. 1** AVAVG 1957 normierte Mindestgrenze des tariflichen oder ortsüblichen Gehalts findet somit im Rahmen des § 121 Abs. 2 SGB III als über die Kasuistik hinausgehende Konkretisierung *keine* Anwendung.
Die in § 78 Abs. 2 Nr. 1 AVAVG ebenfalls normierte Grenze der Einhaltung von bindenden Arbeitsbedingungen oder Arbeitsschutzvorschriften kommt bereits in § 121 Abs. 2 SGB III ausdrücklich vor.

---

[424] So ebenfalls *H. Steinmeyer* in: Gagel, AFG, § 103b AFG (n.F.) Rn. 65.

Auf die in **Nr. 2** der Vorschrift enthaltenen Kriterien der Berücksichtigung des körperlichen/geistigen Leistungsvermögens und eines zukünftigen Berufsschutzes wurde bereits eingegangen (s.o. bb).

ff) Durch Streik oder Aussperrung freigewordene Arbeitsplätze

Die Ausnahme in § 78 Abs. 2 Nr. 3 AVAVG ermöglicht dem Arbeitslosen die Ablehnung einer durch Streik oder Aussperrung freigewordenen Arbeitsstelle für die Dauer des Arbeitskampfes. Das ergibt sich für das geltende Recht bereits aus den *Grundsätzen der Vermittlung*, die, wie bereits dargestellt,[425] auch im Rahmen der Zumutbarkeit Beachtung finden müssen. In § 36 Abs. 3 SGB III ist normiert, daß in einen „von einem Arbeitskampf unmittelbar betroffenen Bereich" nur dann vermittelt werden darf, wenn Arbeitgeber und Arbeitnehmer dies trotz eines ausdrücklichen Hinweises wünschen. Wegen der erforderlichen Kongruenz von Vermittlungsvorschriften und Zumutbarkeitsbegriff darf also eine solche Tätigkeit sanktionslos als unzumutbar abgelehnt werden. Eines Rückgriffs auf die entsprechende Vorschrift im AVAVG bedarf es somit nicht.

gg) Gesundheitlich oder sittlich bedenkliche Unterkunft

Das Kriterium der „gesundheitlich oder sittlich bedenklichen" Unterkunft in § 78 Abs. 2 **Nr. 4** AVAVG kann jedoch wieder als „allgemeine" Unzumutbarkeitsvoraussetzung ergänzend zu den in § 121 Abs. 2 SGB III ausdrücklich geregelten Fällen herangezogen werden. Gerade solche *Mindeststandards* (und hier kann man in der Tat von *Mindest*standards sprechen!) müssen, wenn sie schon von Sozialhilfeempfängern als Unzumutbarkeitsgründe geltend gemacht werden können, *erst recht* im Bereich des Arbeitsförderungsrechts gelten.[426] Allerdings wird die Praxisrelevanz solcher Fälle in der heutigen Zeit als wohl eher gering einzuschätzen sein.

Der materiellrechtliche Gehalt von § 78 Abs. 2 **Nr. 6** AVAVG ist in § 121 Abs. 2 SGB III enthalten.

hh) Räumliche Mobilität unter besonderer Berücksichtigung von § 18 Abs. 3 Satz 2 bis 5 BSHG

Die **Nr. 5** des § 78 Abs. 2 AVAVG geht nun auf die Problematik der **räumlichen Mobilität** ein. Die Ausführungen sind allerdings nicht isoliert, sondern in einer Gesamtschau mit § 18 Abs. 3 Satz 2 bis 5 BSHG zu bewerten.

---

[425] Siehe oben Seite 66.
[426] Sozialhilferechtlicher Zumutbarkeitsbegriff als **Mindeststandard** des Schutzes individueller Interessen, vgl. oben Seite 93.

Geschützt werden sollen die Interessen von Angehörigen und Haushaltsmitgliedern des Sozialhilfeempfängers. Eine besonders starke Position nehmen dabei die Interessen minderjähriger Kinder ein, die *einen* Erziehungsberechtigten (dies ist bei einer vollständigen Familie zu beachten)[427] zur Arbeitsablehnung berechtigen kann.

Das ist dann der Fall, wenn die geordnete Erziehung dieser minderjährigen Kinder durch die Ausübung einer Beschäftigung gefährdet wird, was für Kinder unter drei Jahren in Satz 3 eine Regelannahme ist. Bei Kindern über drei Jahren wird eine Beschäftigung des betreuenden (oder alleinerziehenden) Erziehungsberechtigten grundsätzlich für zumutbar erachtet, wenn das Kind in einer Betreuungseinrichtung untergebracht ist, vgl. § 18 Abs. 3 Satz 3 BSHG.[428] Auch dann kommt allerdings nur eine *Halbtagsbeschäftigung* in Betracht.[429] Für eine Mutter eines schulpflichtigen Kindes wird man analog dazu ebenso wie die h.M. auch die Zumutbarkeit der Aufnahme einer Halbtagstätigkeit in den Vormittagsstunden bejahen können.[430]

Der erläuternde Satz 3 des § 18 Abs. 3 BSHG betrifft ausschließlich die **Arbeitszeitmobilität** des Leistungsempfängers. Hier ist zu trennen: Sofern zeitliche Beschränkungen wegen der Betreuung von Kindern (dasselbe gilt auch für die Pflege von Angehörigen) mittels des Zumutbarkeitsbegriffs erreicht werden sollen, ist dies im Arbeitsförderungsrecht keine Frage der Zumutbarkeit, sondern wird bereits mittels Einschränkungen der **objektiven Verfügbarkeit** geregelt, vgl. § 119 Abs. 4 Nr. 2 SGB III. Hier werden dem Versicherten Einschränkungen der *Dauer, Lage und Verteilung* der Arbeitszeit wegen Kinderbetreuung oder Angehörigenpflege zugestanden.

Wenn im Sozialhilferecht für die Erziehung von Kindern unter drei Jahren den Leistungsempfängern die Ablehnung *jeder* Arbeit zugestanden wird, so läßt sich das auf das vom Versicherungsprinzip beherrschte Arbeitsförderungsrecht nicht übertragen. Zwar liegt hierin bei erster Betrachtung ein **Wertungswiderspruch**, enthält doch das Sozialhilferecht in der Regel eine Mindestgrenze betreffend die Zumutbarkeitsanforderungen an Beschäftigungen.[431]

---

[427] LPK-BSHG § 18 Rn. 9.

[428] Diese Klarstellung wurde als Reaktion auf die uneinheitliche Rechtsprechung insbesondere zu Alleinerziehenden mit Kindern im Vorschulalter mit dem FKPG vom 23.6.1993 BGBl. I S. 944 eingefügt. Im Sinne dieser Vorschrift schon vorher OVG Hamburg 2.2.1990 FEVS 41, 225 (232 f.); anders insoweit OVG Lüneburg 18.12.1982 FEVS 33, 37 und VG Schleswig 28.1.1993 info also 1993, 77 f.

[429] *O. Mergler/G. Zink/E. Dahlinger/H. Zeitler*, BSHG § 18 Rn. 31.

[430] OVG Berlin 30.7.1981 - OVG 6 S 30.81 - unveröffentlicht, zitiert bei LPK-BSHG § 18 Rn. 9; Sozialhilferichtlinien § 18 Rn. 18.10.

[431] Siehe oben Seite 93 m.w.N.

Eine Erklärung läßt sich aber dennoch aus der Unterschiedlichkeit beider Systeme ableiten. Gewährt man den Müttern kleiner Kinder die Möglichkeit, jegliche Beschäftigung ohne einen Verlust des Sozialhilfeanspruchs abzulehnen, stellt das zwar eine Einschränkung des sozialhilferechtlichen **Nachrangprinzips** dar, das in § 2 Abs. 1 BSHG ausdrücklich normiert ist und in § 18 BSHG, unbeschadet des daneben auch bestehenden Hilfscharakters der Vorschrift, eine spezielle Ausprägung findet.[432] Dieses Nachrangprinzip ist jedoch auf vielfältige Weise vom Gesetzgeber gestaltet und durchbrochen worden, vgl. §§ 11, 76 ff. BSHG (insbesondere §§ 79, 88: Einkommens- und Vermögensanrechnung und die hierfür aufgestellten Ausnahmen). Man kann daher zu Recht von einem 'weichen Prinzip' sprechen.

Das Arbeitslosengeld hingegen ist eine **Versicherungsleistung.** Demgemäß stellte eine völlige Aufhebung des Erfordernisses der zeitlichen Verfügbarkeit eine tiefgreifende Einschränkung des Versicherungsprinzips dar. Hiernach muß für jeden Arbeitslosen zumindest die *Möglichkeit* bestehen, die Arbeitslosigkeit durch Aufnahme einer *versicherungspflichtigen* Tätigkeit zu beenden.[433] Arbeitslos ist eben nur derjenige, dessen Beschäftigungslosigkeit objektiv durch Vermittlung in eine versicherungspflichtige Beschäftigung beendet werden kann.[434] Ist dies nicht der Fall, etwa weil der/die Versicherte wegen der auf ihm/ihr lastenden Kindererziehung *überhaupt nicht* abkömmlich ist, kann daher auch die Versicherungsleistung „Arbeitslosengeld" nicht ausgezahlt werden; der Versicherungsfall liegt nicht vor.[435]

Zwar wäre es dem Gesetzgeber auch im Recht der Arbeitslosenversicherung unbenommen geblieben, einen so weitreichenden Ausnahmetatbestand zu bilden, wie er das im Sozialhilferecht getan hat. Hierbei würde es sich dann jedoch um eine Durchbrechung des Systems, um eine sog. „versicherungsfremde Leistung" handeln.

---

[432] Vgl. *W. Schellhorn/H. Jirasek/P. Seipp*, BSHG § 18 Rn. 1 f.

[433] Vgl. BT-Drucks. 11/890 vom 6.10.1987, S. 21 (zu § 103 AFG). Hier heißt es: „...wird bestimmt, daß der Arbeitsvermittlung nur zur Verfügung steht, wer bereit und **in der Lage** ist, nach dem Arbeitsförderungsgesetz **beitragspflichtige** Beschäftigungen aufzunehmen. Die Neuregelung ist die folgerichtige Weiterentwicklung des geltenden Rechts. Danach steht ein Arbeitnehmer, der nur ... beitragsfreie Beschäftigungen ausüben kann, der Arbeitsvermittlung nicht zur Verfügung."

[434] Vgl. dazu auch BSG 20.6.1978 SozR 4100 Nr. 17, S. 36 f.

[435] *H. Steinmeyer* in: Gagel, AFG, § 103 Rn. 133 (zum alten Recht). Ähnlich ist der Fall, daß die **zeitliche Gestaltung** der Arbeit, die eine kindererziehende Person anzunehmen bereit ist, auf vollkommen unübliche Zeiten beschränkt wird, zu denen üblicherweise auf diesem Markt eine abhängige Beschäftigung nicht stattfindet. Auch hier kann die Arbeitslosigkeit durch Arbeitsvermittlung objektiv nicht beendet werden, vgl. BSG 20.6.1978 SozR 4100 § 103 Nr. 17, S. 37; vgl. auch *H. Steinmeyer* in: Gagel, AFG, § 103 Rn. 108.

Wie aus dem Wortlaut des § 119 Abs. 4 Nr. 2 SGB III zu entnehmen ist, hat der Gesetzgeber seinen Entscheidungsspielraum nicht in der vorgenannten Weise ausgeübt. Das mag sozialpolitisch unbefriedigend sein, ergibt sich jedoch aus dem Wortlaut der eben genannten Vorschrift. Daher erübrigt es sich, die Frage nach der Übertragbarkeit der sozialhilferechtlich festgelegten Maßstäbe zu stellen. Im übrigen bleibt es der *bedürftigen* Mutter, die sämtliche Zeit für die Kindererziehung aufwenden muß (etwa bei Alleinerziehenden) oder dies einfach nur will, unbenommen, bei Einstellung der Leistungen der Bundesanstalt für Arbeit, einen Sozialhilfeanspruch bei entsprechender Bedürftigkeit geltend zu machen.

Davon zu trennen ist die Bedeutung des § 18 Abs. 3 Satz 2 und 4 BSHG sowie des über den Begriff des „wichtigen Grundes" für das Sozialhilferecht noch heranzuziehenden § 78 Abs. 2 Nr. 5 AVAVG für die **räumliche Mobilität**. Die Bedeutung des § 18 Abs. 3 Satz 2 und 4 BSHG verengt sich nicht auf die *Arbeitszeit*mobilität, wie das für das in Satz 3 enthaltene Regelbeispiel der Fall ist. Die Formulierungen beziehen sich auch auf die räumliche Mobilität, wie das für § 78 Abs. 2 Nr. 5 AVAVG sogar ausschließlich und ausdrücklich zutrifft. Nach dieser Vorschrift kann eine Arbeit, für deren Verrichtung der Arbeitslose sich an „anderen Wohn- oder Aufenthaltsorten als seine Angehörigen aufhalten muß" (für die also ein *Umzug* oder *Wochenendpendeln* erforderlich ist) dann sanktionslos (für das Sozialhilferecht also aus „wichtigem Grund") abgelehnt werden, wenn durch die räumliche Trennung die Versorgung seiner Angehörigen nicht mehr gesichert ist. Der Begriff der Versorgung ist in diesem Zusammenhang weit zu fassen. Er umfaßt nicht nur die *wirtschaftliche* Versorgung, sondern nach Ansicht des Gesetzgebers in Anlehnung an die weitere Auslegung dieses Begriffes durch das Reichsversicherungsamt auch die „erforderliche Wartung und Pflege erkrankter Angehöriger, nach den Umständen des Falles auch die Pflege, Wartung, Erziehung und Überwachung der Kinder durch ihre Mutter."[436] Die Beurteilung, ob die Versorgung der Angehörigen „hinreichend gesichert" sei, stelle im übrigen eine Frage des Einzelfalles dar. Diese Gewichtung wird durch § 18 Abs. 3 Satz 2 und 4 BSHG verschoben. Hier erhalten die Belange der Kinder ein *besonderes Gewicht* („vor allem"), die Belange der Pflege von Angehörigen sind, ebenso wie die durch die Haushaltsführung auferlegten Pflichten, bei der Entscheidung über die Zumutbarkeit allerdings immerhin auch „zu berücksichtigen". Zwar schließt § 18 Abs. 3 Satz 5 Nr. 3 BSHG die Annahme von Unzumutbarkeit einer Beschäftigung *allein* wegen eines Ortswechsels aus; jedoch gilt dies nach dem Wortlaut eben dann nicht, wenn zu der Tatsache des Ortswechsels andere Faktoren hinzutreten. Dies sind insbesondere die genannten Kriterien der Kindererziehung und Angehörigenpflege.

---

[436] BT-Drucks. vom 17.3.1955 II/1274, S. 122 (zu § 90 Nr. 5 AVAVG-Entwurf).

Aus Satz 2 folgt, daß Wochenendpendeln für Alleinerziehende grundsätzlich ausscheiden muß: Kinder unter drei Jahren brauchen eine elterliche Bezugsperson, die so oft wie möglich bei ihnen ist.[437] Für alleinerziehende Elternteile älterer Kinder im 'Erziehungsalter' (d.h. bis zum 15. Lebensjahr)[438] gilt ebenfalls, daß sie wegen der sonst zu befürchtenden Entfremdung mindestens am Abend mit ihren Kindern zusammenkommen können müssen; ansonsten wäre die Gefahr der Verwahrlosung der Kinder gegeben.

In diesen Fällen ist das Ansinnen von Wochenendpendeln unzulässig, da sonst die Erziehung der Kinder gefährdet wäre.

Zu prüfen ist nun allerdings, ob das nur für zeitlich unbegrenztes Wochenendpendeln gelten kann (für das § 121 Abs. 5 Alt. 2 SGB III nicht gilt, vgl. den Wortlaut „vorübergehend"), oder bei Alleinerziehenden auch für zeitlich befristetes, also „vorübergehendes" Wochenendpendeln. Gemäß § 121 Abs. 5 SGB III ist eine Beschäftigung „nicht schon deshalb unzumutbar", weil sie vorübergehend eine getrennte Haushaltsführung erfordert. Das bedeutet im Gegenschluß aber, daß eine Unzumutbarkeit durchaus anzunehmen sein kann, wenn weitere Faktoren hinzutreten, die für die Zumutbarkeitsbewertung erheblich sind. Die Gefährdung der Erziehung und Versorgung schulpflichtiger Kinder ist, wie oben dargestellt, ein solcher Faktor. Das bedeutet, daß jedenfalls für Alleinerziehende § 121 Abs. 5 Alt. 2 SGB III gerade nicht gilt, wenn sie Kinder im 'Erziehungsalter' zu versorgen haben und wenn deren Versorgung durch die Abwesenheit des Elternteils gefährdet wäre. Das ist immer dann der Fall, wenn beispielsweise das Kind nicht bei Großeltern oder anderen engen Bezugspersonen untergebracht werden kann. Auch die Zeitdauer der „vorübergehenden" getrennten Haushaltsführung, sowie das Alter und die Anzahl der Kinder sind hierbei in die Zumutbarkeitsbewertung einzubeziehen.

Bei „vollständigen" Familien ist bei der Frage des Wochenendpendelns *eines* der beiden Erziehungsberechtigten zu berücksichtigen, daß auch in diesen Fällen der Bezug des Betroffenen zu seiner Familie gelockert und schlimmstenfalls auf Dauer ganz gelöst werden könnte, wenn ein persönlicher Kontakt nur am Wochenende möglich wäre.

Anknüpfend an die Rechtsprechung des BSG zu Art. 6 GG[439] wird man auch bei „vollständigen" Familien die Zumutbarkeit von Wochenendpendeln nur nach längerer Arbeitslosigkeit oder mit besonderer Begründung (etwa Aussichtslosigkeit der Vermittlung im Tagespendelbereich) bejahen dürfen.

Zur *kategorischen* Ablehnung eines **Umzugs** berechtigt § 18 Abs. 3 Satz 2 BSHG allerdings nicht (vgl. auch § 18 Abs. 3 Satz 5 Nr. 3 BSHG). Es gefährdet grundsätzlich nicht die Erziehung von Kindern, wenn sie mit ihren Eltern an

---

[437] *W. Schellhorn/H. Jirasek/P. Seipp*, BSHG § 18 Rn. 25.

[438] Einen Anhalt können für diese „Obergrenze" durchaus die Sozialhilferichtlinien bieten, vgl. Sozialhilferichtlinien § 18, Rn. 18.10.

[439] Siehe oben S. 55 ff.

einen anderen Ort ziehen.[440] Dabei wird allerdings der Schuljahresverlauf zu berücksichtigen sein. Umzüge mitten im Schuljahr dürften Eltern schulpflichtiger Kinder in aller Regel dann nicht zumutbar sein, wenn dadurch nach Auskunft der Schule eine deutliche Beeinträchtigung des schulischen Fortkommens zu befürchten wäre.

Gefährdet ist die Pflege und Erziehung von Kindern durch einen Umzug jedoch in den Fällen, in denen etwa eine spezielle Behinderung vorliegt, die eine Unterbringung in einer Betreuungseinrichtung nötig macht, die am Umzugsort nicht zur Verfügung steht (oder wenn dort gerade kein Platz frei ist). Hier verbietet sich ein Umzug schon im Sozialhilferecht, erst recht muß dies für das Arbeitsförderungsrecht gelten.

Andere Ergebnisse erhält man bei der notwendigen Pflege eines Angehörigen durch den Arbeitslosen. Die Angehörigenpflege wird vom Gesetzgeber für wünschenswert gehalten; dies zeigt nicht nur § 18 Abs. 3 Satz 4 BSHG, sondern wird vor allem durch das Pflegeversicherungsrecht deutlich (§§ 3, 8 Abs. 1, 44, 45 Abs. 1 SGB XI).[441] Werden also durch den Arbeitslosen Pflegetätigkeiten für Angehörige übernommen, so gilt für die zeitliche Verfügbarkeit die Privilegierung des § 119 Abs. 4 Nr. 2 SGB III. Was nun die Zumutbarkeit von Wochenendpendeln und Umzug angeht, sind die für den Umzug von Eltern schulpflichtiger Kinder gefundenen Ergebnisse auf die Pflege nicht minderjähriger Angehöriger nicht ohne weiteres übertragbar. Für Kinder erwächst den Erziehungsberechtigten aus ihrem Sorgerecht auch ein **Aufenthaltsbestimmungsrecht** (§ 1631 Abs. 1 a.E. BGB), was den Pflegepersonen über *mündige* Angehörige jedoch nicht zusteht.[442] Ein Umzug gefährdet regelmäßig die Fortführung der Pflege in diesen Fällen. Es würde nun aber wenig Sinn machen, auf der einen Seite Pflegepersonen im Rahmen der Verfügbarkeit bei Dauer und Verteilung der Arbeitszeit zu privilegieren (vgl. § 119 Abs. 4 Nr. 2 SGB III), einen Umzug in solchen Fällen aber für zumutbar zu halten. Schon um solche Widersprüche zu vermeiden, sind Umzüge für Arbeitslose, die eine freiwillige Pflegetätigkeit im Sinne von § 119 Abs. 4 Nr. 2 SGB III[443] ausüben, in aller Regel nicht zu-

---

[440] Allerdings sind die oben unter II. 1.a. benannten Voraussetzungen zu beachten, so daß ein Umzugsverlangen nur als ultima ratio nach langdauernden Vermittlungsversuchen bei negativer Vermittlungsprognose für die absehbare Zukunft gestellt werden darf.

[441] SGB XI — Soziale Pflegeversicherung vom 26.5.1994 BGBl. I S. 1014, im wesentlichen in Kraft getreten am 1.1.1995.

[442] Näher *U. Diederichsen* in: Palandt, BGB § 1631 Rn. 8.

[443] Beachtlich ist, daß mit dem SGB III das Arbeitszeitprivileg für Pflegepersonen auf die Pflege von *Angehörigen* beschränkt worden ist. Diese Beschränkung wird man bei der Frage der Zumutbarkeit räumlicher Mobilität mitzuvollziehen haben.

mutbar. Dasselbe gilt für Wochenendpendeln.[444] Pflegebedürftigkeit in diesem Sinne liegt vor, wenn Personen aus gesundheitlichen Gründen nicht in der Lage sind, für sich alleine zu sorgen, also die gewöhnlichen und regelmäßig wiederkehrenden Verrichtungen des täglichen Lebens zu tätigen.[445] Die Frage der Pflegebedürftigkeit ist nun nach dem Inkrafttreten des SGB XI durch Rückgriff auf § 14 SGB XI zu beantworten,[446] ohne daß die pflegeversicherungsrechtlichen Abgrenzungen immer und in allen Einzelheiten übernommen werden müssen. Es sollte vielmehr auch Raum für eine Einzelfallbetrachtung bleiben, um die Berücksichtigung spezifisch arbeitsförderungsrechtlicher Interessenlagen und Besonderheiten zu ermöglichen.

c) Zwischenergebnis:

Durch Rückgriff auf die Zumutbarkeitsregelung des § 18 Abs. 3 BSHG ergibt sich ein genaueres Bild der Zumutbarkeit im Arbeitsförderungsrecht. Ergänzend zu der Kasuistik des § 121 SGB III ist einem Arbeitslosen der im Rahmen des BSHG für *Extremfälle* vorgesehene **zukunftsgerichtete Berufsschutz** zu gewähren, der auch schon Bestandteil des Katalogs in § 78 Abs. 2 AVAVG war. Hierdurch soll dem Arbeitslosen der Rückgriff auf die bislang überwiegend ausgeübte Tätigkeit, für die er qualifiziert ist, nicht verschlossen werden, indem man ihn faktisch außerstande setzt, diese Tätigkeit weiterhin auszuüben.

Dagegen kommt eine Ausweitung eines vergangenheitsbezogenen Berufsschutzes durch Rückgriff auf das Sozialhilferecht nicht in Betracht.

Eine Unzumutbarkeit aufgrund Unterschreitens des **tariflichen/ortsüblichen Entgelts** kann auch mit Rückgriff auf das Sozialhilferecht als ergänzende Konkretisierung des § 121 Abs. 2 SGB III *nicht* begründet werden. Mit zunehmend schwindender allgemeiner Akzeptanz des Flächentarifvertrages nimmt auch dessen Tauglichkeit als Vergleichsmaßstab im Rahmen der Zumutbarkeitsprüfung ab. Falls sich diese Tendenz nicht rückgängig machen läßt, sind vor dem Hintergrund des Wortlauts der Neuregelung in § 121 Abs. 2 SGB III jedoch andere Unzumutbarkeitsgrenzen möglich und sogar erforderlich. Zu denken wäre hierbei etwa an Maßstäbe wie das orts- oder betriebsübliche Entgelt; letzteres kann jedoch nur als Maßstab taugen, wenn es sich um größere Betriebe handelt.

Bei der Frage der **räumlichen Mobilität** können die Problembereiche *Umzug* und *Wochenendpendeln* besser greifbar gemacht werden. Für Alleinerziehende

---

[444] Mit dem selben Ergebnis für das Sozialhilferecht *W. Schellhorn/H. Jirasek/P. Seipp*, BSHG § 18 Rn. 28; LPK-BSHG § 18 Rn. 9. Beide wollen auch die *pflegeähnliche* Versorgung Angehöriger als wichtigen Grund ausreichen lassen.

[445] *H. Steinmeyer* in: Gagel, AFG, § 103 Rn. 125.

[446] Für eine enge Anbindung an § 14 SGB XI *J. Brand* in: Niesel, SGB III, § 119 Rn. 57.

mit Kind(ern) im 'Erziehungsalter' (bis zum 15. Lebensjahr) verbietet sich Wochenendpendeln ganz. Bei 'vollständigen' Familien mit Kind(ern) ist Wochenendpendeln nur nach längerer Arbeitslosigkeit mit besonderer Begründung zumutbar. Gemeint ist hiermit jedoch lediglich das *zeitlich unbefristete* berufsbedingte Pendeln. Für „vorübergehende getrennte Haushaltsführung" hat der Gesetzgeber die Zumutbarkeit ausdrücklich normiert, vgl. § 121 Abs. 5 Alt. 2 SGB III, was allerdings grundsätzlich nicht für Alleinerziehende mit Kind(ern) im Erziehungsalter gelten kann, da hier der Ortswechsel nicht die einzige zumutbarkeitserhebliche Erschwernis darstellt.

Eine grundsätzliche Unzumutbarkeit eines Umzugs läßt sich auch für Alleinerziehende oder 'vollständige' Familien mit Kindern durch Rückgriff auf das Sozialhilferecht nicht begründen.

Anderes gilt für die Angehörigenpflege. Die Ergebnisse für die Kindererziehung können bei der Frage des Wochenendpendelns im wesentlichen übernommen werden. Bei einem **Umzug** ist jedoch anders zu entscheiden. Zwar ist die Angehörigenpflege, wie auch die Kindererziehung, ein nach dem Willen des Gesetzgebers besonders zu berücksichtigender Umstand (vgl. für das Arbeitsförderungsrecht insbesondere § 119 Abs. 4 Nr. 2 SGB III), anders als bei minderjährigen Kindern besteht für die Pflegepersonen jedoch kein Aufenthaltsbestimmungsrecht, so daß eine Weiterführung der Pflege durch den Ortswechsel regelmäßig unmöglich gemacht würde. Grundsätzlich führt die Pflege von pflegebedürftigen Angehörigen daher zur *Unzumutbarkeit* eines Umzugs.[447]

4. Der Begriff der zumutbaren Tätigkeit im Recht der gesetzlichen Rentenversicherung

a) Der Begriff der „zumutbaren Tätigkeit" als statusschützende Verweisbarkeitsgrenze im Rahmen der Berufsunfähigkeitsrente

Im Rahmen der Berufsunfähigkeitsrente findet schon seit Jahrzehnten der Zumutbarkeitsbegriff als Verweisbarkeitsgrenze Anwendung. Da die seit der Rentenreform 1957 im wesentlichen unverändert geltende Fassung von Berufsunfähigkeits- und Erwerbsunfähigkeitstatbestand in §§ 43, 44 SGB VI im Rah-

---

[447] Ähnlich wertend auch *T. Kunze* VSSR 1997, 259 (278 f.), der für die *Aufgabe einer Erwerbstätigkeit* zur Übernahme einer Pflegetätigkeit als Pflegeperson i.S.d. §19 i.V.m. § 3 Abs. 1 Nr. 1a SGB XI oder wenn zumindest eine rentenversicherungsrechtliche Pflegeberücksichtigungszeit i.S.d. § 249b SGB VI erfüllt werde, gestützt auf den „hohen Gemeinschaftswert aufopfernder Pflege" immer einen „wichtigen Grund" i.S.d. § 119 Abs. 1 Satz 1 Nr. 1 AFG annimmt.

men der Rentenreform 1999[448] voraussichtlich spätestens zum 1.1.2001 einer einheitlichen „Rente wegen Erwerbsminderung" oder einer ähnlichen Neufassung weichen muß,[449] ist hier zunächst der „alte", derzeit noch geltende Gesetzeswortlaut wiederzugeben.

§ 43 Abs. 2 SGB VI, der die Berufsunfähigkeit näher definiert, lautet:[450]

> (2) Berufsunfähig sind Versicherte, deren Erwerbsfähigkeit wegen Krankheit oder Behinderung auf weniger als die Hälfte derjenigen von körperlich, geistig und seelisch gesunden Versicherten mit ähnlicher Ausbildung und gleichwertigen Kenntnissen und Fähigkeiten gesunken ist. Der Kreis der Tätigkeiten, nach denen die Erwerbsfähigkeit von Versicherten zu beurteilen ist, umfaßt alle Tätigkeiten, die ihren Kräften und Fähigkeiten entsprechen und ihnen unter Berücksichtigung der Dauer und des Umfangs ihrer Ausbildung sowie ihres bisherigen Berufs und der besonderen Anforderungen ihrer bisherigen Berufstätigkeit zugemutet werden können. Zumutbar ist stets eine Tätigkeit, für die die Versicherten durch Leistungen zur beruflichen Rehabilitation mit Erfolg ausgebildet oder umgeschult worden sind. Berufsunfähig ist nicht, wer eine zumutbare Tätigkeit vollschichtig ausüben kann, dabei ist die jeweilige Arbeitsmarktlage nicht zu berücksichtigen.

Im Rahmen der Fragestellung, ob und ab wann ein Versicherter „berufsunfähig" ist, muß seit Einführung der Berufsunfähigkeitsrente in dieser Form das Problem gelöst werden, welche Berufe für eine mögliche Verweisung in Frage kommen und welche nicht. Gerade in diesem Bereich hat sich im Laufe der Zeit eine überaus umfassende Rechtsprechung herausgebildet, deren vorläufigen Endpunkt[451] das sog. „**Mehrstufenschema**"[452] bildet. Hierdurch werden typisierende Maßstäbe für den beruflich-fachlichen Qualitätsvergleich aufgestellt, ohne daß eine rein schematische Anwendung gewollt ist. Es wird vielmehr immer wieder betont, daß es sich bei dem Mehrstufenschema lediglich um ein richter-

---

[448] Gesetz zur Reform der gesetzlichen Rentenversicherung (Rentenreformgesetz 1999 - RRG 1999) vom 16.12.1997, BGBl. I S. 2998.

[449] Ursprünglich war durch das RRG 1999 für die reformierte „Rente wegen Erwerbsminderung" ein Inkrafttreten zum 1.1.2000 vorgesehen. Dieser Termin soll nun durch Art. 1, § 1 des „Gesetzes zu Korrekturen in der Sozialversicherung und zur Sicherung der Arbeitnehmerrechte", das in BT-Drucks. 14/45 im Entwurf abgedruckt ist, auf den 1. Januar 2001 verschoben werden „soweit nicht bis zu diesem Zeitpunkt durch ein Gesetz etwas anderes geregelt ist".

[450] Seit dem 8.5.1996 geltende Fassung. Durch das 2. SGB VI-ÄndG v. 2.5.1995 BGBl. I S. 659 wurde dem Abs. 2 die 'Vollschichtigkeitsklausel' angefügt.

[451] Aus heutiger Sicht treten spätestens zum 1.1.2001 die reformierten §§ 43 ff. SGB VI in Kraft, in denen ein Berufsschutz auch bei der die BU-Rente ersetzenden „Teilerwerbsminderungsrente" nicht mehr vorgesehen ist, vgl. Art. 1 Nr. 19 RRG 1999 vom 16.12.1997 BGBl. I S. 2998 i.V.m. Art. 1, § 1 des Entwurfs eines „Gesetzes zu Korrekturen in der Sozialversicherung und zur Sicherung der Arbeitnehmerrechte", BT-Drucks. 14/45.

[452] Grundlegend BSG 29.3.1963 E 19, 57; aus neuerer Zeit vgl. etwa BSG 29.3.1994 SozR 3-2200 § 1246 Nr. 45.

liches Hilfsmittel[453] handelt, das die gesetzliche Regelung nicht ersetzen will; daher verbietet sich eine schematische Handhabung durch die Sozialverwaltung.[454]

Außerhalb der mit dem Mehrstufenschema zu erfassenden Zumutbarkeitsproblematik wird bislang mittels der ebenfalls rein richterrechtlich entwickelten Abgrenzung zwischen „konkreter" und „abstrakter Betrachtungsweise" die Aufteilung des Arbeitsmarktrisikos auf die Arbeitslosen- und auf die Rentenversicherung vorgenommen. In diesem Rahmen sind Feststellungen zum *räumlichen Verweisungsbereich* erfolgt (s. dazu unten b).

Hauptproblem des Berufsunfähigkeitstatbestandes ist jedoch die „vertikale" Verweisung,[455] d.h. die Frage, auf welche Tätigkeiten der Versicherte zur Bestreitung seines Lebensunterhalts *zumutbar verwiesen* werden kann. Anders als in den berufsständischen Versorgungswerken wird im Rahmen der gesetzlichen Rentenversicherung kein voller Berufsschutz gewährt; § 43 Abs. 2 Satz 2 SGB VI schützt nach ganz h.M. nur vor einem „wesentlichen sozialen Abstieg".[456]

Da von Anfang an wegen der Komplexität und Unbestimmtheit des § 1246 RVO als Vorgängerregelung des § 43 SGB VI ein starkes Bedürfnis nach typisierenden Maßstäben für die Frage der Zumutbarkeit einer Verweisungstätigkeit bestand, hat die Rechtsprechung des BSG zunächst für die Arbeiterberufe ein Mehrstufenschema[457] als Verweisbarkeitsgrenze entwickelt, das ein gewisses Maß an Rechtssicherheit, Rechtsgleichheit und Praktikabilität sicherstellen sollte.[458] Dieses gliederte sich zunächst in Anlehnung an das bis zum Inkrafttreten des BBiG 1969 geltende Ausbildungsrecht[459] in nur drei Stufen, wurde jedoch in der Folgezeit ständig weiter verfeinert und ausdifferenziert.[460] Dabei ist wegen unterschiedlicher Darstellung der verschiedenen Rentenversicherungsrechts-Senate des BSG die Klarheit der Stufentrennung leider nicht mehr im wünschenswerten Ausmaß möglich, so daß es sinnvoll geworden ist, statt von einem Vier-, Fünf- oder Sechsstufenschema nurmehr noch von einem „**Mehrstufenschema**" zu sprechen.[461] Nach anfänglichem Widerstand[462] gegen

---

[453] Vgl. etwa BSG 4.10.1979 E 49, 54 (56).

[454] *U. Köbl* in: HS-RV § 24, Rn. 42 m.w.N.

[455] Sehr eingehend zum von *Hermann Dersch* entwickelten sog. „Verweisungskreuz": *F. Tennstedt*, Berufsunfähigkeit im Sozialrecht, S. 66 f.

[456] *U. Köbl* in: HS-RV § 23, Rn. 40 m.w.N.

[457] BSG 29.3.1963 E 19, 57.

[458] Vgl. *U. Köbl* in: HS-RV § 23, Rn .42.

[459] BBiG vom 14.8.1969 BGBl. I S. 1112. Seither werden die ehemaligen Lehrberufe bzw. Anlernberufe einheitlich als Ausbildungsberufe bezeichnet; diese Trennung ist aber weiterhin in Tarifverträgen üblich, vgl. BSG 14.5.1991 SozR 3-2200 § 1246 Nr. 13, S. 47.

[460] Vgl. aus neuerer Zeit etwa BSG 29.3.1994 SozR 3-2200 § 1246 Nr. 45, S. 185.

[461] *U. Köbl* in: HS-RV § 23, Rn. 50.

eine Übertragung auf Angestelltenberufe wurde auch für diesen Bereich in Anlehnung an das Mehrstufenschema für Arbeiter ein ähnliches Stufenmodell entwickelt.[463]

Obwohl Einzelheiten bei der Anwendung umstritten sind,[464] bieten die Mehrstufenschemata durch ihre inzwischen recht engmaschige Typisierung ein großes Maß an Rechtssicherheit für die Versicherten. Die Mehrstufenschemata sind nicht 'aus der Luft gegriffen'; Ausgangspunkt für ihre Entwicklung und Anknüpfungspunkt bei ihrer Anwendung sind der Gesetzeswortlaut und die hieraus ableitbaren Schwerpunkte und Vorgaben des Gesetzgebers.

Der auf diese Weise gewährte *Berufsschutz* wird allerdings bald der Vergangenheit angehören. Spätestens zum 1.1.2001 werden aller Voraussicht nach die durch das RRG 1999[465] reformierten §§ 43 ff. SGB VI in Kraft treten.[466] Die herkömmliche Trennung von Berufs- und Erwerbsminderung wird dann voraussichtlich ersetzt werden durch das Begriffspaar *Teilerwerbsminderung/Vollerwerbsminderung*. Die BU-Rente wird abgelöst von der Teilerwerbsminderungsrente nach § 43 Abs. 1 n.F. SGB VI. Ob eine Teilerwerbsminderung oder sogar Vollerwerbsminderung vorliegt, bemißt sich dann lediglich nach der Zeit, die der Versicherte täglich noch arbeiten kann (unter sechs Stunden täglich teilerwerbsgemindert, unter drei Stunden täglich vollerwerbsgemindert). Ein **Berufsschutz** wie er bislang durch die Mehrstufenschemata bei der BU-Rente gewährt wird, *besteht dann nicht mehr.*

---

[462] Es wurde argumentiert, bei den Angestelltenberufen fehle die den Arbeiterberufen zueigene typische Grundstruktur der verschiedenen Gruppen, BSG 4.10.1979 E 49, 54 (56).

[463] BSG 24.3.1983 E 55, 45 (47).

[464] Vgl. etwa den Streit über die Relevanz des sog. „Tarifvertragskriteriums" bei der Einordnung des 'bisherigen Berufs' in das Mehrstufenschema. Für in Zweifelsfällen *maßgeblich* halten die tarifvertragliche Einordnung der 5. und ihm folgend der 13. Senat des BSG, vgl. BSG 14.5.1991 E 68, 278 (LS) mit ausführlichen Nachweisen; BSG 28.5.1991 SozR 3-2200 § 1246 Nr. 14; BSG 12.10.1993 SozR 3-2200 § 1246 Nr. 38 S. 152 m.w.N. Für eine bloße *Indizwirkung* dagegen der 4. Senat des BSG, vgl. BSG 7.10.1987 SozR 2200 § 1246 Nr. 149; BSG 25.1.1994 SozR 3-2200 § 1246 Nr. 41, S. 170. Der 4. Senat ist allerdings nicht mehr für die Arbeiterrentenversicherung zuständig, vgl. *K. Niesel* in: KassKomm. § 43 SGB VI Rn. 54. Aus der Literatur zu diesem Problem *S. Peters-Lange*, Zumutbarkeit von Arbeit, S. 83, die sich gegen eine Überbewertung der tariflichen Einstufung ausspricht. Mit gegenteiliger Gewichtung *U. Singler*, Die Bedeutung der tariflichen Einstufung für den Zumutbarkeitsbegriff der Berufsunfähigkeitsrente, S. 133 (Thesen 3, 4), ferner S. 140. *K. Niesel* in: KassKomm. § 43 Rn. 54.

[465] Gesetz zur Reform der gesetzlichen Rentenversicherung (Rentenreformgesetz 1999 — RRG 1999) vom 16.12.1997 BGBl. I S. 2998.

[466] Siehe aber auch Fn. 449.

Maßstab für die Arbeitsfähigkeit der Versicherten wird dann der „allgemeine Arbeitsmarkt" sein, vgl. § 43 Abs. 1 Satz 2 SGB VI.[467]

b) Das Problem der räumlichen Mobilität im Rahmen der Rente wegen Berufsunfähigkeit

Die Frage der räumlichen Mobilität im Rahmen der Rente wegen Berufsunfähigkeit ist kein Problem, das sich innerhalb der näheren Konkretisierung des auf einen beruflichen Statusschutz ausgerichteten Begriffs der „zumutbaren Verweisungstätigkeit" stellt. Grundsätzlich besteht im Bereich der BU-Renten eine Verweisbarkeit auf den *gesamten* Arbeitsmarkt der Bundesrepublik Deutschland.[468]

Zusätzlich zum beruflichen Statusschutz wurde jedoch zum Zweck der Aufteilung des Arbeitsmarktrisikos zwischen Rentenversicherung und Arbeitslosenversicherung richterrechtlich die Figur der „konkreten" bzw. „abstrakten Betrachtungsweise" entwickelt. Dieses Problem tritt dann auf, wenn der Versicherte keine ihm zumutbare Tätigkeit mehr ausübt, sondern arbeitslos ist. In Zeiten knapper Arbeitsplätze stellt sich für gesundheitlich angeschlagene Menschen in besonderem Maße das Problem, daß ihnen der Arbeitsmarkt praktisch verschlossen ist. Dies gilt insbesondere für den ohnehin stark umkämpften Teilzeitarbeitsmarkt, so daß sich das Problem stellte (und stellt), in welchem Maße bei der Verweisung auf zumutbare Ersatztätigkeiten zu berücksichtigen ist, daß diese für den Versicherten faktisch kaum erreichbar sind. Das BSG unterscheidet in dieser Frage zwischen Versicherten, die noch vollschichtig arbeiten können und den nur noch untervollschichtig Arbeitsfähigen.

Kann der Versicherte zumutbare Tätigkeiten generell nur noch *untervollschichtig* ausüben, gilt zusätzlich zu dem durch die Mehrstufenschemata gewährten Berufsschutz nach ständiger, durch zwei Grundsatzentscheidungen aus den Jahren 1969 und 1976[469] begründeter Rechtsprechung des BSG die sog. „konkrete Betrachtungsweise". Hiernach dürfen Versicherte nicht auf solche Teilzeitbeschäftigungen verwiesen werden, für die ihnen der Arbeitsmarkt praktisch verschlossen ist. Das ist laut BSG dann der Fall, wenn ihm weder der Rentenversicherungsträger noch das zuständige Arbeitsamt innerhalb eines Jahres seit Stellung des Rentenantrages einen für ihn in Betracht kommenden Teilzeitar-

---

[467] Vgl. dazu *G. Udke*, AuA 1998, 120 (123 f.).

[468] Vgl. BSG 23.10.1996 SozR 3-2600 § 43 Nr. 14 S. 41; *U. Köbl* in: HS-RV § 23 Rn. 113; *J. Schmitt* in: Wannagat, § 43 SGB VI Rn. 159 f. m.w.N.

[469] BSG GS 11.12.1969 E 30, 167; BSG GS 10.12.1976 E 43, 75; kritisch dazu *W. Meyer* in: GK-SGB VI § 43 Rn. 266 ff., insbesondere Rn. 271: „...insgesamt aber eher eine aberratio ictus als ein Volltreffer und sozialrechtspolitisch eine Ersatzgesetzgebung, welche die Rente wegen BU im wesentlichen abgeschafft...hat."

beitsplatz anbieten kann.[470] In Fällen untervollschichtiger Resterwerbsfähigkeit besteht also über das Erfordernis der *Benennung*[471] einer oder mehrerer beruflicher Tätigkeiten, die der Versicherte ausüben kann, hinaus die Pflicht für den Rentenversicherungsträger, dem Rentenantragsteller einen konkreten Arbeitsplatz anzubieten, der für ihn in Betracht kommt.

Hinzu kommt nach der st. Rspr. des BSG eine weitere Einschränkung bezüglich der *räumlichen Mobilität*. Grundsätzlich besteht im Bereich der BU-Renten, wie schon erwähnt, eine Verweisbarkeit auf den *gesamten* Arbeitsmarkt der Bundesrepublik Deutschland.[472] Kommt für den Versicherten jedoch nur noch eine Teilzeitbeschäftigung in Frage, so ist die Verweisbarkeit regelmäßig auf den regionalen Arbeitsmarkt beschränkt, d.h. auf das Gebiet, das er durch Tagespendeln von seiner Wohnung aus erreichen kann.[473] Begründet wird diese Einschränkung damit, daß der in solchen Beschäftigungen erzielbare „Teillohn" die mit einem Wechsel des Wohnortes verbundenen Erschwernisse und die Nachteile infolge der Aufgabe seiner persönlichen Bindungen nicht aufwiegen könne; diese mit einem Umzug verbundenen Nachteile seien zu schwerwiegend.

Kann der Versicherte eine zumutbare Verweisungstätigkeit dagegen *vollschichtig* ausüben, ist er unabhängig von der tatsächlichen Möglichkeit, mit den vorliegenden gesundheitlichen Einschränkungen auf dem Arbeitsmarkt eine derartige Stelle zu erlangen, *nicht* berufsunfähig. Dies stellt der durch Gesetz vom 2.5.1996[474] eingefügte § 43 Abs. 2 Satz 4 SGB VI klar, der für Vollzeittätigkeiten damit die sog. „abstrakte Betrachtungsweise" festschreibt. Diese Klarstellung war nötig geworden, nachdem der 13. Senat des BSG[475] versucht hatte, die konkrete Betrachtungsweise auch auf solche vollschichtig arbeitsfähige Versicherte auszuweiten, die nur noch leichte Arbeiten verrichten können und zusätzlich weiteren Einschränkungen unterworfen sind. Das aber hätte ein noch größeres Abwälzen des Arbeitsmarktrisikos auf die Rentenversicherung bedeutet.

Für vollschichtig einsetzbare Versicherte gilt (was im Rahmen unserer Untersuchung interessiert) als räumlicher Verweisungsbereich grundsätzlich das Gebiet der gesamten Bundesrepublik (s.o.); unerheblich ist hierbei also nicht nur die Arbeitsmarktlage, sondern auch, ob die Arbeitsplätze vom Versicherten ohne Umzug täglich in angemessener Zeit erreicht werden können.[476]

---

[470] BSG GS 10.12.1976 E 43, 75 (LS 3).

[471] Sog. „Benennungsgebot", dazu eingehend *U. Köbl* in: HS-RV § 23, Rn. 116 ff; *K. Niesel* in: KassKomm. § 43 SGB VI Rn. 121 ff.

[472] Vgl. BSG 23.10.1996 SozR 3-2600 § 43 Nr. 14 S. 41; *U. Köbl* in: HS-RV § 23 Rn. 113; *J. Schmitt* in: Wannagat, § 43 SGB VI Rn. 159 f. m.w.N.

[473] BSG GS 10.12.1976 E 43, 75 (85); *J. Schmitt* aaO. Fn. 468.

[474] Zweites SGB VI-Änderungsgesetz vom 2.5.1996 BGBl. I S. 659.

[475] BSG 23.11.1994 SozSich. 1995, 114.

[476] BSG 23.10.1996 SozR 3-2600 § 43 Nr. 14, S. 41.

Auch die zuvor beschriebene Rechtsprechung zur konkreten bzw. abstrakten Betrachtungsweise dürfte aus heutiger Sicht spätestens am 1. Januar 2001 mit Inkrafttreten des Art. 1 Nr. 19 RRG 1999 obsolet werden.[477] In § 43 Abs. 1 n.F. SGB VI schreibt der Gesetzgeber auch für die der BU-Rente nachfolgende Teilerwerbsminderungsrente die **abstrakte Betrachtungsweise** ausdrücklich fest. Die einschränkende Rechtsprechung bezogen auf die räumliche Verweisbarkeit Teilzeitbeschäftigter kann dagegen weiter Bestand haben, nur wird sie stark an praktischer Bedeutung verlieren. Auswirkungen hat dieses Kriterium in Zukunft nur, wenn in der Region des Versicherten *überhaupt keine* Teilzeitbeschäftigung vorhanden ist, die dieser mit seinem Restleistungsvermögen noch ausüben kann.

c) Verwertbarkeit einzelner Aspekte für die Konkretisierung des arbeitsförderungsrechtlichen Zumutbarkeitsbegriffs

aa) Berufsschutz

Die geltende Regelung der §§ 43, 44 SGB VI ist, wie bereits mehrfach erwähnt, 'sterbendes Recht'. Aus heutiger Sicht wird spätestens zum 1. Januar 2001 mit Art. 1 Nr. 19 RRG 1999 eine Neuregelung in Kraft treten, die, analog zur Reform des Arbeitsförderungsrechts durch das AFRG, den Berufsschutz bei den Erwerbsminderungsrenten abschafft.[478] Künftig kann dann jeder Versicherte auf *alle Tätigkeiten* des allgemeinen Arbeitsmarktes verwiesen werden.

Auch die Aufteilung in BU- und EU-Rente in §§ 43 und 44 SGB VI wird abgeschafft; der Grad der Erwerbsminderung soll rein arbeitszeitbezogen ermittelt werden. So wird eine „volle" Erwerbsminderungsrente künftig nur noch Versicherten gewährt, die auf dem allgemeinen Arbeitsmarkt weniger als drei Stunden täglich erwerbstätig sein können. Die 'Nachfolgerin' der BU-Rente, die Teilerwerbsminderungsrente gemäß § 43 Abs. 1 i.d.F. von Art. 1 Nr. 19 RRG 1999, wird nach neuem Recht nur noch Versicherten gewährt, die auf dem allgemeinen Arbeitsmarkt mindestens drei, aber weniger als sechs Stunden täglich erwerbstätig sein können. Versicherte, die zumindest sechs Stunden täglich auf dem allgemeinen Arbeitsmarkt erwerbstätig sein können, erhalten gar keine Leistungen (sog. „Opfergrenze"[479]).

---

[477] Vgl. aber. Fn. 449.

[478] Im einzelnen oben Fn. 449.

[479] Dazu U. *Köbl* in: HS-RV § 23, Rn. 8; allgemein zur Reformdiskussion U. *Köbl* in: HS-RV § 26.

Begründet wird diese Neuordnung mit der Stärkung der Gleichheit der Versicherten durch die Aufgabe eines nur die Versicherten mit besonderer Ausbildung und herausgehobener Beschäftigung privilegierenden Berufsschutzes.[480] Ferner stünden die juristischen und verwaltungstechnischen Probleme, die die BU macht, zu ihrer zahlenmäßigen Bedeutung[481] völlig außer Verhältnis. In der Tat finden sich zu kaum einem anderen sozialrechtlichen Tatbestand so viele höchstrichterliche Entscheidungen wie zur Rente wegen Berufsunfähigkeit (in SozR-2200 [bis 1989] allein 170 Entscheidungen zu § 1246 RVO!).
Die Neuregelung wirft allerdings die Frage auf, ob damit nicht zumindest ein Teil der Abgrenzungsprobleme schlichtweg auf den Bereich der sozialmedizinischen Begutachtung verlagert wird, da künftig die zeitliche Erwerbsfähigkeit noch genauer als bisher, nämlich stundengenau, zu bestimmen ist.[482]

Die bisher durch Rechtsprechung und Rechtswissenschaft herausgearbeiteten Kriterien zum Berufsschutz können danach aus zwei Gründen *nicht* für die Konkretisierung des Begriffs der zumutbaren Beschäftigung Verwendung finden: Zum einen wegen der in § 121 Abs. 5 SGB III postulierten Abschaffung des Berufsschutzes in der bislang unter der Geltung der ZumutbarkeitsAO praktizierten Form (s.o.). Zum anderen wegen der beschlossenen Abschaffung eines Berufsschutzes im Rahmen der BU-Rente.
Wurde vor wenigen Jahren noch eine Anpassung des arbeitsförderungsrechtlichen Zumutbarkeitsbegriffs an die im Berufsunfähigkeitsrecht verwandten Maßstäbe gefordert,[483] so ist dies angesichts der bereits beschlossenen und verkündeten Rentenreform 1999 nun hinfällig geworden.[484] Der Gesetzgeber hat der Forderung einer Vereinheitlichung des Berufsschutzes bei Arbeitslosigkeit und Berufsunfähigkeit[485] gleichwohl entsprochen, indem er nämlich in beiden Rechtsgebieten den Berufsschutz kurzerhand weitgehend abgeschafft hat. Das

---

[480] *W. Niemeyer* NZS 1998, 103 (106).

[481] Vgl. zur zahlenmäßigen Entwicklung *U. Singler*, Die Bedeutung der tariflichen Einstufung für den Zumutbarkeitsbegriff der Berufsunfähigkeitsrente, S. 117 m.w.N.

[482] *S. Peters-Lange* NZS 1994, 207; ausführlich zur Kritik m.w.N. auch *U. Köbl* in: HS-RV § 21 Rn. 78 ff., vgl. auch § 26.

[483] *S. Peters-Lange,* Zumutbarkeit von Arbeit, S. 197 f.

[484] Auch der Regierungswechsel im Oktober 1998 wird an dieser Tatsache voraussichtlich nichts ändern. Zwar besteht die Absicht, die Kürzung des Rentenniveaus vorerst zurückzunehmen, jedoch wird die Abschaffung des BU-Tatbestandes aus heutiger Sicht wohl Bestand haben. Allerdings soll aufgrund Art. 1, § 1 des „Gesetzes zu Korrekturen in der Sozialversicherung und zur Sicherung der Arbeitnehmerrechte" die entsprechende Vorschrift des RRG 1999 nicht wie ursprünglich geplant am 1. Januar 2000 sondern erst 1. Januar 2001 in Kraft treten; dies ferner auch nur „soweit nicht bis zu diesem Zeitpunkt durch ein Gesetz etwas anderes geregelt ist", vgl. BT-Drucks. 14/45.

[485] *S. Peters-Lange,* Zumutbarkeit von Arbeit, S. 196 ff.

aber wurde von der Kritik sicher gerade nicht bezweckt, sondern das Gegenteil, eine Stärkung des Berufsschutzes.[486]

bb) Räumliche Mobilität

Zwar wird im Zuge der Reform der Erwerbsminderungsrenten auch die konkrete Betrachtungsweise beseitigt, bei deren Anwendung die Aussage des BSG zur räumlichen Mobilität bei Teilzeitbeschäftigten erst erforderlich wurde (siehe oben b). Dennoch kann m. E. diese Aussage bei der Konkretisierung des arbeitsförderungsrechtlichen Zumutbarkeitsbegriffs als „vernünftige Erwägung" Verwendung finden, da es sich um keine speziell auf das Rentenrecht bezogene Aussage handelt.

Geht es um eine Vermittlung in Teilzeitarbeit, werden die durch einen Umzug hervorgerufenen finanziellen und immateriellen Belastungen durch den „Gewinn" des Versicherten und der Versichertengemeinschaft mit einer Vermittlung in Arbeit nicht aufgewogen.

Praktisch werden solche Fälle allerdings selten sein, da die Vermittlung in Vollzeitarbeit nach wie vor der Regelfall ist. Geht es dagegen um eine Vermittlung eines *Teilarbeitslosengeld* beziehenden Arbeitslosen (vgl. § 150 SGB III), so verbietet sich von vornherein eine überregionale Vermittlung aus der Erwägung heraus, daß dadurch dem Arbeitslosen die Ausübung seiner noch innegehabten Teilzeitbeschäftigung(en) unmöglich gemacht würde.

III. Ergebnis der Konkretisierung und eigene Ansätze

1. Allgemeine Arbeitsbedingungen

Unzumutbar sind gemäß § 121 Abs. 2 SGB III Beschäftigungen, die entweder gegen Arbeitsschutzbestimmungen oder gegen Gesetz, Tarifvertrag oder Betriebsvereinbarungen verstoßen.

Nicht mehr generell zur Unzumutbarkeit führt (anders, als noch in § 5 Abs. 1 Nr. 2 ZumutbarkeitsAO) die Unterschreitung eines tariflichen (§ 3 TVG) oder (subsidiär) ortsüblichen Entgelts. Die Unterschreitung des tariflich festgelegten Entgelts führt nach neuer Regelung grundsätzlich nur noch dann zur Unzumutbarkeit, wenn sowohl der betreffende Arbeitgeber als auch der Arbeitslose tarifgebunden sind.

Besteht eine solche doppelte Tarifgebundenheit nicht, braucht jedoch nicht schrankenlos jede Unterschreitung des tariflich zu zahlenden Entgelts als zumutbar hingenommen zu werden. Vielmehr ist nach neuen Zumutbarkeits-

---

[486] Gegen einen reinen Entgeltschutz S. *Peters-Lange*, Zumutbarkeit von Arbeit, S. 198 ff. (insbesondere S. 200 f.).

schranken zu suchen, die die Lücke füllen können, die durch die Aufgabe des §
5 Abs. 1 Nr. 2 ZumutbarkeitsAO entstanden ist.
Da eines der Ziele des AFRG die Dezentralisierung und die Kompetenzsteige-
rung der Arbeitsämter „vor Ort" ist,[487] bietet sich demgemäß eine stärker regio-
nalbezogene Betrachtungsweise an, ähnlich wie in § 121 Abs. 4 Satz 3 SGB III.

Als „gegriffene Größe" wird vorgeschlagen, bei Unterschreitung des regional
üblichen Arbeitsentgelts für die betreffende Tätigkeit um mehr als 25% Unzumutbarkeit anzunehmen. Hierbei kann es sich jedoch nur um einen Richtwert
handeln, denn es ist auch die Höhe des jeweils ortsüblichen Arbeitsentgelts in
die Überlegungen einzubeziehen. Deshalb wird im ohnehin schlecht bezahlten
Friseurhandwerk eine Unzumutbarkeit schneller erreicht sein als beispielsweise
im Bereich der Metall- oder Elektroindustrie mit ihren relativ hohen Löhnen.

2. Räumliche Mobilität

a) Tagespendeln

Die Frage der Unzumutbarkeit von Tagespendelzeiten ist abschließend in § 121
Abs. 4 SGB III geregelt. Hiernach sind grundsätzlich Tagespendelzeiten von bis
zu drei Stunden für eine Vollzeittätigkeit und zweieinhalb Stunden bei Teilzeitarbeit (sechs Stunden täglich oder kürzer) hinzunehmen. Nur wenn längere
Pendelzeiten unter vergleichbaren Arbeitnehmern üblich sind, etwa in besonders abgelegenen oder beschäftigungsmäßig unterentwickelten Gegenden, sind
auch längere Tagespendelzeiten hinzunehmen.

b) Umzug

Die Frage der Zumutbarkeit eines Umzugs hat in § 121 SGB III anders als in
der vorher geltenden ZumutbarkeitsAO (vgl. § 4) keine ausdrückliche Regelung
mehr gefunden. Umso bedeutender ist es, im Rückgriff auf Rechtsprechung und
vergleichbare Fälle in anderen Rechtsgebieten Maßstäbe für die Zumutbarkeit
eines Umzugs aufzustellen.

aa) Ledige

Für ledige Arbeitslose ist ein Umzug frühestens drei Monate nach Arbeitslos-
meldung zumutbar. Weitere Voraussetzung für die Zumutbarkeit eines Umzugs
ist die Aussichtslosigkeit regionaler Vermittlung. Um diese nachzuweisen, muß
das Arbeitsamt in den ersten drei Monaten der Arbeitslosigkeit **konkrete Vermittlungsbemühungen** unternommen haben, die erfolglos geblieben sind; an-

---

[487] BT-Drucks. 13/4941, S. 141 (Nr. 3).

sonsten greift die nach wie vor bestehende Vermutung der Unvollständigkeit der Arbeitsamtskartei ein.

Vor einer Vermittlung über den Tagespendelbereich hinaus ist dem Betroffenen die Notwendigkeit der überregionalen Vermittlung ferner in einem Beratungsgespräch ausreichend darzulegen und zu begründen.

bb) Verheiratete

Für verheiratete Arbeitslose ist ein Umzug deutlich länger unzumutbar als für ledige. Durch Anwendung der Methode der Fallgruppenbildung allein läßt sich keine Zeitvorgabe eruieren; sinnvoll erscheint eine Verdoppelung der Ledigen zuzubilligenden „Schonfrist" von drei Monaten. Auch nach Ablauf dieser Zeit ist ein Umzugsverlangen nur *ultima ratio*; es gelten ergänzend die bereits unter aa. benannten Voraussetzungen.

Bei Doppelverdienerehen ist ferner sicherzustellen, daß eine *Nettoentlastung* des Arbeitsmarkts erzielt wird. Die Beendigung der Arbeitslosigkeit des einen Ehegatten darf nicht erkauft werden mit einer (umzugsbedingten) Arbeitslosigkeit des anderen.

cc) Nichteheliche Lebensgemeinschaften

Das Bestehen einer nichtehelichen Lebensgemeinschaft allein begründet nicht den erweiterten Schutz durch Art. 6 GG. Falls die Partner kinderlos zusammenleben, sind sie daher zu behandeln wie Ledige.

dd) Kinder

(1) Verheiratete

Für Verheiratete ändert sich an der Zumutbarkeit eines Umzugs grundsätzlich nichts, wenn noch Kinder hinzukommen.[488] Es gilt das unter bb) Gesagte.

(2) Alleinerziehende

Alleinerziehende Väter oder Mütter mit einem oder mehreren Kindern können sich grundsätzlich nicht auf die Unzumutbarkeit eines Umzuges berufen. Betroffen sind außer ihnen „nur" die Kinder, deren Aufenthaltsbestimmungsrecht jedoch bei der Erziehungsperson liegt (§ 1631 Abs. 1 a.E. BGB).

(3) Nichteheliche Lebensgemeinschaften

Deutliche Unterschiede in der Frage der Zumutbarkeit überregionaler Vermittlung (Umzug) bewirkt das Vorhandensein von Kindern im sog. „Erziehungsalter" lediglich für die Partner einer nichtehelichen Lebensgemein-

---

[488] Zu den möglichen Einschränkungen vgl. Seite 104.

schaft. Nach Inkrafttreten der Reform des Kindschaftsrechts ist in dieser Frage zu differenzieren wie folgt:

Stehen beide Partner nach den einschlägigen gesetzlichen Vorschriften als Eltern des Kindes fest (problematisch wohl i.d.R. nur bei den Vätern), können sich beide auf Art. 6 Abs. 2 GG berufen. Das führt neben der einfachgesetzlichen Ausformung in verschiedenen anderen Vorschriften (etwa § 1684 BGB: Grundsätzliche Pflicht zum Umgang mit dem Kind) dazu, daß die *Maßstäbe für Verheiratete entsprechend anzuwenden* sind. Ebenso wie bei Verheirateten ist auch einer Familie (und eine solche ist jedes Elternteil im Verhältnis zu seinem Kind) eine Trennung nur unter erschwerten Voraussetzungen zumutbar.

Es kommt jedoch darauf an, daß beide Partner die *formale Elternrolle* innehaben, d.h. nach den Vorschriften des BGB als Eltern gelten (auf die tatsächliche Abstammung kommt es dabei nicht an).

Ist das bei einem Partner der nichtehelichen Lebensgemeinschaft jedoch nicht der Fall, sondern wird die Elternrolle lediglich faktisch ausgeübt, kann sich derjenige nicht auf Art. 6 Abs. 2 GG berufen. Hier wird durch ein Umzugsverlangen keine Familie im verfassungsrechtlichen Sinne getrennt, auch wenn der andere Partner am bisherigen Wohnort bleibt.

Folglich sind solche Konstellationen regelmäßig nach den Grundsätzen der nichtehelichen Lebensgemeinschaft, und damit nach den für Ledige aufgestellten Kriterien zu bewerten. Etwas anderes gilt nur, wenn das Interesse des Kindes einem Umzug *zwingend* entgegensteht. Es bedarf also der Darlegung besonderer Umstände, die eine Fortführung des Zusammenlebens im Interesse des Kindeswohls rechtfertigen können. Das mag im Einzelfall als unbefriedigend angesehen werden, ergibt sich jedoch aus der verfassungsgerichtlichen Ausformung des „Familien"-Begriffs i.S.d. Art. 6 GG.

ee) Angehörigenpflege

Anders als bei Alleinerziehenden mit Kind, die ein Aufenthaltsbestimmungsrecht über das betreffende Kind haben, steht die Pflege von Angehörigen grundsätzlich der Zumutbarkeit eines Umzugs entgegen. Das ergibt sich insbesondere durch Rückgriff auf die Privilegierung der Pflegepersonen in §§ 3, 8 Abs. 1 und §§ 44, 45 Abs. 1 SGB XI (Pflegeversicherung) und die Privilegierung in § 119 Abs. 4 Nr. 2 SGB III. Entscheidender Unterschied zu den Alleinerziehenden mit Kind ist, daß den Pflegepersonen gerade kein Aufenthaltsbestimmungsrecht über die betreffenden Angehörigen zusteht, also ein *gemeinsamer* Ortswechsel ausscheidet.

ff) Umzug für eine Teilzeitstelle?

Zwar nicht zwingend, aber als „vernünftige Erwägung" kann aus der Rechtsprechung zur BU-Rente der Grundsatz in das Arbeitsförderungsrecht übernommen werden, daß Arbeitslosen nicht zumutbar ist, für eine Teilzeitstelle umzuziehen.

c) Wochenendpendeln

Der Gesetzgeber hat in bezug auf das Wochenendpendeln in § 121 Abs. 5 SGB III bestimmt, daß „vorübergehend getrennte Haushaltsführung" *für sich alleine* keinen Unzumutbarkeitsgrund bildet. Was der Gesetzgeber unter „vorübergehend" versteht, kann man dabei nur vermuten. Es muß sich jedenfalls um einen schon *ex ante* begrenzten Zeitraum handeln; es muß also von vornherein feststehen, wie lange die räumliche Trennung dauert. Ferner darf er sie, was die Dauer anlangt, nicht zu sehr ausgedehnt werden. Als Obergrenze kann daher in Anlehnung an die in § 121 Abs. 3 SGB III vorgenommene zeitliche Stufung ein Zeitraum von sechs Monaten vorgeschlagen werden.[489]
Es geht dem Gesetzgeber wohl um die Beschäftigungen, für die die betreffenden Unternehmen eine auswärts stattfindende Einarbeitung vorgesehen haben (beispielsweise ein kurzes „Trainee"-Programm). Einen Hauptanwendungsfall bilden ferner Arbeitsstellen in der Baubranche. Hier ist die zeitlich begrenzte räumliche Trennung üblich bei Einsätzen auf Großbaustellen („Montage"). Die jeweilige Wertung als *vorübergehend* hat somit auch mit Blick auf die in der jeweiligen Branche üblichen Gepflogenheiten zu erfolgen; insbesondere dann, wenn der Arbeitslose *entsprechend seiner früheren Beschäftigung* oder Ausbildung vermittelt wird.

Dauerndes Wochenendpendeln steht in der Bewertung i.d.R. dem **Umzug** gleich. Es kann grundsätzlich keinen Unterschied machen, ob für einen längeren Zeitraum doppelte Haushaltsführung betrieben wird, oder der Hausstand völlig verlegt wird.

Etwas anderes gilt lediglich für Alleinerziehende. Ihnen kann wegen des Aufenthaltsbestimmungsrechts über ihre Kinder zwar ein Umzug zugemutet werden, nicht aber die dauernde Trennung von ihrem Kind/ihren Kindern außerhalb der Wochenenden. Das ergibt sich im Rückgriff auf § 18 Abs. 3 Satz 2 und 3 BSHG und muß auch für die Regelung des § 121 Abs. 5 SGB III als Einschränkung gelten. Selbst *vorübergehende* Trennung von ihren Kindern dürfte Alleinerziehenden unzumutbar sein, weil dadurch regelmäßig die Versorgung der

---

[489] So auch *H. Steinmeyer* in: Gagel, AFG, § 103b (n.F.) Rn. 89. Ein kürzerer Zeitraum ließe die Regelung insbesondere bezogen auf Tätigkeiten in der Baubranche leerlaufen, was mit dem Ziel der Mißbrauchsbekämpfung schwerlich zu vereinbaren wäre.

Kinder gefährdet ist, soweit diese sich noch im „Erziehungsalter" (bis zum 15. Lebensjahr) befinden.

3. Entgeltschutz

Die in § 121 Abs. 3 SGB III zum Entgeltschutz aufgestellten Grundsätze bedürfen keiner Ergänzung.

Hiernach kann dem Arbeitslosen in den ersten drei Monaten eine Netto-Entgeltminderung um 20%, in den nächsten drei Monaten um insgesamt 30% zugemutet werden. Dauert die Arbeitslosigkeit länger als ein halbes Jahr, darf das erzielbare Nettoeinkommen einer angebotenen Arbeitsstelle abzüglich der berufsbedingten Aufwendungen lediglich nicht niedriger sein als das zu dem Zeitpunkt gezahlte Arbeitslosengeld.

Gleichsam als Kehrseite der Reduktion des zuvor kombinierten Berufs- und Entgeltschutzes auf einen im wesentlichen reinen Entgeltschutz[490] fehlt in § 121 Abs. 3 SGB III die zuvor noch in § 6 Abs. 1 ZumutbarkeitsAO eingeräumte Möglichkeit, bei einem Bemessungsentgelt, das „gegenüber dem üblichen Arbeitsentgelt für solche Beschäftigungen außergewöhnlich hoch war", die Zumutbarkeitsschwelle bis zum Arbeitslosenhilfesatz abzusenken.

Das, so meine ich, ist bei der starken Betonung des Entgeltschutzes in § 121 SGB III nur konsequent.

Bei der Bestimmung der Zumutbarkeit ist im Rahmen des Entgeltschutzes ferner eine evtl. gezahlte Arbeitnehmerhilfe gemäß § 56 Abs. 3 SGB III zu berücksichtigen.[491] Hiernach können einem vollzeitbeschäftigten Arbeitnehmer bis zu 25,- DM pro Tag Arbeitnehmerhilfe zusätzlich zu seinem Einkommen gewährt werden. Geleistet wird Arbeitnehmerhilfe allerdings nur für Arbeitslosen*hilfe*empfänger, die eine Beschäftigung annehmen (müssen), die „nach ihrer Eigenart auf längstens drei Monate befristet [ist]" (§ 56 Abs. 1 SGB III).

Geeignet ist diese Möglichkeit daher insbesondere dafür, schlecht bezahlte **Saisonarbeit** 'zumutbar zu machen', d.h. das Entgelt so aufzustocken, daß es die Grenzen des § 121 Abs. 3 übersteigt.[492]

---

[490] Vgl. *N. Blüm*, BArbBl. 7-8 1996, 5 (7): „Wir machen die Versicherung nicht mehr am Berufsabschluß fest, sondern am versicherten Einkommen."

[491] Eingeführt als § 134b AFG mit dem Arbeitslosenhilfereformgesetz (AlhiRG) vom 24.6.1996 BGBl. I S. 878, in Kraft getreten am 1.4.1996.

[492] Der Bundesrat lehnte die Arbeitnehmerhilfe bei der Einführung u.a. auch deshalb ab, weil eine Niedriglohnstruktur staatlich gefördert und damit gefestigt werde, vgl. BT-Drucks. 13/3951, (zu 3.b).

4. Berufsschutz

Der schmerzhafteste Einschnitt durch die Reform des Arbeitsförderungsrechts 1997 erfolgte mit der weitgehenden Eliminierung des in den 70er Jahren durch das BSG entwickelten und in die ZumutbarkeitsAO 1982 übernommenen zeitlich gestuften Berufs-/Qualifikationsschutzes aus dem Gesetzestext des § 121 SGB III.

§ 121 Abs. 5 SGB III bestimmt nur noch, daß nicht allein deshalb eine Beschäftigung unzumutbar ist, weil sie „nicht zum Kreis der Beschäftigungen gehört, für die der Arbeitnehmer ausgebildet ist oder die er bisher ausgeübt hat." Die Neuregelung wurde vom Gesetzgeber eingeführt als *Abschaffung* des Berufsschutzes.

Wie die durchgeführte Untersuchung jedoch gezeigt hat, ist diese Behauptung zu plakativ; der Berufsschutz ist nicht so uneingeschränkt abgeschafft, wie man bei bloßer Betrachtung des Gesetzeswortlauts zunächst meinen könnte.

a) „Rest" von Berufsschutz

Es besteht nach wie vor ein „Rest von Berufsschutz" dergestalt, daß für eine angemessene Zeit (analog der Regelung in § 121 Abs. 3 SGB III bis zu drei Monate) weiterhin eine qualifikationsentsprechende Vermittlung zu versuchen ist. Denn nach wie vor hat das Arbeitsamt bei der Stellenvermittlung vorrangig auch die *Neigung* des Arbeitslosen zu berücksichtigen.

Nur wenn eine Vermittlung entsprechend Berufswunsch/Qualifikation *nicht möglich ist*, kann der Arbeitslose auch auf Arbeitsstellen verwiesen werden, die außerhalb dieses Rahmens liegen. Dafür reicht es seitens des Arbeitsamts nicht aus, darauf zu verweisen, daß keine entsprechenden Stellen gemeldet sind, vielmehr sind ernsthafte und konkrete Vermittlungsbemühungen des Arbeitsamts erforderlich. Grund hierfür ist die nach wie vor geltende Vermutung für die Unvollständigkeit der Arbeitsamtskartei. Viele Arbeitgeber melden immer noch offene Stellen nicht dem Arbeitsamt.

Man muß daher auch dem Arbeitslosen grundsätzlich zunächst die Möglichkeit geben, sich im Rahmen von Eigenbemühungen (§ 119 Abs. 1 und 5 SGB III) selbst eine den eigenen Vorstellungen entsprechende Stelle zu suchen.

Von der Beachtung dieser Grundsätze kann nur ausnahmsweise dann abgesehen werden, wenn das Arbeitsamt *nachweisen kann*, daß einem sachgerechten Vermittlungswunsch entsprechende Stellen nicht zur Verfügung stehen, etwa weil man sich kurz zuvor aufgrund eines parallel gelagerten Falles bei sämtlichen in Frage kommenden Firmen der Arbeitsamtsregion nach derartigen offenen Arbeitsstellen erkundigt hat. Dann kann der Arbeitslose sofort auf den allgemeinen Arbeitsmarkt verwiesen werden.

Um Mißverständnisse zu vermeiden, sei an dieser Stelle darauf hingewiesen, daß es sich bei der hier vertretenen Ansicht keineswegs um die Fortführung des abgeschafften zeitlich gestuften Qualifikationsschutzes handelt, wie die ZumutbarkeitsAO (§ 12) ihn bis 1997 gewährt hat. Ist die Berücksichtigung eines sachgerechten Vermittlungswunsches nicht möglich, kann der Arbeitslose grundsätzlich auf den gesamten Arbeitsmarkt verwiesen werden. Allerdings wird das Arbeitsamt auch dann vorrangig nach Arbeitsstellen suchen, die der bislang ausgeübten Tätigkeit ähnlich sind, schon weil dafür die Vermittlungschancen am höchsten sind.

b) „Zukunftsgerichteter" Berufsschutz

Unter Rückgriff auf den Rechtsgedanken in § 18 Abs. 3 Satz 1 Alt. 2 BSHG ist Arbeitslosen auch im Arbeitsförderungsrecht ein zukunftsgerichteter Berufsschutz zu gewähren. Unzumutbar sind alle Beschäftigungen, die dem Arbeitslosen die Ausübung seiner bisherigen Tätigkeit in der Zukunft *wesentlich erschweren* würden.

Ein solcherart „zukunftsgerichteter" Berufsschutz widerspricht nicht dem Wortlaut des § 121 Abs. 5 SGB III und ist zeitlich unbegrenzt zu gewähren; er greift jedoch nur in besonders gelagerten *Ausnahmefällen* ein, etwa wenn einem Konzertpianisten schwere Straßenbauarbeiten zugemutet würden, die die Fingerfertigkeit irreparabel schädigen könnten. Praktisch hat diese Einschränkung der grundsätzlichen Verweisbarkeit auf den gesamten Arbeitsmarkt daher eine marginale Bedeutung.

c) Arbeitskampf; Tendenzbetriebe

Wie bisher kann Arbeitslosen nicht zugemutet werden, ohne ihre Zustimmung eine Arbeitsstelle in einem unmittelbar von einem **Arbeitskampf** betroffenen Bereich anzunehmen. Das ergibt sich aus § 36 Abs. 3 SGB III, der auch im Rahmen der Zumutbarkeit gelten muß, um Widersprüche mit den Vermittlungsvorschriften zu vermeiden.

Ebenfalls ein Zustimmungserfordernis ergibt sich für die Vermittlung in sog. „Tendenzbetriebe und -unternehmen" (etwa Gewerkschaften) sowie für Arbeitsstellen bei Religionsgemeinschaften oder in karitativen oder erzieherischen Einrichtungen, die zu einer Religionsgemeinschaft gehören. Das ergibt sich in der Zusammenschau mit § 42 Satz 3 Nr. 2 SGB III.

5. Problemkreise „befristete Arbeitsverhältnisse" und Saisonarbeit

a) Befristete Arbeitsverhältnisse

Der Gesetzgeber hat die grundsätzliche Zumutbarkeit befristeter Arbeitsverhältnisse in § 121 Abs. 5 SGB III klargestellt. Dort heißt es: „Eine Beschäftigung ist nicht schon deshalb unzumutbar, weil sie befristet ist... ."
Zeitliche Befristung *allein* führt deshalb grundsätzlich nicht zur Unzumutbarkeit einer Beschäftigung.

Das korrespondiert mit der grundsätzlichen *Aufwertung befristeter Arbeitsverhältnisse* durch die Neuregelung des SGB III. So können Eingliederungszuschüsse gem. § 217 ff. SGB III grundsätzlich auch an befristet beschäftigte Arbeitnehmer gezahlt werden; ein Eingliederungsvertrag kann abgeschlossen werden, wenn der Arbeitslose nach erfolgreichem Abschluß der Eingliederung in ein *Arbeitsverhältnis* (nicht zwingend: Dauerarbeitsverhältnis) übernommen werden soll (§ 229 SGB III). Der sog. „Lohnkostenzuschuß Ost", der sämtliche anderen Fördermaßnahmen in den neuen Bundesländern weitgehend verdrängt hat,[493] kann auch für befristet beschäftigte Arbeitnehmer geleistet werden.
In neuerer Zeit wird auch von arbeitsrechtlicher Seite für eine stärkere Gleichstellung von befristeter mit unbefristeter Beschäftigung plädiert.[494]

Diese gesetzliche Regelung in § 121 Abs. 5 SGB III darf nun allerdings nicht dazu verleiten, im Umkehrschluß zeitliche Befristungen immer dann als unzumutbar anzusehen, wenn noch weitere zumutbarkeitsrelevante erschwerende Umstände hinzutreten. So ist einer alleinerziehenden Mutter durchaus die Aufnahme und Ausübung einer zeitlich befristeten Beschäftigung zuzumuten.
Zeitliche Befristungen sind allerdings zu berücksichtigen bei der Entscheidung innerhalb der anderen Teilbereiche der Zumutbarkeit einer Beschäftigung. Hier kann sich die zeitliche Befristung erschwerend auswirken.

Da im Rahmen der Konkretisierung keine Ergebnisse zum Problemkreis „befristete Beschäftigung" erzielt werden konnten, wird nachfolgend versucht, aus der Normlogik brauchbare Kriterien für die Beurteilung der Zumutbarkeit von Teilzeitbeschäftigungen, mit denen weitere Erschwernisse für den Arbeitslosen verbunden wären, herauszuarbeiten.

---

[493] Vgl. *P. Clever* ZfSH/SGB 1998, 3 (11).
[494] So *P. Hanau* AuA 1998, 2 (3).

aa) Zumutbarkeit eines Umzugs

Ein Umzug wegen einer von vornherein befristeten Beschäftigung dürfte im Regelfall nicht zumutbar sein. Hierbei ist vor allem die Dauer der zeitlichen Befristung zu berücksichtigen. Gemäß § 1 Abs. 1 BeschFG[495] ist die zeitliche Befristung von Arbeitsverhältnissen für *höchstens zwei Jahre* möglich. Berücksichtigt man dagegen, daß die Verlagerung des Lebensmittelpunktes auch für ledige Arbeitslose ein erhebliches Erschwernis darstellt, da ein Umzug neben dem Verlust der bisherigen Wohnung, der vertrauten Umgebung und des Bekanntenkreises auch mit erheblichen Kosten verbunden ist, so können diese Erschwernisse durch die Erlangung eines von vornherein zeitlich befristeten Arbeitsplatzes grundsätzlich nicht aufgewogen werden.

Ein Fall des Umzugs wegen einer befristeten Beschäftigung ist damit grundsätzlich so zu bewerten wie ein Umzugsverlangen wegen einer Teilzeitbeschäftigung (vgl. oben Seite 111).

Die Frage der Zumutbarkeit eines Umzugs wegen einer zeitlich begrenzten Beschäftigung ist abzugrenzen vom Fall des § 121 Abs. 5 Alt. 2 SGB III, der bestimmt, daß eine Beschäftigung, die „vorübergehend eine getrennte Haushaltsführung erfordert", alleine deshalb noch nicht unzumutbar ist. Gemeint sind hiermit Arbeitsstellen mit beschäftigungsbedingten auswärtigen Aufenthalten von so kurzer Dauer, daß sich ein Umzug deshalb nicht lohnt. Zu denken ist hier beispielsweise an Arbeitsstellen in der Baubranche, die zeitweilig mit Wochenendpendeln verbunden sein können, wenn Großaufträge in einer anderen Region erfordern, daß die Arbeiter „auf Montage" gehen. Hierunter fallen jedoch auch „Traineeaufenthalte", die seit einigen Jahren beispielsweise in der Versicherungsbranche selbstverständlich geworden sind. Als Obergrenze für eine „vorübergehend" getrennte Haushaltsführung wird eine Aufenthaltsdauer von *bis zu sechs Monaten* vorgeschlagen.[496]

bb) „Rest von Berufsschutz"/Entgeltschutz

Die zeitliche Befristung einer Beschäftigung wirkt sich nicht aus auf das oben (vgl. 3. und 4.) zum Berufsschutz und Entgeltschutz Gesagte. Auch zeitlich befristete Tätigkeiten, die sich vom erlernten bzw. bisher ausgeübten Beruf unterscheiden, sind nach einer gewissen Übergangsfrist ohne Einschränkung zumutbar, wenn die Entgeltgrenzen eingehalten werden.

---

[495] Gesetz über arbeitsrechtliche Vorschriften zur Beschäftigungsförderung vom 26.4.1985 BGBl. I S. 710.
[496] So *H. Steinmeyer* in: Gagel, AFG, § 103b (n.F.) Rn. 89. Dieser Zeitansatz erscheint mir vernünftig; Anhaltspunkte in Rechtsprechung und Gesetzgebung, die für die Bestimmung des Zeitraums verwertbar sind, konnten nicht ermittelt werden.

cc) Arbeitsbedingungen

Auf die Arbeitsbedingungen trifft das unter bb) Gesagte ebenfalls zu.

b) Saisonarbeit

Das Problem Saisonarbeit hat sich in der letzten Zeit unter den Stichwörtern „Spargelstechen/Erdbeerernte" u.ä. zu einem heftig diskutierten Thema im Rahmen der Zumutbarkeit von Beschäftigungen im Arbeitsförderungsrecht entwickelt.

Grundsätzlich ist auch Saisonarbeit nach dem unter a) aa) bis cc) Gesagten zumutbar mit Ausnahme eines Umzugsverlangens. Allerdings unterscheidet sich Saisonarbeit von „normaler" befristeter Beschäftigung dadurch, daß von vornherein keine Chance auf Übernahme in eine Dauerbeschäftigung besteht. Ferner ist die zeitliche Befristung regelmäßig sehr kurz (einige Wochen bis Monate).

Als zusätzliches Erfordernis an die Zumutbarkeit dieser Beschäftigungen muß das Saisonarbeitsverhältnis jeweils *kurzfristig beendbar* sein,[497] um dem Arbeitnehmer jederzeit den Wechsel in ein Dauerarbeitsverhältnis zu ermöglichen und so den sonst vorhersehbaren „Rückfall in die Arbeitslosigkeit" zu verhindern. Dieses Erfordernis war in § 2 Abs. 3 ZumutbarkeitsAO ausdrücklich normiert und findet sich in § 121 SGB III (leider) nicht mehr. Dennoch muß diese Überlegung auch im neuen Recht fortgelten, denn die möglichst *dauerhafte* Beendigung und Verhinderung von Arbeitslosigkeit ist einer lediglich zeitlich begrenzten Unterbrechung der Arbeitslosigkeit vorzuziehen.

Eine weitere Besonderheit der Saisonarbeit ist, daß § 121 Abs. 5 Alt. 2 SGB III eingreift. Da es sich bei Saisonarbeit um einen kurzen und von vornherein begrenzten Beschäftigungszeitraum handelt, kann eine Beschäftigung grundsätzlich auch außerhalb des Tagespendelbereichs erfolgen. Das dürfte allerdings schon aus finanziellen Gründen die absolute Ausnahme sein.[498] Denn die bei getrennter Haushaltsführung anfallenden Kosten sind als unmittelbar mit der Beschäftigung zusammenhängende Aufwendungen im Rahmen des Entgeltschutzes gemäß § 121 Abs. 3 Satz 3 SGB III zu berücksichtigen.[499] Da Saisonarbeitsplätze selbst bei zusätzlicher Gewährung von Arbeitnehmerhilfe (vgl. § 56 SGB III, sog. „Kombilohnmodell") zumeist Niedriglohnarbeitsplätze sind,

---

[497] So auch *H. Steinmeyer* in: Gagel, AFG, § 103b (n.F.) Rn. 94.

[498] Dennoch erscheint die Vorstellung nicht abwegig. Insbesondere in der Baubranche ist es üblich, daß Arbeitern vom Arbeitgeber die Unterkünfte gestellt werden.

[499] Mehraufwendungen für Unterkunft und Verpflegung sind im Rahmen des § 121 Abs. 3 SGB III anrechnungsfähig; vgl. Sammelerlaß des Präsidenten der BA vom 24.3.1997, abgedruckt bei *H. Steinmeyer* in: Gagel, AFG, § 103b (n.F.) Rn. 76 f.

wird hieraus zumeist eine Unzumutbarkeit überregionaler Beschäftigung wegen der Nichteinhaltung der Entgeltgrenzen folgen.

Die Annahme grundsätzlicher Zumutbarkeit von Saisonarbeit bei Beachtung der hier angeführten Besonderheiten wird durch folgende Überlegung gestützt: Ein Arbeitsloser hat auch dann als verfügbar zu gelten, wenn seine Verfügbarkeit sich von vornherein auf befristete Arbeitsverhältnisse beschränkt, etwa weil für einige Zeit später eine Dauerbeschäftigung bereits vertraglich eingegangen wurde. [500]

Ist aber das Arbeitsamt verpflichtet, für solche „Zwischenzeiten" Arbeitslosengeld zu zahlen, wäre es paradox, wenn sich der Arbeitslose auf die Unzumutbarkeit von Saisonarbeit berufen könnte. Deren Merkmal ist schließlich die kurze Laufzeit der Verträge und ein von vornherein absehbares zwangsläufiges Beschäftigungsende bei Beendigung der Saison. Daraus folgt eine besondere Eignung gerade solcher Arbeitsstellen, dem Arbeitslosen Zwischenzeiten überbrücken zu helfen.

Unabhängig von der — juristisch betrachtet — grundsätzlichen Zumutbarkeit von Saisonarbeit ist insbesondere bei Forderungen nach „Spargelstechen/Weinlese/Obsternte durch Arbeitslose" zu berücksichtigen, daß die Akzeptanz dieser Beschäftigungen bei den betroffenen Arbeitgebern wie Arbeitnehmern bzw. Arbeitslosen sehr gering ist. Insofern sind solche Programme praktisch meist zwecklos, allerdings ist bei Ablehnung eine Sperrzeitverhängung (§ 144 Abs. 1 Nr. 2 SGB III) möglich. Es dürften sich jedoch kaum Arbeitgeber finden, die Arbeitsplätze für in Frage kommende deutsche Arbeitslose in Zusammenarbeit mit den Arbeitsämtern freiwillig zur Verfügung stellen, da aufgrund der beschriebenen Akzeptanzschwierigkeiten bei den Betroffenen die Motivation und damit die erbrachte Leistung im Regelfall gering sein dürfte.

Genauso kurzsichtig wie in der verstärkten Vermittlung auf Saisonarbeitsplätze eine Möglichkeit zur merklichen Entlastung des Arbeitsmarktes zu sehen, wäre es aber, eine Vermittlung auf Saisonarbeitsplätze nur als negativ anzusehen. Insbesondere bei Arbeitslosenhilfeempfängern droht, nicht anders als bei Sozialhilfeempfängern, eine Arbeitsentwöhnung, die die Chancen auf Vermittlung in Arbeit weiter absenkt. Mit der Vermittlung auf einen Saisonarbeitsplatz kann auch einer fortschreitenden Arbeitsentwöhnung begegnet oder einer zu befürchtenden Arbeitsentwöhnung vorgebeugt werden, insbesondere wenn es sich um langzeitarbeitslose Arbeitslosenhilfeempfänger handelt, die als schwer vermittelbar eingestuft werden müssen.

---

[500] Vgl. dazu BSG 15.6.1976 SozR 4100 § 101 Nr. 2, S. 14 ff.; BSG 22.6.1977 E 44, 71 (78 unten); ferner auch *H. Steinmeyer* in: Gagel, AFG, § 103 Rn. 96 ff.

6. Zeitliche Gestaltung der Arbeit; Arbeit auf Abruf

a) Zeitliche Gestaltung

Grundsätzlich kommt dem Arbeitslosen für die zeitliche Gestaltung der von ihm aufzunehmenden Beschäftigungen kein *Bestimmungs-*, sondern allenfalls ein *Vorschlagsrecht* zu. Das ergibt sich als *argumentum e contrario* aus § 119 Abs. 4 Nr. 2 SGB III, der Arbeitslosen Einschränkungen von „Dauer, Lage und Verteilung der Arbeitszeit" nur in zwei Ausnahmefällen verfügbarkeitserhaltend zubilligt.[501] Einschränkungen dieser Art berühren die Verfügbarkeit nur dann nicht, wenn sie

- wegen der Betreuung und Erziehung eines aufsichtsbedürftigen Kindes oder
- wegen der Pflege eines pflegebedürftigen Angehörigen

erforderlich sind.[502]

Werden ohne Vorliegen dieser Sachverhalte Einschränkungen hinsichtlich der Dauer, Lage und Verteilung der Arbeitszeit gemacht, ist vor einer allzuschnellen Ablehnung der Verfügbarkeit und der damit zu begründenden Leistungsversagung zu prüfen, ob es sich bei dem Vorbringen des Arbeitslosen tatsächlich um eine derartige Einschränkung handelt, oder ob hierin nicht vielmehr die Äußerung eines *Vermittlungswunsches* zu sehen ist. Dieser hat keine Auswirkungen auf die Verfügbarkeit und führt lediglich dazu, daß das Arbeitsamt bei den vorzunehmenden Vermittlungsbemühungen vorrangig auf die Wünsche des Arbeitslosen einzugehen hat.[503]

Festzuhalten ist: Ungünstige Arbeitszeiten, selbst *Schichtarbeit*, sind grundsätzlich vom Arbeitslosen hinzunehmen. Das gilt insbesondere für junge, ledige Arbeitslose ohne gesundheitliche Einschränkungen. Nur aufgrund besonderer Einzelfallumstände kann eine wesentlich ungünstigere Arbeitszeit als die „normale" Tagesarbeitszeit für den Arbeitslosen unzumutbar sein.

Dazu gehört eine Arbeitszeitverteilung, die faktisch eine Situation bewirkt, die einem Wochenendpendeln gleichkommt. Arbeitet beispielsweise bei Verheirateten die Ehefrau vollschichtig tagsüber und wird dem Mann eine Beschäftigung angeboten, die er ausnahmslos in Nachtschicht zu verrichten hätte, würde das ein Zusammenkommen während der Woche verhindern. Die Wirkung wäre faktisch die eines Wochenendpendelns. In diesen Fällen sind dann die zum Wochenendpendeln bei Verheirateten aufgestellten Grundsätze anzuwenden. Fak-

---

[501] Vgl. dazu auch BSG 20.6.1978 E 46, 257 (260).
[502] Zum Spannungsverhältnis zwischen Arbeitsförderungsrecht und Sozialhilferecht bei zeitlichen Einschränkungen wegen Kindererziehung siehe oben Seite 101 ff.
[503] BSG 20.6.1978 E 46, 257 (261).

tisch stellt sich eine derartige Situation für die Betroffenen oftmals sogar schlimmer dar, da auch am Wochenende ein gemeinsames Leben durch den unterschiedlichen Tag-Nacht-Rhythmus häufig gestört werden dürfte. Diese Aspekte sind bei der Zumutbarkeitsbeurteilung zu berücksichtigen. Im Ergebnis wird man in solchen Fällen in der Regel zu einer Unzumutbarkeit kommen.[504] Zu berücksichtigen sind im Einzelfall ebenfalls das Vorhandensein minderjähriger Kinder (dann gelten obige Ausführungen entsprechend) sowie der gesundheitliche Zustand des Arbeitslosen.[505]

b) Sonderfall: Arbeit auf Abruf

Der Gesetzgeber hat den zuvor in § 5 Abs. 2 ZumutbarkeitsAO geregelten Problemkreis „**Arbeit auf Abruf**" in § 121 SGB III ausgespart. Auch die vorangegangene Fallgruppenbildung hat zu diesem Punkt keine Ergebnisse erbracht, dennoch (oder gerade deshalb) bedarf es einer genaueren Bestimmung. Grundsätzlich ist, wie schon gesagt, die zeitliche Gestaltung der Arbeitsleistung kein Aspekt, der im Rahmen der Zumutbarkeit Berücksichtigung finden kann. Es handelt sich nach der Regelungssystematik in §§ 119 ff. SGB III vielmehr um eine Frage der Verfügbarkeit, die außerhalb der Zumutbarkeit zu beurteilen ist (vgl. § 119 Abs. 4 Nr. 1 und 2 SGB III). Dennoch ist auf diesen Punkt hier schon wegen der nun weggefallenen Regelung in der ZumutbarkeitsAO einzugehen.

Bei „Arbeit auf Abruf" handelt es sich um (zumeist Teilzeit-) Beschäftigungen, bei denen der Zeitraum, in der die Arbeitsleistung zu erbringen ist, nicht schon einige Zeit im vorhinein feststeht. Der Arbeitnehmer wird vielmehr — je nach Arbeitsanfall — *abgerufen* und muß die Arbeitsleistung in dem vom Arbeitgeber definierten Zeitrahmen erbringen.

Dabei kann der Arbeitgeber jedoch nicht nach Gutdünken vorgehen. Das Beschäftigungsförderungsgesetz[506] normiert in § 4 unter der Überschrift „Anpassung der Arbeitszeit an den Arbeitsanfall" die vom Arbeitgeber einzuhaltenden Vorgaben. Zwingend ist insbesondere eine Mitteilung der Lage der Arbeitszeit *mindestens vier Tage im voraus*. Hält der Arbeitgeber diese Begrenzung nicht ein, ist der Arbeitnehmer zur Arbeitsleistung nicht verpflichtet (vgl. § 4 Abs. 2 BeschFG).
Ferner hat der Arbeitgeber eine Wochenarbeitszeit festzulegen. Unterläßt er dies, gilt gemäß § 4 Abs. 1 BeschFG eine zehnstündige Wochenarbeitszeit als

---

[504] Vgl. auch *H. Steinmeyer* in: Gagel, AFG, § 103 (n. F.) Rn. 95 f.

[505] Vgl. *H. Steinmeyer* in: Gagel, AFG, § 103 (n. F.) Rn. 95 ff.

[506] Gesetz über arbeitsrechtliche Vorschriften zur Beschäftigungsförderung vom 26. April 1985 (BGBl. I S. 710), geändert durch Gesetz vom 25. September 1996 (BGBl. I S. 1476).

vereinbart. Ist zwischen Arbeitnehmer und Arbeitgeber keine tägliche Arbeitszeitdauer vereinbart, muß der Arbeitnehmer bei einem „Abruf" mindestens drei Stunden vom Arbeitgeber beschäftigt werden. Diese Regelung soll verhindern, daß der Arbeitnehmer sich zu einseitig nur nach den Bedürfnissen des Arbeitgebers zu richten hat. Seinem Interesse nach Berechenbarkeit der Arbeitszeit wird hiermit Rechnung getragen. Allerdings kann, insbesondere was tägliche und wöchentliche Arbeitszeit anlangt, von den gesetzlichen Fiktionen aufgrund konkreter Vereinbarung abgewichen werden.

Die Zumutbarkeitsbeurteilung einer solchen Tätigkeit muß mit differenzierter Betrachtung erfolgen. Als Ausgangspunkt gilt nach der Reform des Arbeitsförderungsrechts für „Arbeit auf Abruf" dasselbe wie für Schichtarbeit: Grundsätzlich ist beides zumutbar, insbesondere jungen, ledigen Arbeitslosen. Gerade an deren Adresse richtet sich der Appell des § 2 SGB III, der von Arbeitslosen im Vergleich zum AFG ein erhöhtes Maß an Anpassungsbereitschaft und Flexibilität sowie von Eigenverantwortung fordert.

Aus § 121 Abs. 2 SGB III i.V.m. § 4 BeschFG folgt jedoch, daß die eben beschriebenen gesetzgeberischen Mindestschutzvorschriften zwingend eingehalten werden müssen, und zwar nicht nur „auf dem Papier", sondern auch tatsächlich. Wichtig ist insbesondere, daß die Benachrichtigungsfrist von mindestens vier Tagen bei der Arbeitseinteilung auch tatsächlich betriebliche Praxis ist. Ferner gilt, daß bei solcher „Arbeit auf Abruf" Zumutbarkeitserschwernisse wie lange Wegstrecken oder eine Familie mit minderjährigen Kindern *besonders* zu berücksichtigen sind. Wird etwa das Familienleben aufgrund der ständigen Arbeitszeitwechsel schwer belastet und liegt die Arbeitsstelle knapp über eine Stunde vom Wohnort des Arbeitslosen entfernt, so führt das zur Unzumutbarkeit der angebotenen Beschäftigung (zur Kumulation verschiedener Erschwernisse siehe unten 7.). Zu berücksichtigen ist bei der Zumutbarkeitsbeurteilung auch, ob sich abweichende Vereinbarungen über die tägliche und/oder wöchentliche Arbeitzeit zu Ungunsten des Arbeitnehmers vom *gesetzlichen Leitbild* des § 4 BeschFG entfernen. An die Ablehnung einer Beschäftigung mit einer täglichen Arbeitszeit von unter drei Stunden kann nicht die Sperrzeitsanktion des § 144 SGB III geknüpft werden. In der Praxis werden solche Fälle allerdings wegen der in § 121 Abs. 3 SGB III normierten Entgeltgrenzen kaum Bedeutung haben.

Bei Beschäftigungen, die wie Schichtarbeit oder Arbeit auf Abruf bereits typischerweise besondere Erschwernisse für den Arbeitnehmer bedeuten, muß der Einzelfallbezug gegenüber dem sonst sehr starken Bedürfnis nach Typisierung und Rechtssicherheit den Vorrang genießen können, um dadurch das Entstehen schwerer Härten für den einzelnen auszuschließen.

Schließlich geht es insbesondere bei der Abrufarbeit darum, ob *verlangt* werden kann, daß ein Arbeitsloser eine Beschäftigung annimmt, bei der seine Arbeitszeit nicht im voraus feststeht, sondern nach dem Bedarf des Arbeitgebers erst kurzfristig vorher genau definiert wird.

Der gegenüber anderen Fallgruppen zu stärkende Einzelfallbezug rechtfertigt sich auch durch die Schwierigkeiten bei der Typisierung. Wo nämlich liegt die Grenze zwischen Modellen mit „flexibler Arbeitszeit" und „Arbeit auf Abruf"? Meines Erachtens ist diese Grenze zwischen einer für den Arbeitnehmer in der Regel günstigen „flexiblen Arbeitszeitgestaltung" und der ihm unbequemen „Arbeit auf Abruf", bei der einseitig Unternehmerrisiken auf den Arbeitnehmer weiterverlagert werden sollen, fließend. Das gilt umso mehr für die tatsächlich im Betrieb geübte Praxis, insbesondere in Kleinbetrieben.

Ein letzter Punkt soll nicht unerwähnt bleiben. So ist bei der Beurteilung der Zumutbarkeit einer Beschäftigung mit Abrufelementen zu prüfen, welchen Berufswunsch der Arbeitslose geäußert hat und welche Leistungsanforderungen dieser Beruf typischerweise an den einzelnen stellt. So wird jemandem, der für sich den Beruf des Hotel-Empfangschefs favorisiert, Abrufarbeit eher zuzumuten sein als einem Arbeitslosen, der wieder als Steuerfachgehilfe arbeiten möchte.

7. Kumulation verschiedener Erschwernisse

Es wurde bereits versucht, auf die Auswirkungen möglicher Kumulation von Erschwernissen im Einzelfall einzugehen (vgl. etwa oben 5.). Dennoch bedarf dieses Problem schon wegen seiner Praxisrelevanz eingehenderer Erörterung. Anders als in früheren Fassungen des AFG, die sich ebenfalls eine Konkretisierung des Zumutbarkeitsbegriffs zur Aufgabe gemacht hatten, enthält § 121 SGB III keinen Anhaltspunkt, wie bei Kumulation verschiedener Erschwernisse zu verfahren ist. So hieß es etwa im durch das 5. AFG-Änderungsgesetz vom 23.7.1979[507] eingefügten § 103 Abs.1a Satz 3 AFG:

> „Zu berücksichtigen ist ferner, daß Umstände, die allein betrachtet zumutbar wären, bei Vorliegen weiterer Umstände für den Arbeitslosen unzumutbar sein können."

Damit ist allerdings noch nicht gesagt, in welchen Fällen und bei welchen Zumutbarkeitskriterien eine Kumulation von Nachteilen zur Unzumutbarkeit führt, obwohl bei jeweils isolierter Betrachtung der einzelnen Punkte (Mobilität, Einkommensverlust, Entfernung vom bisher ausgeübten Beruf, etc.) die Zumutbarkeit der Beschäftigung zu bejahen gewesen wäre.

---

[507] BGBl. I, S. 1189

Einen Anhaltspunkt bietet der Blick auf die ZumutbarkeitsAO als unmittelbare Vorgängerregelung. Hier heißt es in § 13:

> „Ausnahmen von den Regelungen des § 2 Abs. 3 und der §§ 3, 4, 8 bis 12 sind begründet, soweit schwerwiegende Umstände des Einzelfalls dies erfordern."

Hierdurch wird deutlich, daß auch eine Kumulierung ungünstiger Umstände, die sich im Rahmen des durch die ZumutbarkeitsAO ausdrücklich Erlaubten halten, *grundsätzlich keinen Unzumutbarkeitsgrund* darstellen. Nur im **Ausnahmefall** einer besonders unglücklichen Verkettung von an sich „erlaubten" Nachteilen sollte es ausnahmsweise möglich sein, die an sich gegebene Zumutbarkeit zu verneinen.

Dieser Gedanke läßt sich zumindest auf § 121 Abs. 3 bis 4 SGB III ohne weiteres übertragen. Der Gesetzgeber hat die Tagespendelzeiten und den Entgeltschutz ausdrücklich geregelt und war sich dabei bewußt, daß es zur Kumulation von Einbußen für den Arbeitnehmer kommen könnte. Nur in besonders gelagerten, atypischen Fällen ist daher eine Unzumutbarkeit bei Einhaltung der Grenzen in § 121 Abs. 2 bis 4 SGB III denkbar. Diese Überlegung wird gestützt von der Vorschrift des § 121 Abs. 1 SGB III, der den Grundsatz aufstellt, daß dem Arbeitslosen grundsätzlich jede Beschäftigung zumutbar ist, die er annehmen kann und darf.[508] Wenn schon die Qualifizierung einer Beschäftigung als unzumutbar ohnehin die Ausnahme darstellt, muß eine Unzumutbarkeit aufgrund der Verknüpfung verschiedener Nachteile, die nach der Regelung des § 121 SGB III vom Arbeitslosen grundsätzlich hinzunehmen sind, auf atypische, besonders gelagerte Fälle beschränkt bleiben.

Im Vergleich zu § 121 Abs. 2 bis 4 SGB III fällt der andere Wortlaut des § 121 Abs. 5 SGB III in den Blick. Hier heißt es, eine Beschäftigung sei *nicht schon deshalb* unzumutbar, weil sie befristet sei, vorübergehend eine getrennte Haushaltsführung erfordere oder nicht zum Kreis der erlernten oder bisher vorwiegend ausgeübten Beschäftigungen gehöre. Es wird danach durchaus für möglich erachtet, daß ein Hinzutreten dieser vom Arbeitnehmer grundsätzlich hinzunehmenden Nachteile zu weiteren Erschwernissen wie einer langen Pendelzeit verbunden mit einer deutlichen Gehaltseinbuße letztlich zur Unzumutbarkeit führen kann.

Jedoch ist auch hier die vom Gesetzgeber getroffene Grundentscheidung zu respektieren, daß die in § 121 Abs. 5 SGB III aufgezählten Punkte grundsätzlich eben gerade *keine* Berücksichtigung finden sollen. Im Ergebnis gilt daher auch hier das oben Gesagte, jedoch dürfte die Grenze der atypischen Verkettung ungünstiger Umstände hier eher und besser begründbar sein.

---

[508] BT-Drucks. 13/4941, S. 238 (zu § 103 b Abs. 1 AFG n.F.).

Festzuhalten ist daher: Eine Kumulierung von Nachteilen, die bei isolierter Betrachtung nicht zur Unzumutbarkeit der Beschäftigung führen, kann nur in besonders zu begründenden **atypischen Ausnahmefällen** doch noch eine Unzumutbarkeit der Beschäftigung begründen.

Abstrakt typisieren lassen sich solche Fälle kaum; sie sind schließlich gerade von ihrer Atypik geprägt. Man wird praktisch vorkommende Konfliktfälle abzuwarten haben.

Kapitel IV: Verfassungsmäßigkeit der neuen Zumutbarkeitsregelung in der herausgearbeiteten Gestalt?

I. Vereinbarkeit der §§ 119 Abs. 4, 121, 144 Abs. 1 Nr. 2 SGB III mit Art. 12 GG

1. Schutzbereich: Art. 12 Abs. 1 oder Abs. 2 GG?

An der Vereinbarkeit insbesondere der neuen Zumutbarkeitsregelung in § 121 SGB III mit Art. 12 GG wurden in der Literatur bereits erhebliche Zweifel geäußert.[509] Vor diesem Hintergrund ist auf eine Überprüfung der gefundenen Ausgestaltung des arbeitsförderungsrechtlichen Zumutbarkeitsbegriffs am Maßstab der Grundrechte und insbesondere dem Maßstab des Art. 12 besonders großer Wert zu legen.

Bei der grundrechtlichen Überprüfung muß die Zumutbarkeitsvorschrift in ihrem konkreten Regelungskontext gelesen werden, also insbesondere zusammen mit § 144 Abs. 1 Nr. 2 SGB III, der bei Ablehnung zumutbarer Arbeit zur Verhängung einer Sperrzeit berechtigt.[510]
Bietet die Arbeitsverwaltung dem Arbeitslosen eine Arbeitsstelle an, die den Zumutbarkeitsanforderungen der §§ 119 Abs. 4, 121 SGB III genügt, so muß der Arbeitslose spätestens zum Zeitpunkt des vorgesehenen Beginns der Arbeitstätigkeit bei Ablehnung der Tätigkeit oder bloß passivem Verhalten („Nichtstun") mit der Verhängung einer grundsätzlich dreimonatigen Leistungssperre rechnen.
Hierdurch wird mittelbar Druck auf den Arbeitslosen ausgeübt, seine Arbeitslosigkeit durch die Aufnahme einer als zumutbar erachteten Beschäftigung zu beenden.

---

[509] So z.B. *W. Däubler* SozSich. 1996, 411 (422); *A. Gagel/K. Lauterbach* NJ 1997, 345 (348); *A. Gagel*, SGB III-Textausgabe, 2. Auflage, München (Beck) 1998, Einführung S. XXI: „..zusätzliche Disziplinierungsmöglichkeit ohne realen Hintergrund, die unter dem Gesichtspunkt des **Art. 12 GG** (Berufsfreiheit) äußerst bedenklich ist."; ausführlich *H. Steinmeyer* in: Gagel, AFG, § 103b (n.F.) Rn. 26 ff..
[510] Stehen Regelungen in einem sachlichen Zusammenhang, so ist das gesamte Normengefüge in die verfassungsrechtliche Beurteilung einzubeziehen, BVerfG 23.1.1990 E 81, 156 (194); BVerfG 24.6.1986 E 72, 330 (407).

Dieser Vorgang wird teilweise dem Schutzbereich des Art. 12 Abs. 2 GG (Verbot des Arbeitszwangs) zugeordnet,[511] ganz überwiegend aber ist man der Ansicht, daß der Schutzbereich des Art. 12 Abs. 1 GG insoweit einschlägig sei.[512]

Gegen eine Zuordnung zum Schutzbereich des Art. 12 Abs. 2 GG spricht, daß hiervon nur der Zwang zu einer *bestimmten* Arbeit erfaßt werden soll.[513] Ausgehend von den negativen Erfahrungen mit dem nationalsozialistischen Arbeitsdienst soll hierdurch eine Uniformierung der Gesellschaft im Arbeitsleben verhindert werden.

Ein Zwang zu einer **bestimmten Tätigkeit** i.S.d. Art. 12 Abs. 2 GG wird nur dann ausgeübt, wenn es den staatlichen Stellen darum geht, daß gerade *dieser* Arbeitnehmer *gerade die bestimmte Tätigkeit* im festgelegten Zeitraum ausübt. Mit der Sperrzeitandrohung bei Arbeitsablehnung kommt es dem Arbeitsamt jedoch nicht darauf an, daß der Arbeitslose tatsächlich *diese* Beschäftigung aufnimmt. Es ist unerheblich und der Arbeitsverwaltung im Zweifel auch völlig egal, ob der Arbeitslose die angebotene oder zum selben Zeitpunkt eine andere versicherungspflichtige Tätigkeit aufnimmt. Es geht vielmehr um das Problem der Eingrenzung des Versicherungsfalls.[514] Die Ablehnung einer als zumutbar qualifizierten Beschäftigung wird als Indiz dafür angesehen, daß die Arbeitslosigkeit des betreffenden Arbeitslosen jedenfalls auch auf individuell beeinflußbaren Umständen beruht.

Einschlägig ist somit der Schutzbereich des Grundrechts aus Art. 12 Abs. 1 GG. Berührt ist das Grundrecht der Berufsfreiheit in seinen Ausprägungen als „Arbeitsplatzwahlfreiheit" wie auch u. U. in der Ausprägung als „Berufswahlfreiheit".

Der Schutz der **Berufswahlfreiheit** umfaßt sowohl die Entscheidung über den *Eintritt* in den Beruf als auch darüber, ob und wie lange der Beruf *fortgesetzt*

---

[511] *J. Tettinger* in: Sachs, GG, Art. 12 Rn. 152 mit Hinweis auf VG Hannover 25.9.1985 NVwZ 1986, 417. Die Entscheidung bezieht sich allerdings speziell auf die Ablehnung von **Arbeitsgelegenheiten** gem. § 19 BSHG. Dagegen ist nach *H. Zacher*, Sozialpolitik und Verfassung, S. 807 f. der Schutzbereich des Art. 12 Abs. 2 GG durch die „Anweisung zu einer bestimmten Arbeit" (bezieht sich auf §§ 18, 25 BSHG) gerade nicht berührt.

[512] BSG 22.6.1977 E 44, 71 (76); *W. Däubler* SozSich. 1996, 411 (422); *J. Ipsen*, Staatsrecht, Rn. 648; *B. Schulin* SGb 1989, 94 (97) („negative Berufsfreiheit"); *H. Steinmeyer* in: Gagel, AFG, § 103b (n.F.), Rn. 27 ff., 38; vgl. auch BVerfG 84, 133 (146).

[513] *J. Ipsen*, Staatsrecht, Rn. 648 f.

[514] Vgl. bereits oben S. 5.

werden soll.[515] Der Schutzbereich des Art. 12 Abs. 1 GG umfaßt damit aber auch das Recht, einen bestimmten Beruf oder eine bestimmte Arbeitsstelle *nicht* zu ergreifen, sog. *negative Berufsfreiheit*.[516] Wird im Rahmen der Arbeitsvermittlung einem Arbeitslosen eine Beschäftigung angeboten, die zwar den Zumutbarkeitserfordernissen des § 121 SGB III entspricht, aber eben einem vom Arbeitslosen geäußerten sachgerechten Vermittlungswunsch widerspricht, so bewirkt der „mittelbare Druck", der aus den Vorschriften der §§ 119 Abs. 4 Nr. 1, 121, 144 Abs. 1 Nr. 2 SGB III folgt, daß dadurch die **Freiheit der Berufswahl** in ihrer Ausprägung als „negative" Berufswahlfreiheit berührt ist.

Der zuvor beschriebene 'Automatismus' eines Sperrzeiteintritts bei Ablehnung oder einfach Nichtaufnahme einer angebotenen und als zumutbar zu qualifizierenden Beschäftigung berührt darüberhinaus *in jedem Fall* die **Arbeitsplatzwahlfreiheit**. Es handelt sich dabei um die Freiheit zur Aufnahme, Beibehaltung, Aufgabe und zum Wechseln des Platzes innerhalb des gesamten Bundesgebietes.[517] Es geht also um die Frage, an welcher Stelle jemand einem gewählten Beruf nachgehen möchte. Dabei ist dieser Begriff nicht in erster Linie räumlich zu verstehen; es geht vielmehr um die Entscheidung für eine konkrete Betätigungsmöglichkeit oder ein bestimmtes Arbeitsverhältnis. Die Arbeitsplatzwahl ist der Berufswahl nachgeordnet und konkretisiert diese.[518] *Jedes* Vermittlungsangebot durch das Arbeitsamt übt aufgrund der in §§ 119, 121, 144 SGB III enthaltenen Vorschriften und möglichen Sanktionen ein gewisses Maß an Druck auf den Arbeitslosen aus, sich für die angebotene Beschäftigung zu entscheiden.

Von der Feststellung der Eröffnung des Schutzbereichs zu trennen ist jedoch die Frage, ob die Vorschriften der §§ 119 Abs. 4 Nr. 1, 121, 144 Abs. 1 Nr. 2 SGB III **Eingriffscharakter** besitzen.[519]

---

[515] BVerfG 2.3.1977 E 44, 105 (117) m.w.N; BVerfG 24.4.1991 E 84, 133 (146); vgl. auch *R. Scholz* in: Maunz/Dürig, GG, Art. 12 Rn. 273 f.

[516] BVerfG 21.10.1981 E 58, 358 (364); *H. Steinmeyer* in: Gagel, AFG, § 103b (n.F.) Rn. 26 m.w.N.; *W. Däubler* SozSich. 1996, 411 (422); *B. Schulin* SGb 1989, 94 (95);

[517] Vgl. *M. Gubelt* in: v. Münch/Kunig GG, Art. 12 Rn. 23 f.

[518] BVerfG 24.4.1991 E 84, 133 (146).

[519] Dies verkennend *W. Däubler* SozSich. 1996, 411 (422).

2. Eingriff in das Grundrecht des Art. 12 Abs. 1 GG durch §§ 119, 121, 144 SGB III?

Ausgehend vom sog. „klassischen Eingriffsbegriff" verlangte man früher das Vorliegen folgender Merkmale, um einen Grundrechtseingriff zu bejahen:[520]

- **Finalität** des Handelns: Ein Grundrechtseingriff sollte erfordern, daß die Grundrechtsbeschränkung nicht bloß **unbeabsichtigte** Folge eines auf anderen Ziele gerichteten Staatshandelns sei, sondern eben bezweckt war.
- Die Grundrechtsbeschränkung mußte **unmittelbare** und nicht eine zwar beabsichtigte, aber lediglich **mittelbare** Folge staatlichen Handelns sein.
- Es mußte sich um einen **Rechtsakt** handeln.
- Dieser Rechtsakt mußte eine **rechtliche** und nicht bloß **tatsächliche** Beschränkungswirkung hinsichtlich des grundrechtlich geschützten Verhaltens entfalten (z.B. nicht bei der Widmung von Straßen oder bei der Verlegung einer Schule).
- Der Rechtsakt mußte **mit Befehl und Zwang durchsetzbar** sein.

Dagegen hat sich die moderne Eingriffslehre vom klassischen Eingriffsbegriff mit der Begründung abgewandt, dieser enthalte zu enge Voraussetzungen und würde demgemäß den grundrechtlichen Schutz zu stark beschränken. Der *moderne Eingriffsbegriff* ist weit konturloser, was allerdings auch die Gefahr des „Ausuferns" birgt.[521] Gemäß dem modernen Eingriffsbegriff ist ein Eingriff *„jedes staatliche Handeln, das dem einzelnen ein Verhalten, das in den Schutzbereich eines Grundrechts fällt, unmöglich macht,* gleichgültig ob diese Wirkung **final** oder **unbeabsichtigt**, **unmittelbar** oder **mittelbar**, **rechtlich** oder **tatsächlich** (faktisch, informal), mit oder ohne **Befehl und Zwang** erfolgt."[522] Erforderlich ist nur, daß die Wirkung von einem der öffentlichen Gewalt zurechenbaren Verhalten ausgeht.[523]

Die Beschränkung in der Berufswahlfreiheit bei der Vermittlung einer von einem sachgerechten Vermittlungswunsch abweichenden Beschäftigung zielt nun aber gerade *nicht* auf die Beschränkung der Berufswahlfreiheit **final** ab (s.o. 1.). Ferner ergibt sich die Beeinträchtigung nicht unmittelbar, sondern lediglich **mittelbar**, indem dem Arbeitslosen die öffentlichen Mittel zum Bestreiten seines Lebensunterhalts ohne Arbeit gestrichen werden (Sperrzeit, § 144 Abs. 1 Nr. 2 SGB III), und so die tatsächliche Möglichkeit der unbeschränkten Fortsetzung der Arbeitsplatzsuche eingeschränkt wird.

---

[520] Vgl. dazu etwa *B. Pieroth/B. Schlink*, Grundrechte Staatsrecht II, Rn. 238 ff.; *A. Bleckmann*, Staatsrecht II, Rn. 34 ff.

[521] Eingehend dazu *A. Bleckmann*, Staatsrecht II, Rn. 40: „Die Ausweitung der Grundrechtsbindung auf jede tatsächliche Berührung kann zu einer Lähmung des Staates führen."

[522] So *B. Pieroth/B. Schlink*, Grundrechte Staatsrecht II, Rn. 240 m.w.N.

[523] BVerfG 16.12.1983 E 66, 39 (60).

Zwar ist die Verhängung einer Sperrzeit ein **Rechtsakt**, jedoch setzt diese gerade **nicht mit Befehl und Zwang** die „Arbeitspflicht" des Arbeitslosen durch, sondern sanktioniert lediglich die Nichteinhaltung einer Obliegenheit.

Selbst die weitgehend konturlosen Voraussetzungen des sog. „modernen Eingriffsbegriffs" können nicht bewirken, daß die Zumutbarkeitsregelung des § 121 SGB III, welche die Reichweite der arbeitsförderungsrechtlichen Arbeitsobliegenheit, deren Erfüllung Voraussetzung für den Leistungsbezug ist, als Eingriff in das Grundrecht der Berufsfreiheit bewertet werden kann.

Hinzu kommt, daß das BVerfG im Rahmen der Berufsfreiheit gem. Art. 12 Abs. 1 GG angesichts der schwierigen Handhabbarkeit des „modernen" Eingriffsbegriffs weitergehende Kriterien zu Bestimmung eines Eingriffs entwickelt hat. Hiernach können zwar Vorschriften ohne berufsregelnde Zielrichtung aufgrund ihrer mittelbaren oder tatsächlichen Auswirkungen den Schutzbereich des Art. 12 Abs. 1 GG beeinträchtigen, jedoch müssen die Auswirkungen von einigem Gewicht sein und „in einem engen Zusammenhang mit der Ausübung des Berufs stehen und objektiv eine **berufsregelnde Tendenz** deutlich erkennen lassen.[524] Das ist dann der Fall, wenn mit finanziellen Beschränkungen gewisse Lenkungs- und Regelungseffekte erzielt werden sollen.[525] Eine solche berufsregelnde Tendenz ist den §§ 119, 121, 144 SGB III jedoch gerade nicht immanent. Es werden hierdurch keinerlei Berufszweige gefördert oder benachteiligt. Ferner zielt die Regelung des § 121 SGB III in der hier vertretenen Auslegung gerade nicht darauf ab, die Arbeitnehmer „im Sinne einer optimalen Bedienung der Wirtschaft zu steuern".[526] Das wäre dann der Fall, wenn der Arbeitslose zu jedem Zeitpunkt und zu jeder Bedingung jede Art von Arbeit annehmen müßte, die er nach seinem geistigen und körperlichen Leistungsvermögen ausüben kann.[527]

Der Arbeitnehmer kann aber gemäß der hier vertretenen Auslegung des § 121 SGB III auch nach der Abschaffung des zeitlich gestuften Qualifikationsschutzes einen sachgerechten Berufswunsch äußern, der vom Arbeitsamt vorrangig zu berücksichtigen ist. Dem Arbeitslosen ist eine gewisse Zeit einzuräumen, den Berufswunsch zu verwirklichen. Ferner sind auch hinsichtlich der räumlichen Mobilität und der hinzunehmenden Arbeitsbedingungen der Arbeitsobliegenheit deutliche Grenzen gesetzt.

---

[524] BVerfG 19.6.1985 E 70, 191 (214); BVerfG 15.7.1980 E 55, 7 (25 f.); *H. Jarass* in: Jarass/Pieroth, GG, Art. 12 Rn. 7 m.w.N.
[525] BVerfG 29.11.1989 E 81, 108 (121 f.).
[526] BSG 22.6.1977 E 44, 71 (76) („Diplom-Geologe").
[527] Für diesen Fall eine **Verletzung** des Art. 12 Abs. 1 GG bejahend: *H. Steinmeyer* in: Gagel, AFG, § 103b Rn. 31 ff.

Das alles spricht dafür, einen Eingriff in Art. 12 Abs. 1 GG durch die geltende Zumutbarkeitsregelung des § 121 SGB III i.v.m. §§ 119, 144 SGB III in der hier vertretenen Ausgestaltung zu verneinen.[528]

3. Art. 12 Abs. 1 GG i.V.m. dem Sozialstaatsprinzip

Auch wenn ein Eingriff in das Grundrecht des Art. 12 Abs. 1 GG durch die geltende Zumutbarkeitsregelung verneint werden kann, ist hierin doch zusätzlich auch eine *objektiv-rechtliche Wertentscheidung* enthalten,[529] die bei der Auslegung des Zumutbarkeitsbegriffes weitestmöglich zu berücksichtigen ist.[530] Wenn man davon ausgeht, daß Art. 12 Abs. 1 GG die Freiheit des Bürgers in einem besonders wichtigen Bereich schützt, daß die Berufsfreiheit Bedeutung für alle sozialen Schichten hat und Arbeit als „Beruf" jedem einzelnen „gleichen Wert und gleiche Würde" vermittelt,[531] so hat dies auch bei der Auslegung der Zumutbarkeitsregelung des § 121 SGB III angemessene Berücksichtigung zu finden.[532]

Unmittelbar wird der Arbeitslose in seiner Berufswahlfreiheit durch den Wegfall von Lohnersatzleistungen wie Arbeitslosengeld/Arbeitslosenhilfe oder dessen Androhung nicht beschränkt. Es stehen ihm nach wie vor sämtliche Möglichkeiten des „Berufsmarktes" offen. In seiner Wahlfreiheit aber wird derjenige Arbeitslose, der nicht über nennenswerte eigene finanzielle Mittel verfügt, durch die Androhung einer Sperrzeitverhängung bei Ablehnung zumutbarer Arbeit *faktisch* beschränkt. Die Androhung und anschließend die Verhängung einer Sperrzeit soll den Arbeitslosen dazu bewegen, die angebotene oder eine andere versicherungspflichtigen Beschäftigung anzunehmen, so daß die Arbeitslosigkeit als Versicherungsfall der Arbeitslosenversicherung beendet wird (s.o. 1.).

Alle Freiheitsgrundrechte und damit auch Art. 12 Abs. 1 GG enthalten über ihren Abwehrcharakter hinaus über die Hinzuziehung des Sozialstaatsprinzips

---

[528] Anders wohl *S. Peters-Lange*, Zumutbarkeit von Arbeit, S. 176 f.; ebenfalls *G. Hoffmann*, Berufsfreiheit als Grundrecht der Arbeit, S. 259. Hier wird betont, daß die Verknüpfung der weiteren Leistungsgewährung mit dem Verlangen der Aufnahme einer berufsfremden Tätigkeit „niemals zu rechtfertigen" wäre und immer einen Verstoß gegen Art. 12 Abs. 1 GG darstelle.

[529] *R. Scholz* in: Maunz/Dürig, GG, Art. 12 Rn. 5 f.; 68.

[530] So etwa *B. Schulin* SGb 1989, 94 (103).

[531] BVerfG 11.6.1958 E 7, 377 (397) („Apotheken-Urteil"); BVerfG 1.3.1979 E 50, 362 f.

[532] Recht vehement *H: Steinmeyer* in: Gagel, AFG, § 103b (n.F.) Rn. 30f.

(Art. 20 GG) zusätzlich eine „**materielle Komponente**".[533] Insbesondere Art. 12 Abs. 1 GG entwickelt durch die Einstrahlungswirkung des Sozialstaatsprinzips einen gewissen **Teilhabecharakter**.[534] In der Tat sind Freiheitsgrundrechte dann „nichts wert", wenn der einzelne nicht über die realen Bedingungen der Freiheitsentfaltung verfügt.[535] Diese „materielle Komponente" wird tangiert, wenn dem Arbeitslosen eine Sperrzeit bei Ablehnung zumutbarer Arbeit droht, wobei die Zumutbarkeit von Gesetzgeber und Rechtsanwendern (Arbeitsamt, Richter) definiert wird, also von anderen Personen als dem Arbeitslosen. Dem ist auch im Rahmen der Ausgestaltung der Leistungsvoraussetzungen bzw. -einschränkungen im Rahmen der Arbeitslosenversicherung Rechnung zu tragen.

Jedoch gewährt die teilhaberechtliche Komponente des Art. 12 Abs. 1 GG nur einen **Mindestschutz**.[536] Zwar muß die Zumutbarkeit in § 121 SGB III so ausgelegt werden, *daß jeder Arbeitslose in den Stand gesetzt wird, eine Berufs- oder Arbeitsplatzwahl tatsächlich auszuüben.* Daraus ergibt sich jedoch keine staatliche Pflicht, die Arbeitssuche eines Arbeitslosen zeitlich unbeschränkt zu alimentieren.[537]

Diesem Maßstab vermag die hier vertretene Auslegung des § 121 SGB III zu genügen. Danach ist dem Arbeitslosen grundsätzlich ein gewisser Zeitraum zur Verwirklichung des eigenen Berufswunsches zuzubilligen (vgl. oben Kapitel III, II. 1. b.). Nur ausnahmsweise darf ein Arbeitsloser *sofort* auf einen anderen Berufszweig verwiesen werden, nämlich dann, wenn das Arbeitsamt nachweisen kann, daß in einem gleichgelagerten Fall kurz zuvor Vermittlungsbemühungen nicht zum Erfolg geführt haben. Den hier herausgearbeiteten Kriterien entspricht aber auch, daß es sich dabei lediglich um einen „Rest von Berufsschutz", d.h. um einen **Mindestschutz** handelt. Mehr läßt sich ohne ausdrückliche gesetzliche Grundlage aus Art. 12 Abs. 1 GG i.V.m. dem in Art. 20 GG verankerten Sozialstaatsprinzip nicht ableiten, ohne die im deutschen Grundgesetz nur eher schwach ausgeprägte teilhaberechtliche Komponente der Freiheitsrechte zu überdehnen. Nicht jede Leistungskürzung und Verschärfung

---

[533] *Th. Maunz/R. Zippelius*, Deutsches Staatsrecht, § 18 I 2 (Seite 132).

[534] Grundlegend dazu BVerfG 18.7.1972 E 33, 303 („Numerus-clausus"), vgl. auch *R. Scholz* in: Maunz/Dürig, GG, Art. 12 Rn. 64 ff.

[535] *Th. Maunz/R. Zippelius*, Deutsches Staatsrecht, § 18 I 2 (Seite 132).

[536] Allg. Ansicht, vgl. BVerfG 18.7.1972 E 33, 303 (333) („Numerus-clausus-Urteil"): Verfassungsrechtliche Konsequenzen erst bei *evidenter Verletzung*; *E. Stein*, Staatsrecht, S. 173 ff.; *R. Zippelius*, VVDStRL 47, 7 (15); *Th. Maunz/R. Zippelius*, Deutsches Staatsrecht, § 18 I 3. (S. 132 f.); *H. Steinmeyer* in: Gagel, AFG, § 103b (n.F.) Rn. 31 f.; *B. Schulin* SGb 1989, 94 (103). Siehe dazu ausführlich oben Seite 50 ff.

[537] Es gibt keine grundrechtliche Pflicht des Staates, dem einzelnen durch finanzielle Zuwendungen den erforderlichen tatsächlichen Rahmen für die Ausübung der Freiheitsrechte zu schaffen, so BVerfG 6.10.1992 E 87, 181 (197).

von Leistungsvoraussetzungen der Sozialversicherungen überschreitet daher die Grenze zur Verfassungswidrigkeit.

Wenn zumindest in einem Teil der sozialrechtlichen Literatur[538] die teilhaberechtliche Komponente des Art. 12 Abs. 1 GG i.V.m. Art. 20 GG (Sozialstaatsprinzip) zum Anlaß genommen wird, ohne Einschränkungen einen **Eingriff** in dieses Grundrecht anzunehmen, so ist dies abzulehnen. Hier wird gerade verkannt, daß der Schutzumfang von aus Freiheitsgrundrechten abgeleiteten Teilhaberechten mit dem des Freiheitsrechts gerade nicht identisch ist. Das Grundrecht des Art. 12 Abs. 1 als *Abwehrrecht* gewährt mit der hier geltenden Stufentheorie[539] einen recht umfassenden Schutzumfang. Ein Eingriff in Art. 12 Abs. 1 GG als Abwehrrecht durch §§ 118, 119, 121, 144 SGB III ist jedoch aus den oben unter I. 2. dargelegten Gründen abzulehnen.

Will man dagegen einen Eingriff in Art. 12 Abs. 1 GG i.V.m. Art. 20 GG (Sozialstaatsprinzip) bejahen, so ergibt sich als Schutzumfang daraus lediglich der eben erwähnte **Mindestschutz**, der den Staat verpflichtet, dem Normalarbeitnehmer im Regelfall zumindest ein *gewisses Maß* an Berufswahlfreiheit zu gewähren. Genau dies aber wird verkannt, wenn zunächst mit Hinweis auf den Teilhabecharakter des Art. 12 Abs. 1 GG ein Eingriff bejaht wird, dann aber der Prüfungsmaßstab des **Abwehrrechts** zur Überprüfung der Regelung herangezogen wird.

II. Vereinbarkeit der Mobilitätsobliegenheit mit Art. 11 GG?

Gemäß § 121 Abs. 4 SGB III hat der Arbeitslose im sog. „Tagespendelbereich" mobil zu sein, will er seinen Leistungsanspruch nicht verwirken. Darüberhinaus kann ihm angetragen werden, eine Beschäftigung außerhalb des Tagespendelbereichs anzunehmen, sei es für eine gewisse Zeit (vgl. § 121 Abs. 5 Alt. 2 SGB III) oder endgültig (Umzug, siehe dazu Kapitel III).

Dies berührt den Schutzbereich des Grundrechts des Art. 11 GG (Schutz der Freizügigkeit). Freizügigkeit bedeutet das Recht, „an jedem Ort innerhalb des

---

[538] Vgl. insbesondere *S. Peters-Lange*, Zumutbarkeit von Arbeit, S. 177 f.; *H. Bogs*, Die Sozialversicherung im Staat der Gegenwart, S. 575: „...verdeckte staatliche Arbeitslenkung..."; *R. Pitschas*, Berufsfreiheit und Berufslenkung, S. 242 f.: „...verdeckte staatliche Arbeitsmarktlenkung"; *H. Hege* sieht in der Verbindung von finanziellen Vor- oder Nachteilen mit der Entscheidung eines Menschen im Bereich der Arbeitslosenversicherung eine „Berufslenkung", vgl. Das Grundrecht der Berufsfreiheit im Sozialstaat, S. 111 ff.
[539] Grundlegend BVerfG 11.6.1958 E 7, 377 (405 ff.) („Apothekenurteil"); heute allg. Ansicht, vgl. *M. Gubelt* in: v. Münch/Kunig, GG, Art. 12 Rn. 44 ff.; *R. Scholz* in: Maunz/Dürig, GG, Art. 12 Rn. 318 ff.

Bundesgebiets Aufenthalt und Wohnsitz zu nehmen".[540] Dabei ist umstritten, ob bereits jedes Verweilen an einem Ort und sei es nur für einige Minuten in den Schutzbereich des Art. 11 GG fällt,[541] oder ob notwendigerweise das Bestreben erforderlich ist, „zu einem dauernden Lebensmittelpunkt" zu kommen.[542] Das kann im Ergebnis offenbleiben, da jedenfalls das nach §§ 119, 121, 144 SGB III mögliche Ansinnen eines Umzugs unter den Schutzbereich des Art. 11 GG fällt. Geschützt ist nicht nur der Ortswechsel, sondern gleichsam als Kehrseite auch das Recht, an einem Ort bleiben zu dürfen und einen anderen Ort nicht aufsuchen zu müssen.

Wiederum aber fehlt es an der **Eingriffsqualität** der benannten Regelungen. Die Argumentation zu Art. 12 Abs. 1 GG gilt für Art. 11 Abs. 1 GG entsprechend (vgl. oben I. 2.). Anders als bei Art. 12 Abs. 1 GG wird für Art. 11 Abs. 1 GG der Eingriffsbegriff zudem recht eng gefaßt. Bloß *mittelbare* und *faktische* Belastungen der Freizügigkeit sollen keinen Eingriff in Art. 11 GG darstellen,[543] wohl auch wegen der sehr schwierigen Einschränkbarkeit dieses Grundrechts, vgl. Art. 11 Abs. 2 GG.

Offenbleiben kann daher auch, ob Art. 11 Abs. 1 GG im hier zu untersuchenden Bereich vom Grundrecht der Berufs- und Arbeitsplatzfreiheit (Art. 12 Abs. 1 GG) verdrängt wird.[544]

III. Art. 6 GG und die Mobilitätsobliegenheit des Arbeitslosen

1. Berührung des Schutzbereichs des Art. 6 Abs. 1 GG durch §§ 118 f., 121, 144 SGB III?

Geschützt sind durch Art. 6 Abs. 1 GG sowohl die Ehe als auch die Familie. „**Ehe**" in diesem Sinne ist das auf Dauer angelegte Zusammenleben von Mann

---

[540] BVerfG 7.5.1953 E 2, 266 (273 f.); BVerfG 6.6.1989 E 80, 137 (150).

[541] *B. Pieroth* JuS 1985, 81 (82 f.); *Ph. Kunig* in: v. Münch/Kunig, GG, Art. 11 Rn. 14 m.w.N.; *ders.* JURA 1990, 306 (308).

[542] BVerwG 29.5.1956 E 3, 308 (312 f.); *A. Tiemann* NVwZ 1987, 10 (13). Vermittelnd dagegen *H. Jarass* in: Jarass/Pieroth, GG, Art. 11 Rn. 2. Eingehend zu dem Problem der Dauer *A. Randelzhofer* in: BK, Art. 11 Rn. 25 ff.

[543] So BGH 9.7.1980 NJW 1980, 2414; BSG 2.11.1988 SozR 2200 § 1265 Nr. 88; *H. Jarass* in: Jarass/Pieroth, GG, Art. 11 Rn. 7 mit Hinweis auf BVerwG 22.10.1981 E 64, 153 (159); *Ph. Kunig* in: v. Münch/Kunig, GG, Art. 11 Rn. 19.

[544] So im Ergebnis *S. Peters-Lange*, Zumutbarkeit von Arbeit, S. 174 f.

und Frau in einer „umfassenden, grundsätzlich unauflösbaren Lebensgemeinschaft".[545]

Hieraus folgt schon begriffsnotwendig, daß insbesondere auch die Möglichkeit zum ehelichen Zusammenleben als Verwirklichung der „lebenslangen personalen Gemeinschaft" dem Schutzbereich des Art. 6 Abs. 1 GG unterfällt.[546] Geschützt ist durch Art. 6 Abs. 1 GG in der Voraussetzung „Ehe" lediglich die durch staatliche Mitwirkung geschlossene *bürgerlich-rechtliche* Ehe, nicht aber die nichteheliche Lebensgemeinschaft.[547]

Der grundrechtliche Schutz der Ehe ist tangiert, wenn einem Arbeitslosen angesonnen wird, für die Aufnahme einer Beschäftigung umzuziehen oder ein sog. Wochenendpendeln in Kauf zu nehmen.

Als „**Familie**" geschützt ist die „in der Hausgemeinschaft geeinte engere Familie, das sind die Eltern mit ihren Kindern".[548] Ferner fallen hierunter seit jeher die Mütter[549] von „Kindern, deren Eltern nicht miteinander verheiratet sind" (vgl. die neue Terminologie in §§ 1615a, 1626a BGB; vor der Kindschaftsrechtsreform: „Nichteheliche" Kinder), zusammen mit ihren Kindern. Der Vater eines „Kindes, dessen Eltern nicht miteinander verheiratet sind", kann sich demgegenüber auf das *Elternrecht* des Art. 6 Abs. 2 GG berufen. Voraussetzung der Geltendmachung des Elternrechts für den Vater ist nur noch, daß er gemäß den einschlägigen gesetzlichen Vorschriften als Vater feststeht.[550] Das Elternrecht steht ihm nach der Wende in der BVerfG-Rechtsprechung[551] auch dann zu, wenn keine „Erziehungsgemeinschaft" besteht und der Vater sein Kind bislang nur ab und zu gesehen hat.

Konform damit werden die Rechte der Väter von „Kindern, deren Eltern nicht miteinander verheiratet sind", mittelbar durch eine *Stärkung der Rechte der Kinder*, die durch das **Kindschaftsrechtsreformgesetz**[552] verwirklicht wurde, aufgewertet. Gemäß § 1626a BGB n.F. können nicht verheiratete Paare die Sorge für ihr Kind nun gemeinsam ausüben. Besonders hervorzuheben ist in diesem

---

[545] BVerfG 28.2.1980 E 53, 224 (245); *E. v. Münch* in: v. Münch/Kunig, GG, Art. 6 Rn. 4.

[546] Vgl. BVerfG 28.2.1980 E 53, 224 (245); *B. Pieroth* in: Jarass/Pieroth, GG, Art. 6 Rn. 3.

[547] Ausführlicher *R. Gröschner* in: Dreier, GG, Art. 6 Rn. 27 ff.

[548] BVerfG 31.5.1978 E 48, 327 (339).

[549] BVerfG 30.6.1964 E 18, 97 (105 f.).

[550] Vgl. oben Seite 61; BVerfG 31.1.1989 E 79, 256 (267); BVerfG 7.3.1995 E 92, 158 (177 f.); vgl. ferner *Th. Maunz* in: Maunz/Dürig, GG, Art. 6 Rn. 16a.

[551] Noch restriktiv BVerfG 24.3.1981 NJW 1981, 1201 (1202); deutliche Neudefinition des Schutzbereichs des Art. 6 Abs. 2 dann in BVerfG 7.3.1995 E 92, 158 (177 f.). Ausführlich dazu siehe oben Kapitel III, II. 1.a)cc).

[552] Gesetz zur Reform des Kindschaftsrechts (Kindschaftsrechtsreformgesetz — KindRG) vom 26.12.1997 BGBl. I S. 2942.

Zusammenhang auch § 1684 BGB n.F., der dem Kind einen Anspruch auf Umgang mit *beiden* Elternteilen zuerkennt.

Für die Familie gilt insoweit das zur Ehe Gesagte; der Schutzbereich ist eröffnet. Berührt ist der Schutzbereich auch in den Fällen, in denen einem Familienvater eine Beschäftigung angeboten wird, die zur Nachtzeit zu verrichten ist, so daß er insbesondere seine Kinder faktisch nur an den Wochenenden zu Gesicht bekommt.[553]

2. Eingriff in den grundrechtlichen Schutz von Ehe und Familie?

Insbesondere bei Art. 6 GG handelt es sich nicht nur um ein Grundrecht, sondern um eine **wertentscheidende Grundsatznorm**, die Ehe und Familie als „Keimzelle jeder menschlichen Gemeinschaft, deren Bedeutung mit keiner anderen menschlichen Bindung verglichen werden kann," unter den besonderen Schutz der staatlichen Ordnung stellt.[554] Art. 6 Abs. 1 GG enthält nicht nur ein Bekenntnis und wirkt als Institutsgarantie, sondern enthält darüberhinaus als Grundsatznorm eine verbindliche Wertentscheidung für den gesamten Bereich des Ehe und Familie betreffenden privaten und öffentlichen Rechts. Dem ist bei der Bestimmung der Eingriffsvoraussetzungen Rechnung zu tragen. Ein Eingriff in Art. 6 Abs. 1 GG liegt hiernach schon dann vor, wenn Bestimmungen die Ehe schädigen, stören oder sonst beeinträchtigen können.[555] Umfaßt hiervon sind auch mittelbare Eingriffe; eine Einschränkung der Ehe muß nicht bezweckt sein. Ausreichend für einen Eingriff ist jedoch grundsätzlich nicht, daß Vorschriften nur in bestimmten Fällen die unbeabsichtigte Nebenfolge haben, sich als Beschwer der Ehe auszuwirken.

Bei der Störung der ehelichen oder familiären Gemeinschaft durch ein Arbeitsplatzangebot mit Umzugsimplikation seitens der Arbeitsverwaltung tritt die Beschwer für die Ehe jedoch nicht nur „in bestimmten Fällen" auf, sondern bildet den Regelfall. Ferner sind die Folgen der Ablehnung des Arbeitsplatzangebots wirtschaftlich gerade für weniger begüterte Arbeitslose nicht unbedeutend, sondern einschneidend.[556] Soweit also überregionale Mobilität eine Obliegenheit des Arbeitslosen und als solche eine Voraussetzung für den Bezug von Arbeitslosengeld oder -hilfe bildet, begründen §§ 118, 119, 121, 144 SGB III im Zusammenwirken einen Eingriff in Art. 6 Abs. 1 GG.

---

[553] Grundsätzlich sind Familienvätern mit erziehungsbedürftigen Kindern solche Tätigkeiten unzumutbar, vgl. *H. Steinmeyer* in: Gagel, AFG, § 103 (n.F.) Rn. 96.

[554] St. Rspr. seit BVerfG 17.1.1957 E 6, 55 (71 f.).

[555] BVerfG 3.10.1989 E 81, 1 (6 f.) m.w.N.

[556] Dazu BVerfG 20.3.1963 E 15, 328 (335); *B. Pieroth* in: Jarass/Pieroth, GG, Art. 6 Rn. 7.

Selbst wenn man einen Eingriff verneinen wollte, wäre nach dem bisher Gesagten bei der Auslegung des Zumutbarkeitsbegriffs im Rahmen des § 121 SGB III der Grundentscheidung des Art. 6 Abs. 1 GG angemessen Rechnung zu tragen. Denn das Grundgesetz ist „nicht nur Maßstab für die Gültigkeit von Rechtsnormen aus innerstaatlicher Rechtsquelle; auch inhaltlich ist jede dieser Rechtsnormen im Einklang mit dem Grundgesetz auszulegen".[557] Der verbindlichen Wertentscheidung der Grundsatznorm des Art. 6 Abs. 1 GG ist daher auch dann angemessen Geltung zu verschaffen, wenn eine staatliche Regelung keine Eingriffsqualität besitzen sollte.

3. Schranken des Grundrechtseingriffs

a) Voraussetzungen der Einschränkbarkeit des Grundrechts aus Art. 6 GG

Das Grundrecht des Art. 6 Abs. 1 GG ist vorbehaltlos gewährleistet. Das bedeutet jedoch nicht, daß das Grundrecht *schrankenlos* zu gewähren ist. Allerdings bedürfen ehe- oder familienungünstige Regelungen einer gesetzlichen Grundlage. Weiterhin müssen sie durch kollidierendes Verfassungsrecht gerechtfertigt sein.[558]

Ungünstig auswirken kann sich insbesondere das Ansinnen überregionaler Mobilität, das vom Arbeitsamt an den Arbeitslosen gestellt werden kann. Auch vom verheirateten Arbeitslosen oder dem arbeitslosen Mitglied einer Familie kann ein Umzug unter bestimmten Voraussetzungen unter Sperrzeitandrohung gefordert werden (vgl. im einzelnen oben Kapitel III, II. 1.a. und 3.b.hh. sowie III.)

Gesetzliche Grundlage für die Androhung und Verhängung einer Sperrzeit bei Ablehnung eines solchen Beschäftigungsangebots außerhalb des Tagespendelbereichs sind §§ 118, 119, 121, 144 Abs. 1 Nr. 2 SGB III.

Eine mögliche verfassungsrechtliche Rechtfertigung dieses Eingriffs kann sich ergeben aus dem „sozialstaatlichen Gebot, die Funktionsfähigkeit der Arbeitslosenversicherung zu gewährleisten".[559]

---

[557] BVerfG 19.6.1979 E 51, 304 (323); BVerfG 14.5.1985 E 70, 35 ff, 59 (63) [abweichendes Votum Steinberger].

[558] Herrschende Auffassung, vgl. *B. Pieroth* in: Jarass/Pieroth, GG, Art. 6 Rn. 14 m.w.N; *B. Pieroth/B. Schlink*, Grundrechte Staatsrecht II, Rn. 354 ff.

[559] So BVerfG 13.6.1983 SozR 4100 § 119 Nr. 22.

Überlegenswert erscheint auch eine mögliche Rechtfertigung aus Art. 14 Abs. 1 GG. Das gilt zumindest für Arbeitslosengeldempfänger. Das Arbeitslosengeld ist eine mit Beitragsmitteln finanzierte **Versicherungsleistung** (vgl. §§ 340 ff. SGB III). Die Beiträge zur Arbeitslosenversicherung stellen als vermögenswerte Position, die auf nicht unerheblichen Eigenleistungen beruht und der Existenzsicherung dient, eine vom Eigentumsschutz des Art. 14 Abs. 1 GG umfaßte Rechtsposition dar.[560] Die Gewährung von Arbeitslosengeld oder jeder anderen beitragsfinanzierten Leistung greift, da sie den Saldo der eingezahlten Beiträge mindert, stets in das Eigentumsrecht derjenigen ein, die Beiträge zahlen, aber keine Leistungen erhalten.

Als verfassungsrechtlich gerechtfertigt kann ein Eingriff jedoch nur dann gelten, wenn er geeignet, erforderlich und verhältnismäßig i.e.S. ist. Das folgt aus dem Rechtsstaatsprinzip und den daraus abzuleitenden Grundsätzen der Verhältnismäßigkeit und des Übermaßverbotes.[561]

b) Geeignetheit und Erforderlichkeit des Eingriffs

Geeignet ist ein gewähltes Mittel zur Erreichung eines (legitimen) gesetzgeberischen Ziels dann, wenn mit seiner Hilfe der gewünschte Erfolg gefördert werden kann.[562] Ein Stellenangebot, dessen Annahme notwendig mit einem Umzug verbunden ist, dient dem Zweck, die Arbeitslosenversicherung finanziell zu entlasten. Die Funktionsfähigkeit der Arbeitslosenversicherung wird damit gestärkt, einer Entwertung der Beiträge vorgebeugt. Die Geeignetheit ist zu bejahen.

Die Erforderlichkeit eines Eingriffs ist dann gegeben, wenn der Gesetzgeber nicht ein anderes, gleich wirksames, aber das Grundrecht nicht oder doch weniger fühlbar einschränkendes Mittel hätte wählen können.[563] Mit anderen Worten: Erforderlich ist ein Eingriff dann, wenn er das mildeste geeignete Mittel darstellt, den eben bezeichneten Zweck der Regelung zu erreichen. Ein innerhalb der hier aufgezeigten Problemstellung vorstellbares milderes Mittel zur Entlastung der Arbeitslosenversicherung wäre lediglich die Vermittlung einer Stelle innerhalb des Tagespendelbereichs.

Nach der hier vertretenen Auslegung ist aber ein Umzugsverlangen an Verheiratete ohnehin nur **ultima ratio**, darf also nur erfolgen, wenn über einen längeren Zeitraum dem Arbeitslosen keine Stelle vermittelt werden konnte und auch

---

[560] Grundlegend BVerfG 12.2.1986 E 72, 9 (18 f.); BVerfG 10.2.1987 E 74, 203 (213); BVerfG 4.7.1995 E 92, 365 (405).

[561] Vgl. dazu etwa *Th. Maunz/R. Zippelius*, Deutsches Staatsrecht, S. 95 f. m.w.N.

[562] BVerfG 23.1.1990 E 81, 156 (192).

[563] BVerfG 23.1.1990 E 81, 156 (192 f.) mit umfangreichen Nachweisen.

für die absehbare Zukunft eine Vermittlung innerhalb des Tagespendelbereichs mit hoher Wahrscheinlichkeit auszuschließen ist.

Eine grundsätzliche Verweisung auf den Tagespendelbereich aber ist als Mittel zur finanziellen Entlastung der Arbeitslosenversicherung nicht gleich geeignet wie die Möglichkeit eines Umzugsverlangens, wenn nur überregional Stellen vorhanden sind, die für den Arbeitslosen entsprechend seinem Leistungsprofil in Frage kommen.

Wenn der *Vorrang der Vermittlung innerhalb des Tagespendelbereichs* bei der Anwendung der §§ 118, 119 Abs. 4, 121, 144 Abs. 1 Nr. 2 SGB III beachtet wird, ist auch die Erforderlichkeit zu bejahen.

c) Verhältnismäßigkeit i.e.S.

Wenn das BVerfG fordert, daß eine Maßnahme den Betroffenen nicht übermäßig belasten und ihm nicht „unzumutbar" sein dürfe,[564] soll mit Hilfe dieser Formeln überprüft werden, ob die Maßnahme außer Verhältnis zu dem mit ihr verfolgten Zweck steht.[565]

Bezweckt ist die Eingrenzung des Versicherungsfalles, möglichst die Vermeidung von Versicherungsfällen. Man will eine übermäßige Inanspruchnahme von Leistungen durch die Arbeitslosen verhindern, indem man die Leistungsvergabe von den Voraussetzungen her beschränkt und bei Verletzung bestimmter Obliegenheiten (wie der Annahme zumutbarer Beschäftigungen) zunächst für eine bestimmte Zeit sperrt. Zentrale Obliegenheit in diesem Zusammenhang ist die Verpflichtung des Leistungsempfängers, eine angebotene zumutbare Beschäftigung an- und aufzunehmen. Hierzu können im Einzelfall auch Arbeitsstellen gehören, die nicht innerhalb des Tagespendelbereichs gelegen sind, und zwar auch für Verheiratete oder Familienmitglieder (vgl. im einzelnen oben Kapitel III, 2). Hierdurch kann das eheliche Zusammenleben gestört werden, insbesondere wenn sich der Ehepartner weigert, mit an den neuen Beschäftigungsort zu ziehen. Es handelt sich bei einer derartigen Beeinträchtigung jedoch nach der hier vertretenen Auslegung des § 121 Abs. 4 SGB III um eine *Ausnahmeerscheinung*.

Wenn Eingriffe in das Grundrecht des Art. 6 vorliegen, ist ein Umzugsverlangen nur dann zumutbar und damit bei Nichtbefolgung sperrzeitauslösend (vgl. § 144 Abs. 1 Nr. 2 SGB III), wenn besondere Voraussetzungen vorliegen. Das meint insbesondere die Fälle eines Umzugsansinnens, das an einen verheirateten Arbeitslosen oder einen Partner einer nichtehelichen Lebensgemeinschaft,

---

[564] Vgl. etwa BVerfG 23.1.1990 E 81, 156 (194) m.w.N.
[565] Eingehend *A. Bleckmann*, Staatsrecht II, § 12 Rn. 127 ff.

die gleichzeitig Erziehungsgemeinschaft ist, gerichtet ist (vgl. oben Kapitel III, III. 2. b).

Der Ausnahmecharakter wird dadurch sichergestellt, daß ein Umzug dem Arbeitslosen erst nach *Aussichtslosigkeit regionaler Vermittlung*, gleichsam als *ultima ratio*, angesonnen werden kann. Die Aussichtslosigkeit ist durch mehrere erfolglose Vermittlungsbemühungen zu belegen; ferner bedarf es für die absehbare Zukunft einer negativen Vermittlungsprognose. Dabei ist Verheirateten ein deutlich längerer Zeitraum für die Stellensuche zuzubilligen; vorgeschlagen werden mindestens sechs Monate.

d) „Schranken-Schranken"

Das Inbezugsetzen von Mittel und Zweck im Rahmen der Verhältnismäßigkeitsprüfung wäre unvollständig, würde man nicht die sog. „Schranken-Schranken" einbeziehen. Das bedeutet, daß § 121 Abs. 4 SGB III ehe- und familiengünstig auszulegen ist.

Im vorliegenden Fall handelt es sich um die Beschränkung eines Grundrechts durch ein kollidierendes „anderes durch die Verfassung geschütztes Rechtsgut" (Funktionsfähigkeit der Arbeitslosenversicherung als sozialstaatliches Gebot)[566] sowie die Grundrechte Dritter (Art. 14 Abs. 1 GG).[567] Dieses Spannungsverhältnis ist dadurch zu lösen, daß ein Ausgleich nach dem **Prinzip der praktischen Konkordanz** vorgenommen wird, welches das Ziel des Ausgleichs und der Optimierung der gegenläufigen Interessen verfolgt.[568] Hieraus folgt, daß die Anwendung der §§ 118, 119, 121, 144 SGB III in *keinem Fall* die Folge haben darf, daß das eheliche Zusammenleben nachhaltig und über einen längeren Zeitraum *unmöglich* gemacht wird. Gleichzubehandeln ist der Fall, daß dem mittelbar betroffenen Ehegatten die Entscheidung für eine Mitverlagerung des Lebensmittelpunktes durch objektive Umstände, die konkret für ihn von Belang sind, nachhaltig so stark erschwert wird, daß es einer faktischen Unmöglichkeit des ehelichen Zusammenlebens gleichkommt. Die Fortdauer des Leistungsbezuges von der Annahme einer Arbeitsstelle, die dieses zur Folge hätte, abhängig zu machen, wäre eine *Verletzung* des Art. 6 GG.

Eine solche Unmöglichkeit des ehelichen Zusammenlebens oder nachhaltige Erschwerung der Entscheidung des nur mittelbar betroffenen Ehegatten kann sich aus wirtschaftlichen Gründen ergeben. Es ist daher bei der Anwendung des in §§ 119 Abs. 4, 121 verankerten Zumutbarkeitsbegriffes sicherzustellen, daß

---

[566] Vgl. BVerfG 13.6.1983 SozR 4100 § 119 Nr. 22.
[567] Vgl. dazu *H. Jarass* in: Jarass/Pieroth, GG, Vorb. vor Art. 1 Rn. 37 m.w.N.
[568] BVerfG 7.3.1990 E 81, 278 (292); BVerfG 16.5.1995 E 93, 1 (21).

kein deutliches Absinken der Lebensbedingungen die Folge eines Umzugs wäre. Für den nur mittelbar betroffenen Ehegatten wäre das schon dann der Fall, wenn er seine Arbeitsstelle am alten Wohnort aufgeben müßte und ihm nicht in absehbarer Zeit eine gleichartige Arbeitsstelle am neuen Wohnort angeboten werden könnte. „Gleichartig" meint nicht nur die Erzielung desselben Entgelts, sondern auch die Stellung im Betrieb und die Art der Tätigkeit. Hier sind weit höhere Maßstäbe anzulegen als im Rahmen von § 121 SGB III. Erwägenswert ist eine analoge Anwendung der zu § 254 Abs. 2 Satz 1 BGB ergangenen Rechtsprechung (vgl. oben Kapitel III, II. 2.a.)

Ferner sind hierfür auch die übrigen Lebensbedingungen von Belang. Ein Ehepartner wird seinen Lebensmittelpunkt nicht in eine Stadt verlagern, in der sich eine Familie mit Kind bei gleichem Gesamteinkommen nur noch eine 2-Zimmer-Wohnung statt eines kleinen Einfamilienhauses leisten könnte.[569]

Durch ein Umzugsverlangen darf ferner eine Familie nicht auseinandergerissen werden, deren eines Mitglied auf die Lebenshilfe des anderen Mitgliedes angewiesen ist und wenn sich diese Lebenshilfe eben nur unter der Voraussetzung räumlicher Nähe erbringen läßt (z.B. bei Angehörigenpflege). Unter diesen Voraussetzungen erfüllt die Familie die Funktion einer **Beistandsgemeinschaft**. Hier drängt die Pflicht des Staates, die Familie zu schützen, regelmäßig andere Erwägungen und Belange zurück.[570]

Auch diesen Anforderungen, die das *BVerfG* aus Art. 6 Abs. 1 GG ableitet, genügt die Regelung der §§ 118, 119 Abs. 4, 121, 144 Abs. 1 Nr. 2 SGB III. Wie oben aufgezeigt, bildet die *notwendige Pflege von Angehörigen* einen Unzumutbarkeitsgrund für überregionale Mobilität (vgl. Kapitel III, III. 2. b. ee.).

Wird dagegen durch das Verlangen überregionaler Mobilität das eheliche Zusammenleben nur *erschwert*, etwa weil nur eine zeitlich begrenzte überregionale Tätigkeit verlangt wird (Trainee-Lehrgang o.ä., vgl. § 121 Abs. 5 SGB III), sind solche Einschränkungen hinzunehmen. Nur der **Kernbereich** des Art. 6 Abs. 1 GG kann einen absoluten verfassungsrechtlichen Schutz beanspruchen.[571]

e) Ergebnis

In der hier vertretenen Interpretation der Zumutbarkeit einer Beschäftigung ist das Erfordernis überregionaler Mobilität mit Art. 6 GG vereinbar.

---

[569] Ähnlich auch *S. Peters-Lange*, Zumutbarkeit von Arbeit, S. 173 f., die eine den bisherigen Verhältnissen entsprechende Wohnung fordert. Wohlgemerkt: Dies ist **kein** Kriterium für die Zumutbarkeit eines Umzugs bei **Ledigen**!!!

[570] BVerfG 18.4.1989 E 80, 81 (95).

[571] Vgl. BVerfG 18.4.1989 E 80, 81 (92).

IV. Verletzung des Art. 14 Abs. 1 GG?

1. Der Schutzbereich des grundrechtlichen Eigentumsschutzes

Art. 14 Abs. 1 GG schützt lediglich eigentumsfähige Positionen, d.h. alle vom Gesetzgeber gewährten vermögenswerten Rechte. Nicht geschützt ist das Vermögen als solches.[572]

Nach st. Rspr. des BVerfG sind vom verfassungsrechtlichen Eigentumsschutz des Art. 14 Abs. 1 GG auch mit Beiträgen zur Arbeitslosenversicherung erworbene Anwartschaften umfaßt. Das gilt jedenfalls dann, wenn ein Arbeitnehmer durch die Zahlung von Beiträgen während der gesetzlichen Wartefrist die *volle Anwartschaft* erworben hat.[573]

Ein Eigentumsschutz sozialversicherungsrechtlicher Anwartschaften besteht nach st. Rspr. des BVerfG für vermögenswerte Rechtspositionen, die nach Art eines Ausschließlichkeitsrechts dem Rechtsträger als privatnützig zugeordnet sind; diese genießen den Schutz der Eigentumsgarantie dann, wenn sie auf nicht unerheblichen Eigenleistungen des Versicherten beruhen und zudem der Sicherung der Existenz dienen.[574]
Das, so das BVerfG, sei jedenfalls bei einem durch volle Wartezeiterfüllung erworbenen Arbeitslosengeldanspruch gegeben.[575]

2. Eingriff in den grundrechtlichen Eigentumsschutz?

Voraussetzung für einen Eingriff in das als „Eigentum" verfassungsrechtlich geschützte sozialversicherungsrechtliche Leistungsanwartschaftsrecht ist eine Schmälerung von in der Vergangenheit erworbenen Anwartschaften. Nur wenn also sozialversicherungsrechtliche Rechtspositionen in der Vergangenheit voll erworben worden sind und ihr Umfang nachträglich vom Gesetzgeber beschränkt wird, kann ein Eingriff in das Eigentumsrecht des Art. 14 Abs. 1 GG überhaupt bejaht werden.
Dies resultiert daraus, daß sich die konkrete Reichweite des Eigentumsschutzes erst aus der Bestimmung von Inhalt und Schranken des Eigentums ergibt, die gemäß Art. 14 Abs. 1 Satz 2 GG Sache des Gesetzgebers ist.[576] Mit anderen Worten: Wenn eine eigentumsfähige Rechtsposition bereits mit Einschränkun-

---

[572] Allg. Ansicht, vgl. die Nachweise bei *H. Jarass* in: Jarass/Pieroth, GG, Art. 14 Rn. 6 und 12.
[573] BVerfG 12.2.1986 E 72, 8 (18 f.); BVerfG 4.7.1995 E 92, 365 (405).
[574] Grundlegend BVerfG 12.2.1986 E 72, 8 (18 f.).
[575] BVerfG 4.7.1995 E 92, 365 (405).
[576] BVerfG 12.2.1986 E 72, 9 (22).

gen entstanden ist, kann auf ebendiese Einschränkungen nicht ein Eingriff in das Grundrecht des Art. 14 Abs. 1 GG gestützt werden.

Durch die in §§ 118, 119, 121 SGB III aufgestellten Obliegenheiten, hier insbesondere die Obliegenheit des arbeitslosen Leistungsempfängers zur Annahme einer zumutbaren Beschäftigung, und die bei ihrer Verletzung drohenden Sperrzeitsanktionen gemäß § 144 SGB III läßt sich daher zumindest für diejenigen Arbeitslosen, deren Anspruch auf Arbeitslosengeld erst nach Inkrafttreten der Zumutbarkeitsvorschrift des § 121 SGB III entstanden ist, kein Eingriff in verfassungsrechtlich geschützte Eigentumspositionen begründen.

Der Eingriff in das Grundrecht des Art. 14 Abs. 1 GG durch die Schmälerung von vor dem Inkrafttreten des SGB III entstandenen Ansprüchen auf Arbeitslosengeld aufgrund der Novellierung des arbeitsförderungsrechtlichen Zumutbarkeitsbegriffs stellt somit vorrangig ein übergangsrechtliches Problem dar.[577]

Es soll trotz des Übergangscharakters der Problemstellung an dieser Stelle hierauf eingegangen werden, da im Rahmen der verfassungsrechtlichen Überprüfung anhand der Maßstäbe des Art. 14 Abs. 1 GG in der Literatur die Besorgnis geäußert wird, daß die gegenüber der Vorgängerregelung des § 103 Abs. 2 AFG i.V.m. der ZumutbarkeitsAO verschärfte neue Vorschrift des § 121 SGB III zu einer wesentlichen Entwertung der „alten" Arbeitslosengeldansprüche führen könnte. Eine solch einschneidende Einschränkung des Umfangs der bislang als unzumutbar geltenden Beschäftigungen aber würde gegen Art. 14 GG verstoßen. Ferner bestehe eine Gefahr für die **Legitimität des Pflichtversicherungssystems**, das schließlich auf Beitragszwang beruhe.[578]

Gleich zum letzten Punkt ist zu bemerken, daß jegliche Erhebung von Pflichtversicherungsbeträgen als bloßer Vermögenseingriff grundsätzlich keine Verletzung des Grundrechts auf Eigentumsschutz (Art. 14 Abs. 1 GG) begründen kann (vgl. oben 1.).
Die Auferlegung von öffentlich-rechtlichen Geldleistungspflichten stellt so lange keine Beeinträchtigung des verfassungsrechtlich geschützten Eigentums der Betroffenen dar, wie die Abgaben „den Pflichtigen [nicht] übermäßig belasten und seine Vermögensverhältnisse grundlegend beeinträchtigen".[579] Diese Grenze aber wäre für nach *neuem* Recht erworbene Ansprüche sicher auch dann nicht erreicht, wenn ein Berufsschutz überhaupt nicht mehr verwirklicht werden

---

[577] Eingehend dazu *H. Steinmeyer* in: Gagel, AFG, § 103b (n.F.) Rn. 40 ff.
[578] *H. Steinmeyer* in: Gagel, AFG, § 103b (n.F.) Rn. 44.
[579] St. Rspr., vgl. schon BVerfG 24.7.1962 E 14, 221 (241); BVerfG 3.7.1985 E 70, 219 (230) m.w.N.: Erst bei erdrosselnder Wirkung könne ein Verstoß gegen Art. 14 Abs. 1 GG überhaupt in Erwägung gezogen werden.

würde; weder mittelbar über den Entgeltschutz (vgl. § 121 Abs. 3 SGB III) noch für eine gewisse Zeit unmittelbar. Dann läge allerdings ein Eingriff in Art. 12 Abs. 1 i.V.m. Art. 20 Abs. 1 GG und auch die *Verletzung* dieser Verfassungsnormen nahe.

3. Verhältnismäßigkeit eines Eigentumseingriffs?

§ 121 SGB III bewirkt gegenüber der bislang geltenden ZumutbarkeitsAO von 1982 eine Verschärfung der Arbeitsobliegenheit des arbeitslosen Leistungsempfängers. Zu nennen sind in diesem Zusammenhang die Abschaffung der Unzumutbarkeit untertariflicher Bezahlung in den Fällen, in denen ein Tarifvertrag keine unmittelbare Wirkung zwischen Arbeitnehmer und Arbeitgeber entfaltet. Ferner sind zu erwähnen die Verlängerung der Tagespendelzeiten um eine halbe Stunde und die weitgehende Einschränkung des unmittelbaren Schutzes eines erworbenen beruflichen Status'.

Der Gesetzgeber ist berufen, Inhalt und Schranken des Eigentums zu bestimmen (Art. 14 Abs. 1 Satz 2 GG). Allerdings kann er dies nicht unbeschränkt. Vielmehr sind Regelungen i.S.d. Art. 14 Abs. 1 Satz 2 GG, die einen Eingriff in das Eigentumsrecht begründen, nur dann zulässig, wenn die Einschränkung einem öffentlichen Interesse dient (legitimes Ziel), zur Erreichung des gesetzgeberischen Zieles erforderlich ist und den Grundrechtsträger nicht übermäßig belastet.[580]

(Legitimes) Ziel der Neuregelung ist die Einschränkung des Leistungsumfangs zur Erzielung von Spareffekten, um so langfristig den Erhalt der Arbeitslosenversicherung in der vorliegenden Form auch bei ansteigender Massenarbeitslosigkeit zu gewährleisten.
Eine Verschärfung der Arbeitsobliegenheit als Mittel zur Eingrenzung des Versicherungsfalles „Arbeitslosigkeit" ist hierzu geeignet.
Das genannte Ziel läßt sich nicht verwirklichen, ohne die Anspruchsvoraussetzungen für Leistungen der Arbeitslosenversicherung zu verschärfen. Ein milderes Mittel gleicher Eignung ist nicht ersichtlich.

Die neue Regelung verstößt nicht gegen das Verbot übermäßiger Sanktionen und damit gegen den Verhältnismäßigkeitsgrundsatz.[581]
Bei der Neuregelung der Zumutbarkeit in § 121 SGB III handelt es sich gerade nicht um eine „Beseitigung jeglichen Schutz[es] des beruflichen und sozialen

---

[580] St. Rspr., vgl. etwa BVerfG 12.2.1986 E 72, 9 (22 f.); BVerfG 8.4.1987 E 75, 78 (97); BVerfG 4.7.1995 E 92, 365 (406 f.).
[581] Dazu siehe BVerfG 10.2.1987 E 74, 203 (214 f.).

„Status'";[582] es verbleibt jedem Arbeitslosen ein „Rest von Berufsschutz". Ferner wird der „Status im weiteren Sinne" heute in breiten Bevölkerungsschichten nicht über die Art der Berufstätigkeit, sondern über das Arbeitseinkommen des Arbeitnehmers bestimmt. Dieses aber wird nach wie vor geschützt; allerdings wie zuvor auch zeitlich abgestuft.

Die Zurückdrängung des Berufsschutzes zugunsten des Einkommensschutzes entspricht im übrigen eher dem **Versicherungsprinzip** als die bisherige Praxis, vgl. ZumutbarkeitsAO § 12. Die Höhe der Beiträge zur Arbeitslosenversicherung richten sich ausschließlich nach dem **Arbeitsentgelt** des Arbeitnehmers; sie steigen nicht etwa mit dessen „beruflichem Status", falls sich dieser nicht unmittelbar auf das erzielte Entgelt auswirkt (und dieses ist weiterhin geschützt).

Warum aber sollte dann ein angestellter Akademiker, der dieselben Beiträge eingezahlt hat wie ein qualifizierter Facharbeiter mit großem beruflichem „Know-how", besser vor einem „beruflichen Abstieg" geschützt sein als dieser? Warum soll dann eine Tätigkeit beispielsweise als Fließbandarbeiter dem Akademiker für einen längeren Zeitraum unzumutbar sein als dem Facharbeiter? Auch dessen berufliche Kenntnisse verlieren mit der Ausübung von Tätigkeiten, für die erworbene berufliche Fähigkeiten nicht gebraucht werden, an Tiefe und Aktualität. Der Berufsschutz in der bisher praktizierten Form (vgl. § 12 ZumutbarkeitsAO) hat m.E. eher die „Legitimität des Pflichtversicherungssystems" in Frage gestellt als die Neuregelung.

Die Verlängerung der täglich zumutbaren Pendelzeiten um eine halbe Stunde auf drei Stunden für eine Vollzeittätigkeit (§ 121 Abs. 4 SGB III) trägt der allgemein erhöhten Mobilität Rechnung. Es ist heute eben nicht mehr selbstverständlich, im eigenen Ort oder der eigenen Stadt eine Arbeitsstelle zu finden.

Zur Frage der Zurückdrängung des Tarifvertrags als allgemeingültigem Maßstab wurde bereits Stellung genommen (vgl. oben Seite 98). Die Zurückdrängung dieses Maßstabes, auch das wurde bereits gesagt, erfolgt nicht ersatzlos. Die Rechtsprechung wird Kriterien finden (müssen), um Härten zu vermeiden.

In allen übrigen Punkten unterscheidet sich die Neuregelung, legt man die herausgearbeitete Auslegung zugrunde, nicht wesentlich von dem bis 1997 geltenden Rechtszustand. Dem stehen gegenüber eine Arbeitslosigkeit von mehrjährig über vier Millionen Menschen und die damit verbundenen Sparzwänge, will man die Funktionsfähigkeit der Arbeitslosenversicherung erhalten. Die Opfer

---

[582] Vgl. *H. Steinmeyer* in: Gagel, AFG, § 103b (n.F.) Rn. 43.

aber, die den Leistungsempfängern in solchen Zeiten abverlangt werden, dürfen höher sein als in Zeiten von ein bis zwei Millionen Arbeitslosen.
Die Behauptung der „übermäßigen Belastung" von Arbeitslosen durch die Neuregelung der Zumutbarkeit kann vor diesem Hintergrund keine Zustimmung finden.

Was also den Eingriff in „alte" durch Art. 14 GG geschützte Rechtspositionen betrifft, kann damit eine *Verletzung* des grundrechtlichen Eigentumsschutzes (Art. 14 Abs. 1 GG) nicht begründet werden.

V. Ergebnis

Die §§ 118, 119, 121, 144 SGB III sind auch nach der Neuregelung der „zumutbaren Beschäftigung" in § 121 SGB III mit der Verfassung vereinbar.

Kapitel V: Rechtspolitische Anmerkungen zur Neuordnung der Zumutbarkeitsregelung

I. Plädoyer gegen eine übereilte Einordnung gesetzlicher Normen als „verfassungswidrig"

Indem der Gesetzgeber den § 121 SGB III im Rahmen der Reform des Arbeitsförderungsrechts zwar neu, aber nicht durchgängig konkret gestaltet hat, wurde die Ausformung des Zumutbarkeitsbegriffs im Arbeitsförderungsrecht zurück in die Hände der Rechtsanwendung gelegt.

Dieser Verantwortung wird man jedoch nicht gerecht, wenn man sich mit pauschalen Hinweisen auf eine angebliche Verfassungswidrigkeit begnügt. Zunächst bedarf die Vorschrift einer genauen Auslegung und Konkretisierung, um dann den so ermittelten Gehalt der Norm an der Verfassung zu messen. Stützt man dagegen die Aussagen zum Inhalt der Norm auf eine nur flüchtige Prüfung derselben, und kommt man dann zu einer schnell behaupteten Verfassungswidrigkeit,[583] so betreibt man mehr Politik als Rechtswissenschaft.

Dies aber ist eher schädlich als nützlich. Wird dort, wo Konkretisierung und, bei mehreren möglichen Auslegungsergebnissen, *verfassungskonforme Auslegung*[584] gefordert ist, zu häufig und zu schnell eine Verfassungswidrigkeit behauptet, hört man auf solche Rufer dann nicht mehr, wenn tatsächlich die Verfassung sich gegen einfaches Recht zu bewähren hätte.

Ein zu häufig gebrauchtes Schwert wird stumpf. Als Jurist (und nicht nur als solcher) wird man häufig mit Regelungen konfrontiert, die mit der eigenen politischen Einstellung nur schwer oder gar nicht vereinbar sind. Und doch ist der ganz überwiegende Teil davon mit der Verfassung vereinbar. Ist dies aber der Fall, *haben wir die Regelung hinzunehmen.*
Leider wird es auch ein immer selbstverständlicherer Bestandteil auch der politischen Streitkultur, das Verfassungsrecht und das Bundesverfassungsgericht als „Waffe" zu mißbrauchen für den Versuch, Rechtsnormen zu eliminieren, deren

---

[583] So z.B. *W. Däubler* SozSich. 1996, 411 (422); *A. Gagel/K. Lauterbach* NJ 1997, 345 (348); *A. Gagel*, SGB III-Textausgabe, 2. Auflage, München (Beck) 1998, Einführung S. XXI: „...zusätzliche Disziplinierungsmöglichkeit ohne realen Hintergrund, die unter dem Gesichtspunkt des **Art. 12 GG** (Berufsfreiheit) äußerst bedenklich ist." *Eingehende* Ausführungen dagegen bei *H. Steinmeyer* in: Gagel, AFG, § 103b (n.F.) Rn. 26 ff..
[584] Auch *H. Steinmeyer* in: Gagel, AFG, § 103b (n.F.) Rn. 45 ff. hält eine verfassungskonforme Auslegung des § 103b (inhaltsgleich mit § 121 SGB III) für möglich und zeigt die Ansätze hierfür auf.

Entstehung auf politischer Ebene nicht verhindert werden konnte. Das gilt im übrigen für alle politischen Lager.[585]

Mit der Neuregelung des Zumutbarkeitsbegriffs in § 121 SGB III ist als Vorteil verbunden, daß sie den Rechtsanwendungsorganen eine größere Einzelfallorientierung zubilligt. Das geht jedoch, wenn Leitlinien für eine Konkretisierung nicht bestehen, zu Lasten der Rechtssicherheit. Solche Leitlinien zu erarbeiten, ist eben primär Aufgabe der Juristen; sie darf von der juristischen Literatur keinesfalls ausschließlich den Exekutivorganen überlassen werden.

Solche Leitlinien und den Weg zu ihrer Erarbeitung aufzuzeigen, wurde in der vorliegenden Arbeit versucht. Dabei bleibt folgendes zu bemerken: Soweit *konkrete Zeitansätze* angegeben wurden, handelt es sich um **Vorschläge**. Wichtig ist, daß jeweils die **Relation** der verschiedenen Zeiträume zueinander eingehalten wird (Beispiel: Verheiratete sind deutlich länger vor einem Umzug geschützt als Ledige). Da das Gesetz in § 121 Abs. 4 mit Drei-Monats-Schritten arbeitet, bildete diese Einteilung für von mir vorgeschlagene Zeitansätze den Ausgangspunkt.

Zu warnen bleibt schließlich vor einer Überdehnung des hier vorgeschlagenen „Rests von Berufsschutz". Es handelt sich hierbei wirklich nur um einen **Rest**. Hiermit einen angeblich verfassungsrechtlich gebotenen 'Berufsschutz durch die Hintertür' zu konstruieren, würde den Wortlaut des § 121 Abs. 5 SGB III überdehnen. Dieser aber bildet die absolute Grenze für die verfassungskonforme Rechtsfindung.[586]

Verbleiben also für den Leser Zweifel an der Verfassungsmäßigkeit der Regelung auch in der hier vertretenen Ausgestaltung, dann bedürfte dies der verfassungsgerichtlichen Überprüfung. Eine Verfassungswidrigkeit (die ich selbst nicht annehme) könnte dann jedenfalls nicht mit einer weitergehenden „verfassungskonformen" Auslegung vermieden werden.

Noch ein Wort sei erlaubt zum Schlagwort der „Dequalifikation" der Arbeitslosen durch die Lockerung des Berufsschutzes. Für diese gibt es eine rein tatsächliche Grenze: Ein pragmatisch denkender Arbeitgeber (und fast alle Arbeitgeber denken pragmatisch) wird keinen Arbeitnehmer einstellen, der für die angebotene Tätigkeit deutlich überqualifiziert ist. Zum einen würde dieser bei nächster Gelegenheit die Stelle aufgeben, um in eine besser bezahlte oder sei-

---

[585] Mit Kritik an von der Politik vor dem Bundesverfassungsgericht weitergeführten Parteienstreits *E. G. Mahrenholz*, ZRP 1997, 129 (132); gegen eine „Gewaltenverschiebung" zu Lasten des Gesetzgebers *H.-J. Vogel*, NJW 1996, 1505.
[586] BVerfG 14.5.1985 E 70, 35 (63).

nem Berufswunsch eher entsprechende Tätigkeit zu wechseln. Die Einarbeitung lohnt daher nicht.

Zum anderen wäre ein solcher Arbeitnehmer unterfordert und das bedeutet unmotiviert. Unzufriedenheit aber überträgt sich auch auf andere Mitarbeiter. Man hätte einen potentiellen „Störenfried" eingestellt.

Praktisch wird sich die Neuregelung daher nur in geringem Maße auswirken. Zu einem „freien Fall" bezogen auf den erworbenen beruflichen Status wird es nicht kommen.

II. Andere Zumutbarkeitsregelung für Arbeitslosenhilfeempfänger?

Die vorangegangene verfassungsrechtliche Prüfung hat gezeigt, daß für Arbeitslosengeld und Arbeitslosenhilfe nicht zwangsläufig dieselben Vorschriften gelten müssen. Die Arbeitslosenhilfe fällt nicht in den Schutzbereich des Art. 14 Abs. 1 GG; es handelt sich nicht um eine „erdiente Anwartschaft".

Das legt den Gedanken nahe, in Zukunft beide Bereiche getrennt zu regeln, was insbesondere eine Unterscheidung bei den jeweils als Voraussetzung für den Leistungsbezug zu erfüllenden Obliegenheiten ermöglichen würde. Der unterschiedliche Charakter von Arbeitslosengeld und -hilfe könnte so betont werden.

Eine solche Abtrennung der Arbeitslosenhilfe vom Arbeitslosengeld wäre durchaus systemkonform. Bei der Leistung „Arbeitslosengeld" handelt es sich um eine **Versicherungsleistung**, die durch Beiträge „erkauft" ist. Arbeitslosenhilfe ist eine vom Bund finanzierte Fürsorgeleistung (vgl. § 363 Abs. 1 SGB III), die vergröbernd als eine *spezielle Art der Sozialhilfe* bezeichnet werden kann. Wie diese ist die Arbeitslosenhilfe bedürftigkeitsorientiert (vgl. §§ 190 Abs. 1 Nr. 5, 193, 194 SGB III); das Leistungsniveau orientiert sich jedoch nach wie vor am in der Rahmenfrist erzielten Einkommen. Es beträgt ca. 57 %, bzw. 53 % (für ledige Kinderlose) des bislang erwirtschafteten Nettolohnes.

Es ist nicht zwingend, beinahe sogar unlogisch, daß für die Arbeitslosenhilfe dieselben Zumutbarkeitskriterien gelten wie für die „erkaufte" Versicherungsleistung „Arbeitslosengeld". Möglich wäre daher tatsächlich eine Annäherung der Zumutbarkeitskriterien für die Arbeitslosenhilfe an § 18 BSHG.

Das aber stellt nur die dogmatische Seite des Problems dar.

Wünschenswert wäre, daß eine solche Abtrennung der Arbeitslosenhilfe genutzt würde, um die Zumutbarkeitskriterien deutlich voneinander abzusetzen. Das hieße, daß keine bloße Verschärfung der Arbeitslosenhilfevorschriften dabei

156

herauskommen dürfte, sondern die Voraussetzungen für das Arbeitslosengeld als „erkaufte Leistung" im Gegenzug gelockert werden sollten. Das aber kann getrost als Utopie bezeichnet werden in Zeiten, wo Politik immer mehr mit dem Rechenschieber gemacht wird.[587]

Ferner würden weitere Verschärfungen der Voraussetzungen eines Leistungsbezugs an den jetzt herrschenden Gegebenheiten nichts ändern. Solche Konzepte der Mißbrauchsverhinderung und -bekämpfung gehen davon aus, daß ein Teil der Arbeitslosen zu faul ist, eine Beschäftigung aufzunehmen. Das mag auf einen geringen Teil der Arbeitslosen zutreffen.

Der weitaus größte Teil der Arbeitslosigkeit ist jedoch auf sog. „strukturelle Probleme" zurückzuführen.[588] Minderqualifizierte Tätigkeiten werden aufgrund der in Deutschland recht hohen Personalkosten nur noch in geringem Umfang nachgefragt. Mit einer Verschärfung der Vorschriften des Leistungsbezugs aber kann man nur dann wirklich etwas gegen die Arbeitslosigkeit ausrichten, wenn genug Arbeitsstellen vorhanden wären, für die insbesondere Langzeitarbeitslose mit ihrem Leistungsprofil in Frage kämen.[589] Das aber ist leider nicht der Fall.[590]

Das Problem der strukturellen Massenarbeitslosigkeit ist daher durch eine weitere Verschärfung der Leistungsvoraussetzungen nicht zu lösen.

Zwei mögliche Lösungsansätze sind auf den ersten Blick ersichtlich. Die eine Möglichkeit wäre, die Arbeitslosen, deren Leistungsprofil den Anforderungen unserer Arbeitswelt nicht mehr entspricht, zu qualifizieren. Das scheitert aber bei einem nicht unerheblichen Teil der Betroffenen an der Aufnahmefähigkeit und sicher auch an mangelnder Begabung. Man kann nicht aus jedem Hilfsarbeiter einen Computerfachmann machen.

---

[587] Anstatt Strategien zu entwickeln, wie man Vollbeschäftigung wenigstens annähernd erreichen und unterwertige Beschäftigung weitestgehend vermeiden kann, wurden diese Ziele bei der Reform des Arbeitsförderungsrechts kurzerhand aus dem Gesetz gestrichen, vgl. §§ 1, 2 I AFG, §§ 1 ff. SGB III. Gemäß § 1 SGB III müssen die Leistungen der Arbeitsförderung u.a. der Finanzpolitik der jeweiligen Bundesregierung entsprechen. Das dürfte in aller Regel eine Sparpolitik sein.

[588] Vgl. dazu auch die Ausführungen in der Stellungnahme des 11. Ausschusses zum AFRG vom 29.1.1997 BT-Drucks. 13/6845, S. 350 (Öffentliche Anhörung).

[589] Dies ist auch die Einschätzung der Bundesregierung, die auf eine kleine Anfrage der SPD zur Langzeitarbeitslosigkeit am 25.1.1996 bemerkte: „Instrumente, die der Wiedereingliederung Langzeitarbeitsloser in den regulären Arbeitsmarkt dienen, wie etwa Lohnkostenzuschüsse an Arbeitgeber, hängen in ihrer Wirksamkeit davon ab, ob die Zahl der angebotenen Arbeitsplätze steigt oder abnimmt.", BT-Drucks. 13/1143, S. 13.

[590] Zur Diskrepanz zwischen offenen Stellen und der Zahl der statistisch als „arbeitslos" geführten Personen vgl. *K. Toparkus* ZfSH/SGB 1997, 397 (410).

Eine weitere Möglichkeit wäre, ungelernte/unqualifizierte Tätigkeiten von den Personalkosten her wieder attraktiv für Arbeitgeber zu machen. Das aber wäre nur auf zwei Wegen zu erreichen.

Zum einen wäre dies erreichbar durch die Senkung der Tariflöhne für minderqualifizierte Tätigkeiten. Ein solches Vorhaben aber dürfte auf erheblichen Widerstand seitens der Gewerkschaften stoßen. Ferner wäre es in unserer immer stärker auf Verbrauch und Konsum ausgelegten Zeit auch unsozial und finanziell deklassierend für die Betroffenen.

Der einzig gangbare Weg wäre daher, einen Teil der Gehaltskosten minderqualifizierter Arbeitskräfte seitens der öffentlichen Hand zu übernehmen: Bezuschußte Arbeit ist immer noch billiger und für die Betroffenen erfreulicher, als Arbeitslosigkeit zu finanzieren. Das aber würde ein neues Problem schaffen: Die Entstehung einer Schicht subventionierter Arbeitskräfte, die einen deutlichen Wettbewerbsvorteil vor ihren nicht bezuschußten Kollegen haben. Es bestünde die Gefahr von Rotationseffekten, die ein Anwachsen der Anzahl der bezuschußten Arbeitsplätze zur Folge hätte. Das ließe sich wiederum nur durch Einschränkungen vermeiden, die bei den Arbeitsbeschaffungsmaßnahmen (ABM) bereits gesetzliche Leistungsvoraussetzungen sind.
So müssen förderungsfähige Arbeiten gemäß § 261 Abs. 1 SGB III „zusätzlich" sein und im öffentlichen Interesse liegen. Diese Voraussetzungen aber bewirken wiederum, daß kaum eine Chance für eine Weiterbeschäftigung nach dem Fortfall staatlicher Unterstützungsleistungen besteht. Die Tätigkeiten müssen schließlich gerade so geartet sein, daß keine Konkurrenz zum „Ersten Arbeitsmarkt" aufkommen kann. Dieser notwendige Schutzmechanismus bewirkt also, daß öffentlich geförderte Arbeit immer nur eine Notlösung bleiben kann und wird.

Da es Patentrezepte zur Bekämpfung der Langzeitarbeitslosigkeit nicht gibt, hilft nur eine breite Palette von Förderinstrumenten weiter, die einzelfallbezogen eingesetzt werden können. Es bleibt schließlich die Befürchtung, daß für die nächsten Jahre ein grundlegender Abbau der Langzeitarbeitslosigkeit kaum erfolgen wird.

Thesen

I. Einführung in das Problem; historische Bezugnahme

1. Der Problemschwerpunkt beim Versicherungsfall „Arbeitslosigkeit" liegt im Ausschluß der vom Arbeitslosen individuell beherrschbaren Risiken.

2. Die Aufgabe der Abgrenzung zwischen (notwendigem) Mißbrauchsausschluß und einer möglichst weitgehenden Berücksichtigung der Interessen des Versicherten wird in neuerer Zeit mit Hilfe der Begriffe *Verfügbarkeit* (§ 119 SGB III), *Zumutbarkeit* (§§ 119, 121 SGB III) als Voraussetzungen der Arbeitslosigkeit, und *Sperre von Leistungen* (§ 144 SGB III) als Rechtsfolge (Instrument zur Durchsetzung der Verpflichtungen) wahrgenommen.

3. Die Lösung des Interessenkonfliktes mit Hilfe der dargestellten Begriffe ist nur eine von mehreren Möglichkeiten.

4. Mit der Regelung in §§ 119, 121 SGB III findet ein jahrzehntelanges Ringen von Rechtsprechung und Gesetzgeber um die Konkretisierung des Begriffs der „zumutbaren Beschäftigung" seinen vorläufigen Abschluß.

5. Die ständige Diskussion über die genaue Ausgestaltung der Zumutbarkeit (insbesondere bezüglich des 'ob' und 'wie' eines Berufsschutzes) und die konkreten Obliegenheiten der Versicherten zeigt, daß es sich bei dem Risiko der Arbeitslosigkeit um einen „Grenzfall eines versicherbaren Risikos" (*H. Zacher*) handelt.

6. Die Idee eines zeitlich begrenzten **Berufsschutzes** wurde in der Arbeitslosenversicherung von Anfang an verwirklicht (§ 90 Abs. 2 Nr. 2, Abs. 3 AVAVG). Verwurzelt ist der Gedanke im noch stark ausgeprägten Standesdenken der Angestellten im beginnenden 20. Jahrhundert.

7. Im wesentlichen bestand ein Berufsschutz bis Anfang der 70er Jahre nur 'zukunftsgerichtet', d.h. abgelehnt werden durften Tätigkeiten, die eine Ausübung der bislang überwiegenden Tätigkeit für die Zukunft wesentlich erschweren würden (Beispiel: Schwere Straßenbauarbeiten für Konzertpianisten).

II. Begriffszuordnung, Rechtsnatur, Methode

1. Der Begriff der „zumutbaren Beschäftigung" im Arbeitsförderungsrecht ist ein **unbestimmter Rechtsbegriff**, kein „regulatives Rechtsprinzip" ohne normativen Gehalt. Die Maßstäbe für die Zumutbarkeit einer Beschäftigung setzt eben nicht der Rechtsanwender, sondern vorrangig der Gesetzgeber. Das folgt schon aus dem Rechtsstaatsprinzip (Art. 20 GG).

2. Dem Rechtsanwender verbleibt allerdings die Aufgabe, diese Maßstäbe für den zu entscheidenden Fall unter Berücksichtigung des Normkontextes und verfassungsrechtlicher Wertungen herauszuarbeiten. Anhaltspunkte sind ferner Konkretisierungen und Ausformungen des unbestimmten Rechtsbegriffs durch 'alte' Rechtsprechung oder in 'Vorgängervorschriften'. Vor einer Übertragung dieser Wertungen muß aber immer entschieden werden, ob diese auch noch mit dem Gesetzgeberwillen zu vereinbaren sind und unter die veränderten Rahmenbedingungen „passen".

3. Bei allem methodisch gebundenen Vorgehen bleibt dabei immer ein Rest persönlichen Beurteilungsspielraumes, der mit der Methode der Fallgruppenbildung und Typisierung nicht zu füllen ist. Hier kann der Rechtsanwender allerdings nicht nach Gutdünken entscheiden, abzustellen ist vielmehr auf einen „objektiven Durchschnittsbetrachter" mit den Maßstäben der „Mehrheit der sachverständigen Rechtsgenossen". Dabei besteht das Risiko, seine eigenen Maßstäbe unter diese Obersätze zu subsumieren. Dieses Dilemma der unbestimmten Rechtsbegriffe ist mit den Instrumentarien juristischer Methodik nicht völlig lösbar.

4. Bei der Konkretisierung streiten die Prinzipien der Rechtssicherheit und der „Gerechtigkeit" gegeneinander. Veränderten Rahmenbedingungen ist Rechnung zu tragen; Anknüpfungspunkt für neue Entscheidungen müssen aus Gründen der Rechtssicherheit aber immer bereits erbrachte Konkretisierungsleistungen sein. Rechtssicherheit und Beachtung des Gleichheitsgrundsatzes sind vor allem im Massenverwaltungsverfahren bedeutsam.

5. Zumutbarkeit bedeutet Interessenabwägung nach den Regeln der praktischen Konkordanz, aber mehr als im verfassungsrechtlichen Bereich geleitet von Vorgaben und Willen des Gesetzgebers. Keine der gegenläufigen Interessen darf zugunsten der Durchsetzung des anderen Interesses ganz geopfert werden.

6. Eine Konkretisierung der zumutbaren Beschäftigung durch unmittelbaren Rückgriff auf Grundrechte ist *ultima ratio*. Zuvor ist der Wille des Gesetzgebers weitestmöglich zu ermitteln, sonach ist die gefestigte Rechtsprechung zu dem Problemkreis zu berücksichtigen — dies allerdings unter der Voraussetzung, daß sie vor dem gültigen Normkontext noch Anwendung finden kann.

7. Durch die Verwendung des Begriffs der Zumutbarkeit als Gesetzesbegriff wird *besondere* Allgemeingültigkeit für die zugrundeliegenden Wertungen beansprucht. Diesen Anspruch kann in erster Linie nur der demokratisch legitimierte Gesetzgeber befriedigen, erst subsidiär die Rechtsprechung.

8. Aufgabe des Begriffs „zumutbar" ist es, die grundsätzlich bestehende Obliegenheit zur Aufnahme jeder der Arbeitsfähigkeit des Versicherten entsprechenden Arbeit zu begrenzen. Wegen dieses Regel-Ausnahme-Verhältnisses bedarf es *gewichtiger Gründe*, um die Unzumutbarkeit einer Beschäftigung anzunehmen.

III. Die gesetzliche Neuregelung

1. Der Gesetzgeber konkretisiert in § 121 SGB III den Begriff der Zumutbarkeit einer Beschäftigung durch Abgrenzung: Definiert werden lediglich klare Fälle der Unzumutbarkeit, zum Beispiel bei Überschreitung der in Abs. 4 normierten Tagespendelzeiten sowie bei Unterschreitung der in Abs. 3 normierten Entgeltschutzgrenzen und den einzuhaltenden Arbeitsbedingungen (vgl. Abs. 2).

2. Im Hinblick auf das zu zahlende Arbeitsentgelt kann eine Beschäftigung nicht mehr allein deshalb als unzumutbar abgelehnt werden, weil für sie nicht das tarifliche oder ortsübliche Entgelt gezahlt wird. Das gilt allerdings nur, soweit der betreffende Tarifvertrag keine unmittelbare Anwendung finden kann.

3. Ein Berufsschutz wie unter der Geltung der Zumutbarkeits-Anordnung von 1982 (Fünf-Stufen-Schema) besteht nicht mehr.

4. Offene Fragen bleiben bei der *räumlichen Mobilität* insbesondere die Zumutbarkeit von Umzügen und Wochenendpendeln; ferner bleibt z.B. offen, wann die Verweisung auf eine Saisonarbeit zumutbar ist (Weinernte etc.; beachte die Möglichkeit der ergänzenden Arbeitnehmerhilfe, § 56 SGB III) und ob bzw. wann eine Kumulation verschiedener grundsätzlich hinzunehmender Erschwernisse zur Unzumutbarkeit einer Beschäftigung führen kann.

5. Zwar wird nicht mehr (wie zuvor noch in § 103 Abs. 2 AFG) ausdrücklich eine Abwägung der Interessen des Arbeitslosen mit denen der Versichertengemeinschaft gefordert, jedoch ergibt sich aus der Funktion der Zumutbarkeit als pflichtbegrenzendem Korrektiv i.V.m. der nicht abschließenden Katalogaufzählung des § 121 SGB III („insbesondere"), die der Konkretisierung des Zumutbarkeitsbegriffs dienen soll, daß eine solche weiterhin in jedem Einzelfall vorzunehmen ist.

6. *Konkrete* Vorgaben folgen für die Ausgestaltung des Zumutbarkeitsbegriffes im Arbeitsförderungsrecht aus der *Verfassung* nicht. Es besteht eine Einschätzungs- und Entscheidungsprärogative des Gesetzgebers.

7. Würde man die Grundrechte ihrer Rechtsnatur nach auch für *Leistungsrechte* (originäre Teilhaberechte) halten und daraus konkrete Vorgaben für die Ausgestaltung des unbestimmten Rechtsbegriffs der Zumutbarkeit ableiten, so

würde der (Verfassungs-) Richter sich zum 'Pseudo-Gesetzgeber' aufschwingen. Dies würde eklatant gegen den Grundsatz der Gewaltenteilung verstoßen.

IV. Die Auswertung der Rechtsprechung des BSG
Räumliche Mobilität

1. In Anlehnung an die bisherige Rechtsprechung wirkt sich das Schutzgebot des Art. 6 Abs. 1 GG für Ehen und Familien auch auf die Konkretisierung der Zumutbarkeit aus, und zwar im Bereich „räumliche Mobilität". Von Ledigen darf eher ein Umzug erwartet werden als von Verheirateten. Verheirateten ist ein Umzug auch über die „erste Zeit" der Arbeitslosigkeit hinaus regelmäßig unzumutbar.

2. Bei Doppelverdienerehen ist das Ansinnen des Umzugs dann unzumutbar, wenn dem nicht arbeitslosen Ehegatten in der neuen Region kein zumutbarer Arbeitsplatz angeboten werden kann. Ansonsten würde entweder ein Eheleben unmöglich gemacht oder das Ende der Arbeitslosigkeit des einen Ehegatten mit dem Beginn der Arbeitslosigkeit des anderen „bezahlt".

3. **a)** Nichteheliche Lebensgemeinschaften können Ehen und Familien aus verfassungsrechtlichen Gründen grundsätzlich nicht gleichgestellt werden.

   b) Nichteheliche Lebensgemeinschaften mit Kind, sog. Erziehungsgemeinschaften, sind dagegen einem Ehepaar mit Kind in der Frage der Zumutbarkeit räumlicher Mobilität gleichzustellen. Das gilt jedoch nur, wenn beide Partner der nichtehelichen Lebensgemeinschaft nach den einschlägigen gesetzlichen Vorschriften als Eltern desselben Kindes feststehen.

   c) Nach geänderter BVerfG-Rechtsprechung kann ferner eine Arbeitsstelle wegen des Zuzugs zum Lebenspartner zur Herstellung einer Erziehungsgemeinschaft aus wichtigem Grund i.S.d. § 144 Abs. 1 Nr. 1 SGB III gekündigt werden. Das gilt jedoch erst ab der Geburt des Kindes.

Berufliche Mobilität (Berufsschutz)

4. Ein Berufsschutz nach dem Muster der ZumutbarkeitsAO von 1982 (Fünf-Stufen-Schema) findet nicht statt.

5. Die Abschaffung des Berufsschutzes durch das AFRG ist nicht so absolut, wie die Lektüre von § 121 SGB III vermuten läßt. Es existiert ein „Rest von Berufsschutz" über § 35 Abs. 2 SGB III, wonach ein sachgerecht geäußerter Berufswunsch bei den Vermittlungsbemühungen des Arbeitsamtes vorrangig zu berücksichtigen ist.

6. Immer noch melden viele Arbeitgeber ihre offenen Stellen nicht dem Arbeitsamt, so daß auch im „Computerzeitalter" die Vermutung zugunsten der Unvollständigkeit der Stellenkartei des Arbeitsamtes fortbesteht. Nur durch *offensive Vermittlungsbemühungen* (Anfragen bei infragekommenden Arbeitgebern) können die Arbeitsämter ihren Pflichten gegenüber dem Arbeitslosen nachkommen.

7. **a)** Daraus folgt, daß eine Vermittlung, die einem sachgerecht geäußerten Berufswunsch zuwiderläuft, bis zur Durchführung ausreichender Vermittlungsbemühungen grundsätzlich unzumutbar ist.

b) Dieser „Rest von Berufsschutz", der dem Arbeitslosen auch zur Durchführung eigener Bemühungen um einen wunschgerechten Arbeitsplatz zu gewähren ist, beträgt im Regelfall etwa drei Monate.

c) Die Zeitdauer hängt von der Intensität der Vermittlungsbemühungen des Arbeitsamts ab. Eine Rolle spielt auch die regionale Arbeitsmarktstruktur (Überschaubarkeit).

8. Eine Vermittlung des Arbeitslosen in einen von einem Arbeitskampf betroffenen Bereich ist ohne dessen Zustimmung unzumutbar. Dasselbe gilt für Religionsgemeinschaften und sog. Tendenzbetriebe.

Besondere Fälle der Unzumutbarkeit

9. Es gibt Sonderkonstellationen, in denen die Berufung auf einzelne Grundrechte durch den Versicherten zur Unzumutbarkeit einer angebotenen Beschäftigung führen kann. Hierbei handelt es sich um Ausnahmeerscheinungen hinsichtlich der konkreten Arbeitsplatzgestaltung und Arbeitszeitgestaltung, die sich schwer in das übliche Konkretisierungsschema einordnen lassen. Bisher aufgetretene Fälle betrafen das Grundrecht der Kriegsdienstverweigerung und dessen Ausstrahlungswirkung, sowie das Grundrecht auf Religionsfreiheit.

V. Konkretisierung durch Vergleich

Rechtsgebiete außerhalb des Sozialrechts

1. Der Begriff der Zumutbarkeit wird als pflicht- bzw. obliegenheitsbegrenzendes Korrektiv weithin im Recht, insbesondere sowohl im Zivilrecht als auch in Gebieten des Sozialrechts verwandt. Vor einer Übertragung dort verwandter Wertmaßstäbe ist allerdings *sehr genau* zu prüfen, ob etwa unterschiedliche Interessenlagen einer Übertragung entgegenstehen. Ferner ist zu beachten, ob der Zumutbarkeitsbegriff von der Rechtsprechung oder als Gesetzesbegriff verwandt wird.

2. Im allgemeinen Zivilrecht, Familien- und Arbeitsrecht wird die Frage der Zumutbarkeit einer Beschäftigung regelmäßig einzelfallbezogen entschieden. Die jeweiligen Fälle betreffen auch kein Massenverwaltungsverfahren, das die Aufstellung konkreter Richtlinien und Maßstäbe (starke Betonung der Aspekte Rechtssicherheit und Gleichbehandlung) in stärkerem Maße erforderlich macht.

Sozialhilferecht

3. Der Maßstab der Zumutbarkeit einer Beschäftigung im BSHG (Sozialhilferecht) muß die *absolute Mindestgrenze* für die Zumutbarkeit einer Beschäftigung im SGB III bilden — das ergibt sich bereits aus der Funktion der Sozialhilfe.

4. Weder im Sozialhilferecht noch im Recht der Arbeitsförderung ist untertarifliche Bezahlung für sich allein ein Unzumutbarkeitsgrund, wenn der Arbeitnehmer oder Arbeitgeber nicht tarifgebunden ist, und der Tarifvertrag somit keine unmittelbare Anwendung finden kann. Auch eine Unterschreitung des ortsüblichen Entgelts ist kein Unzumutbarkeitsgrund mehr. Das ortsübliche Entgelt kann aber Richtwert bleiben, der bei *deutlicher Unterschreitung* eine Unzumutbarkeit begründet.

5. Im „Erst-recht-Schluß" zu § 18 Abs. 3 Satz 1 Alt. 2 BSHG besteht auch für Arbeitslosengeld- und -hilfeempfänger ein *zukunftsgerichteter Berufsschutz*. Beschäftigungen, welche die künftige Ausübung der bislang überwiegend ausgeübten/erlernten Tätigkeit *wesentlich erschweren*, kann der Arbeitslose als unzumutbar ablehnen.

6. Eine Ausweitung des durch Tätigkeiten oder Ausbildung(en) in der Vergangenheit begründeten Berufsschutzes über einen „Rest" hinaus läßt sich durch Rückgriff auf das Sozialhilferecht nicht begründen.

7. Für Alleinerziehende mit Kindern im „Erziehungsalter" bis zur Vollendung des 15. Lebensjahrs ist Wochenendpendeln unzumutbar. Das gilt auch für eine „vorübergehend getrennte Haushaltsführung".

8. Das Vorhandensein von Kindern im Erziehungsalter begründet allein noch nicht die *grundsätzliche* Unzumutbarkeit eines Umzugs.

9. Hat ein Arbeitsloser die notwendige Pflege eines Angehörigen übernommen, ist ihm sowohl Wochenendpendeln als auch ein Umzug unzumutbar.

10. Eine Angleichung des arbeitsförderungsrechtlichen Zumutbarkeitsbegriffs an den im Rahmen der Berufsunfähigkeitsrente (§ 43 SGB VI) durch das Mehrstufenschema bislang praktizierten Berufsschutz kann vor dem Hintergrund des Entfallens der Berufsunfähigkeitsrente in der bislang geltenden Form spätestens zum 1.1.2001 nicht mehr gefordert werden.

11. Als „vernünftige Erwägung" kann aus der Rechtsprechung zur BU-Rente der Grundsatz übernommen werden, daß eine Teilzeitstelle nicht geeignet ist, eine überregionale Vermittlung zu rechtfertigen.

VI. Eigene Ansätze

1. Die zeitliche Befristung von Beschäftigungen allein begründet nicht die Unzumutbarkeit einer Beschäftigung.

2. Ein Umzug wegen einer zeitlich befristeten Beschäftigung ist dem Arbeitslosen grundsätzlich unzumutbar.

3. Je kürzer die zeitliche Befristung, desto wichtiger ist die kurzfristige Beendbarkeit des Arbeitsverhältnisses, um dem Arbeitnehmer den Wechsel in ein Dauerarbeitsverhältnis zu ermöglichen. Das gilt im Rahmen von Saisonarbeit als zwingende Voraussetzung.

4. Saisonarbeit ist grundsätzlich zumutbar. Um die Zumutbarkeit „herbeizuführen", kommt die zusätzliche Gewährung von Arbeitnehmerhilfe gemäß § 56 SGB III in Betracht, die im Rahmen des Entgeltschutzes nach § 121 Abs. 3 SGB III Berücksichtigung finden muß (sog. „Kombilohnmodell").

5. Die Vermittlung in Saisonarbeit macht insbesondere dann Sinn, wenn einer Arbeitsentwöhnung Langzeitarbeitsloser damit begegnet werden kann. Auch als Vorbeugemaßnahme kann sie nutzbringend für den Arbeitslosen eingesetzt werden.

6. *Schichtarbeit* ist Arbeitslosen grundsätzlich zumutbar.

7. Schicht- und Nachtarbeit begründen dann eine Unzumutbarkeit, wenn dadurch für Verheiratete oder innerhalb einer Familie eine Situation geschaffen wird, die faktisch einem nicht vorübergehenden Wochenendpendeln gleichkommt.

8. Auch *Arbeit auf Abruf* ist grundsätzlich zumutbar. Allerdings kommt hierbei wie auch bei der Schichtarbeit und ähnlichen arbeitszeitlichen Gestaltungsformen, die typischerweise ein besonderes Erschwernis für die Arbeitnehmer bedeuten, in besonderem Maße auf die Umstände des Einzelfalls an. Dem

Hinzutreten weiterer zumutbarkeitsrelevanter Umstände kommt ein besonderes Gewicht zu.

VII. Verfassungsmäßigkeit

Artikel 12 GG

1. §§ 119 Abs. 4, 121, 144 Abs. 1 Nr. 2 SGB III sind zusammenhängend zu lesen und auch im Zusammenhang am Maßstab der Grundrechte zu prüfen.

2. Die Androhung und Verhängung einer Sperrzeit bei Ablehnung einer zumutbaren Beschäftigung aufgrund der vorgenannten Normen berührt den Schutzbereich des Art. 12 Abs. 1 GG. Art. 12 Abs. 2 GG ist nicht tangiert.

3. Legt man den „klassischen" Eingriffsbegriff zugrunde, ist ein Eingriff in Art. 12 Abs. 1 GG abzulehnen.

4. Auch bei Zugrundelegung des „modernen", weit konturloseren Eingriffsbegriffs erfolgt durch die Androhung/Verhängung einer Sperrzeit kein Eingriff in das Freiheitsrecht des Art. 12 Abs. 1 GG, wenn man bezüglich der Ausgestaltung des Zumutbarkeitsbegriffs der hier vertretenen Ansicht folgt. Es fehlt an einer berufsregelnden Tendenz.

5. Aus Art. 12 Abs. 1 GG i.V.m. dem Sozialstaatsprinzip läßt sich eine teilhaberechtliche Komponente des Grundsatzes der Berufsfreiheit herleiten. Soweit man einen solchen teilhaberechtlichen Charakter des Grundrechts der Berufsfreiheit annimmt, läßt sich hieraus jedoch nur ein *Mindestschutz* ableiten. Dieser ist durch die Regelung des § 121 SGB III in der hier vertretenen Ausgestaltung gewährt, so daß insoweit keine Grundrechtsverletzung vorliegt.

6. Der Schutzumfang von aus der Verfassung mit Hilfe des Sozialstaatsgrundsatzes abgeleiteten Teilhaberechten ist weit geringer als der Schutzumfang der Freiheitsrechte. Wenn man mit Hilfe der teilhaberechtlichen Seite von Grundrechten einen Eingriff konstruiert, muß man auch den teilhaberechtlichen Schutzumfang zugrundelegen.

7. Durch die mittels der §§ 119, 121 SGB III aufgestellte Mobilitätsobliegenheit wird nicht in das Grundrecht auf Freizügigkeit (Art. 11 GG) eingegriffen.

Art. 6 GG

8. Ein *Eingriff* in Art. 6 Abs. 1 GG ist für Verheiratete und Familien dann zu bejahen, wenn als Obliegenheit von ihnen überregionale Mobilität gefordert wird. Die Eingriffsschwelle ist wegen der überragenden Bedeutung des Grundrechts aus Art. 6 GG niedriger anzusetzen.

9. Eine *Verletzung* des Grundrechts aus Art. 6 Abs. 1 GG ist nicht gegeben, wendet man den § 121 SGB III in der hier vorgeschlagenen Ausgestaltung an.

Art. 14 Abs. 1 GG

10. Mit der Neuregelung des arbeitsförderungsrechtlichen Zumutbarkeitsbegriffs und der damit verbundenen Verschärfung der Obliegenheit zur Annahme einer Beschäftigung kann bezogen auf Art. 14 Abs. 1 GG lediglich ein Eingriff in **vor** der Einführung des SGB III entstandene Anwartschaften verbunden sein.

11. Bezüglich dieser Anwartschaften ist der Eingriff verhältnismäßig, legt man die hier vertretene Ausgestaltung des Zumutbarkeitsbegriffs zugrunde.

Ergebnis der verfassungsrechtlichen Prüfung

12. Der Zumutbarkeitsbegriff des § 121 SGB III ist mit der Verfassung vereinbar.

VIII. Rechtspolitik

1. Vorschnelle Berufung auf eine behauptete Verfassungswidrigkeit führt zu einer Abstumpfung gegenüber solchen Warnungen. Verfassungs*konforme* Auslegung und Konkretisierung geht (bis zur Grenze des Wortlauts des Gesetzes) einer Erklärung als „verfassungswidrig" vor.

2. Die 'natürliche Grenze' für die immer wieder befürchtete Dequalifikation von Arbeitslosen aufgrund der Reduktion des unmittelbaren Berufsschutzes auf einen „Rest" liegt in der Überqualifizierung der Betroffenen. Kein Arbeitgeber stellt ohne Zwang einen überqualifizierten Arbeitnehmer ein. Überqualifizierung führt zu geminderter Motivation; ferner lohnt sich die Einarbeitung in solchen Fällen kaum.

3. Eine gleiche Regelung der Zumutbarkeit beim Arbeitslosen*geld*bezug und beim Bezug von Arbeitslosen*hilfe* ist rechtssystematisch schwer zu erklären; jedenfalls ist sie keinesfalls zwingend. Beim Arbeitslosengeld handelt es sich um eine *Versicherungsleistung*, während die bedürftigkeitsabhängig zu leistende Arbeitslosenhilfe als Fürsorgeleistung eine Sonderform der Sozialhilfe darstellt.

4. Es ist möglich, die Regelung der Zumutbarkeit einer Beschäftigung für Arbeitslosen*hilfe*empfänger stärker an die Regelung der §§ 18, 25 BSHG anzugleichen. Das wäre rechtssystematisch stringenter. Damit sollte jedoch eine Lockerung der Zumutbarkeitsanforderungen für Arbeitslosengeldempfänger

verbunden werden. Nur dann hätte eine solche Lösung den Vorteil, daß eine Verschärfung der Zumutbarkeitskriterien bei der *Versicherungsleistung* 'Arbeitslosengeld' und damit die vielgescholtene „Aushöhlung des Versicherungsprinzips" gestoppt werden könnte.

5. Das Problem der strukturell bedingten Langzeitarbeitslosigkeit läßt sich nicht mit einer Verschärfung der Zumutbarkeitskriterien lösen.

Martin F. Polaschek / Anita Ziegerhofer (Hrsg.)

Recht ohne Grenzen
Grenzen des Rechts

Europäisches Forum Junger Rechtshistorikerinnen und Rechtshistoriker Graz 1997

Frankfurt/M., Berlin, Bern, New York, Paris, Wien, 1998. 190 S., zahlr. Abb.
ISBN 3-631-32441-3 · br. DM 69.–*

Im Rahmen des Europäischen Forums Junger Rechtshistorikerinnen und Rechtshistoriker 1997 in Graz stellten Referentinnen und Referenten aus verschiedenen europäischen Staaten ihre Forschungsschwerpunkte vor.

Aus dem Inhalt: M. Kainzbauer: Zum idem debitum bei der Novation: D 45.1.18 · R. Gamauf: Sex und crime im römischen Recht. Zu einem Fall nichtsanktionierter sexueller Gewalt · F. Meissel: Wieackers Beitrag zur Geschichte der societas · M. Meccarelli: Arbitrium iudicis und officialis im ius commune. Ein Instrument für die Vermittlung zwischen einem allgemeinen Recht und der örtlichen Realität · B. Kannowski: Widerstand de facto und de jure. Die Grenzen kommunaler Herrschaft im Spätmittelalter · B. Marquardt: Thesen zur Verfassungsgeschichte der lokalen Kleinstgesellschaften des Alten Reiches (1400 - 1800) · L. Montazel: La répression du port d'armes prohibées en France et en Allemagne (XVIème-XVIIIème siècles): un cas de „rupture" entre normes et doctrine · A. Görgen: Wortschatzentwicklungen in der Gesetzessprache der Frühen Neuzeit · J. Balogh: Österreichisches Recht in Ungarn und in Siebenbürgen – Westeuropäische Einflüsse auf das ungarische Zivilrecht im 19. Jahrhundert · T. Olechowski: Europäische Modelle der Verwaltungsgerichtsbarkeit im 19. Jahrhundert · M. Wechsler: Die Zukunft des gemeinen Rechts im europäischen Privatrecht · H. Hirsch: Justizalltag im Dritten Reich, dargestellt an einem Sitzungstag des Sondergerichtes Darmstadt · M. Luminati: Richterliches Selbstverständnis in Italien nach 1945

Frankfurt/M · Berlin · Bern · New York · Paris · Wien
Auslieferung: Verlag Peter Lang AG
Jupiterstr. 15, CH-3000 Bern 15
Telefax (004131) 9402131
*inklusive Mehrwertsteuer
Preisänderungen vorbehalten

Peter Lang · Europäischer Verlag der Wissenschaften